U0797162

# 中国人力资源服务外包实操手册

主　编　熊　坚
副主编　熊　颖

中国劳动社会保障出版社

**图书在版编目（CIP）数据**

中国人力资源服务外包实操手册 / 熊坚主编．-- 北京：中国劳动社会保障出版社，2019

ISBN 978-7-5167-3757-6

Ⅰ．①中…　Ⅱ．①熊…　Ⅲ．①人力资源-服务业-对外承包-中国-手册　Ⅳ．①F249.23-62

中国版本图书馆 CIP 数据核字（2018）第 258671 号

**中国劳动社会保障出版社出版发行**

（北京市惠新东街 1 号　邮政编码：100029）

*

北京虎彩文化传播有限公司印刷装订　　新华书店经销

787 毫米 ×1092 毫米　16 开本　18 印张　284 千字

2019 年 1 月第 1 版　　2019 年 1 月第 1 次印刷

**定价：88.00 元**

读者服务部电话：（010）64929211/84209101/64921644

营销中心电话：（010）64962347

出版社网址：http://www.class.com.cn

版权专有　　侵权必究

如有印装差错，请与本社联系调换：（010）50948191

**我社将与版权执法机关配合，大力打击盗印、销售和使用盗版图书活动，敬请广大读者协助举报，经查实将给予举报者奖励。**

**举报电话：（010）64954652**

# 序

党的十九大报告指出，中国特色社会主义进入了新时代，我国社会主要矛盾已经转化为人民日益增长的美好生活需要和不平衡不充分的发展之间的矛盾。从人力资源服务角度看，企业发展需要与之匹配的科学化、专业化、规范化、现代化的人力资源服务。在迎接新时代巨大发展机遇的历史起点上，人力资源服务外包需要更加科学、专业、规范的指导，服务水平、服务质量、服务功能需要不断提质升级。

我国人力资源服务外包始于改革开放初期，以我国人力资源服务外包行业的第一家企业——北京外企人力资源服务有限公司的成立为标志，"提供中方雇员"的人力资源派遣方式为后来人力资源服务外包的起步和发展奠定了人才基础。到了 20 世纪 90 年代，随着改革开放的不断深入，东南沿海地区越来越多的企业开展了人力资源服务外包业务。进入 21 世纪后，我国人力资源服务外包进入了发展期，市场进一步细分，人力资源外包服务企业遍地开花。2014 年以来，人力资源服务外包进入规范与整合期，业务延伸到人力资源服务行业各个领域，呈现专业服务向纵深发展、综合服务向一体化发展之态。如今，我国人力资源服务外包进入新时代，面临新的机遇和挑战，我国人力资源服务企业将从"单一的人力资源服务"转向"全方位的人力资源服务"，服务外包市场将迎来又一个春天，呈现出新的发展趋势。

红海人力集团在自身快速发展的同时，积极履行企业社会责任。发挥示范带动作用，引领行业共同发展，是他们编写这本《中国人力资源服务外包实操手册》的初衷。

本书是人力资源服务外包的操作指南，有几个主要特点。一是兼具历史性和前沿性，既介绍人力资源服务外包的起源和发展，也描绘人力资源服务外包发展的新趋势，帮助人力资源服务外包企业和从业人员准确把握行业发展动向；二是体系完整、内容翔实，全面展现了各项人力资源服务外包业务的服务模式、服务内容、操作流程、方法技巧等实务内容，为行业迎接挑战提供基础规范和标准；三是操作性强，针对人力资源服务外包的不同业务模块，既有操作流程，又有操作方法和工具，并辅以实践案例，帮助读者更好地融会贯通，有效指导实践。

中国是人口大国，人力资源丰富，人力资源服务需求巨大。在人工成本不断上升、企业打造核心竞争力需求日益迫切、信息技术迅速发展的大背景下，人力资源服务外包的发展前景十分广阔。希望本书的出版能够起到示范引领作用，进一步促进人力资源服务外包行业专业化和规范化发展，支持我国企业人力资源核心竞争力的提升。同时也希望本书能够引起行业的共鸣，有更多操作规范、品质优良、价值卓越的人力资源服务机构和从业者，共同致力于进一步提升我国人力资源服务水平，携手探索新时代我国人力资源服务行业新的发展道路。

原劳动和社会保障部副部长

中国劳动学会会长

2018年11月

# 目　录

## 第一篇　中国人力资源服务外包简介



## 第二篇　人力资源管理职能外包服务

## 第三篇　灵活用工外包服务

## 第四篇 人力资源管理事务外包服务

# 第五篇　人力资源信息技术服务

## 附录　常用人力资源服务外包合同模板

# 第一篇

# 中国人力资源服务外包简介

人力资源服务外包，对于现在的中国企业来说已经不是什么新鲜词。1989年，美国管理大师彼得·德鲁克在其著作《大变革时代的管理》中指出：“任何企业中仅做后台‘支持性’而不创造收入的工作都应该外包出去。”“外包”的目的是希望通过引入外部资源来进行一种更加有效率的资源配置，最初被应用于信息系统技术领域，后来扩大到生产、销售、研发、物流、人力资源等领域，这样“外包”一词才独立出来成为专业术语。美国管理学家詹姆斯·奎因认为，“在过去，资源外取被认为是企业的一种劣势，但是现在，资源外取却可能是智慧型企业运作的关键”。在市场经济中，利润最大化与成本最小化是企业运作的永恒主题，而通过外包，借助外部资源实现成本的最小化，则成为企业在竞争日益激烈的市场环境下谋取竞争优势的重要手段。相关行业机构的一项研究显示，业务外包为企业节省了9%的成本，生产能力与服务质量有了较明显的提升。

人力资源服务外包，是企业在内部资源有限的情况下，为取得更大的竞争优势，将人员招聘、员工培训、劳动关系、工资发放、社保缴纳、日常管理事务、企业文化建设等人事工作全部或其中一部分，委托专业的人力资源服务机构打理，自己集中精力经营主业的现代企业管理模式。其核心是帮助企业降低用人风险和成本，减轻企业因用人而产生的各种压力及成本，让企业从烦琐的人事事务中解脱出来，集中精力做好自己的主业，实现人力资源的增值。外包这一新的经营方式是一个必然趋势，在未来必将有更大的发展。

# 第一章　人力资源服务外包概述

## 一、人力资源服务外包的定义

当前，关于人力资源服务外包的定义尚没有统一的说法。一般认为人力资源服务外包有广义和狭义之分。

所谓广义的人力资源服务外包，包括人力资源管理职能服务、灵活用工服务和人事事务服务。其中，人力资源管理职能服务包括业务流程外包和战略层面服务，如人力资源管理咨询服务包括人力资源规划、定岗定编设计、高级人才猎头服务、薪酬福利体系设计、培训与发展规划和绩效考核体系设计等，可以帮助企业搭建人力资源管理各个职能体系。灵活用工服务和人事事务外包服务主要属于操作层面的人力资源服务。前者主要包括劳务派遣、劳务承揽、劳务外包、岗位外包等模式，后者包括初中级员工招聘、薪资发放、社保管理、福利管理、劳动法律咨询、培训管理等服务内容。

而狭义的人力资源服务外包主要指人力资源中介服务，包括猎头公司、人力资源市场等提供的服务，如职业介绍、猎头服务、人事代理代办服务等。

在这里，我们把人力资源服务外包定义为，有策略地利用外部资源，将企业中某一项或几项的人力资源管理工作与管理责任部分或全部交由专业服务机构来承担，更经济、更有效地进行企业内部人力资源活动的管理，以降低成本，实现效率最大化的一种现代企业分工管理服务模式。①这包括两个方面的内容：一是有策略地利用，即指企业必须有选择性地将组织内的部分或全部工作予以外包，而不是与代加工性质一样的外包；二是外包的工作或项目必须由专业服务机构来完成，这依赖于专业人力资源机构的快速发展及其专业化。②

---

① 雷蒙德·诺伊，约翰·霍伦贝克，巴里·格哈特，等.人力资源管理：赢得竞争优势（第三版）［M］.北京：中国人民大学出版社，2001.

② 张钱江，詹国华.服务外包［M］.杭州：浙江人民出版社，2010.

## 二、中国人力资源服务外包的起源与发展

人力资源服务外包是20世纪70年代初在美国发展起来的，在之后的三四十年里，美国的万宝盛华（Manpower）、瑞士的阿第亚（Adia）及德科（1996年由阿第亚和艾柯合并而成）、荷兰的任仕达（Randstad）、法国的艾柯（Ecco）等人力资源服务企业成立并发展壮大。

人力资源服务外包在中国肇始于改革开放初期。20世纪70年代末，中国初步打破计划经济的人力资源配置模式，人力资源服务市场萌芽出现。随着人力资源配置方式由计划分配转变为市场配置的改革不断深入，市场需求的快速变化、政府的引导、政策的推动、国外先进人力资源管理理念的影响和人力资源服务企业的探索，使中国人力资源服务行业逐渐形成并日益壮大，人力资源服务产品从粗放、单一化演变为专业、丰富、多样化。追溯中国人力资源服务外包的发展，从无到有，从小到大，共经历了四次发展"浪潮"，大致可分为起步期、形成与初步发展期、成长期、规范发展期四个阶段。

### （一）起步期（1979—1998年）

从20世纪80年代初期到90年代末，是中国人力资源服务外包的起步时期。随着计划经济时期的人事管理制度出现松动，为满足流动人才的人事服务需求，政府成立了人力资源服务机构，当时称为"人才服务公司"。1979年，中国第一家人才服务企业——北京外企人力资源服务有限公司（简称北京外企）成立，标志着我国人力资源服务业的诞生。同年11月，其向某外国企业驻京代表机构派遣出第一名中方雇员。限于当时的政策和观念，在这一时期，人力资源服务外包仅仅是为国外驻华机构和外国企业常驻代表机构提供"中方雇员派遣服务"。尽管这种服务的内容和形式较为单一，不具有市场性质，但是为中国人力资源服务外包行业积累了宝贵的经验。

人才市场改革催生了人才中介服务，成为当时市场性人力资源服务的主流。之后，各地人才交流中心、职业介绍中心开始经营外资企业和民营企业基于人事档案托管的劳动用工手续服务和社会保险代理缴纳服务，中国人力资源服务外包最初的业态——人事事务代理发展起来。与此同时，西方先进的人力资源管理

理念和方法也伴随着外资企业进入中国。中国本土的人力资源服务机构在各地成长起来，原来由政府开办的人才中介机构也逐步与政府部门分离，出现了产业化发展方向。上海外服（集团）有限公司（简称上海外服）、北京外企、中国国际技术智力合作有限公司（简称中智）便是由此起步。上海外服是国内营业收入最高的人力资源服务企业，据其官方数据统计，2017 年营业收入为 1 125 亿元人民币。中国企业家联合会、中国企业家协会发布的“2017 中国企业 500 强”榜单数据显示，中智和北京外企 2017 年营业收入分别为 646 亿元人民币和 506 亿元人民币。

## （二）形成与初步发展期（1999—2007 年）

到了 20 世纪 90 年代后期，随着全民所有制企业转换企业经营机制，企业的劳动用工制度、工资分配制度和社会保险制度完全实现市场化，全民所有制职工转化为企业职工，国有企业开始大量裁员，下岗分流和减员增效成为当时国有企业一项重要的政治任务。伴随着职工的下岗分流，出于下岗职工就业的需要和企业建立能进能出的灵活用工机制的需求，市场化运作的人力资源派遣应运而生，在中国大地拉开了人力资源服务外包的序幕。

2001 年，中国正式加入世界贸易组织。随着我国人力资源市场进一步放开，众多有实力的国外人力资源服务企业凭借资本、管理和品牌等方面的优势，以收购股权、并购公司、设立新公司等方式进入中国市场。人力资源服务产业日益呈现出“国内竞争国际化、国际竞争国内化”的特点。与此同时，国内主要从业企业加快了全国化的扩张，用 4 ~ 5 年时间就基本完成了全国业务网络的搭建，将服务末梢伸展至全国主要城市乃至众多的二、三线城市。

2000 年以来，党中央、国务院全面部署落实“人才强国”战略，要求“建设人力资源强国”“建立统一规范的人力资源市场”，为人力资源服务行业的发展提供了明确的指导和强大的动力。2007 年，国务院发布了《关于加快服务业发展的若干意见》，第一次将“人才服务业”正式写入国务院文件。2008 年 1 月 1 日，《中华人民共和国劳动合同法》（以下简称《劳动合同法》）和《中华人民共和国就业促进法》（以下简称《就业促进法》）正式施行。相关法律及政策的制定出台充分显示出国家对人力资源服务业的高度重视，进一步完善了人力资源服务业发展的法律环境和政策环境。

### （三）成长期（2008—2013 年）

2008 年国际金融危机之前，全球经济形势“一片大好”，低集中度的人力资源服务市场聚集了大量的小型服务企业，其中相当一部分并没有核心竞争力，但在较好经济形势的庇护下，仍然能成为利基市场[①]参与者。而金融危机的爆发为全球人力资源服务行业提供了一个整合的契机，中国人力资源服务市场的整合也开始加速。大量企业破产或被兼并，人力资源服务市场的需求跌入谷底，这在中高端人才寻访业务中尤为明显，导致许多规模较小、缺乏竞争优势的人力资源服务企业逐渐退出市场。与此同时，东西部劳动力的“迁徙”，劳动力由重数量向重质量转变，经济的转型，都带给人力资源服务业巨大挑战和商机。

2008 年《劳动合同法》实施，劳务派遣成为合法的灵活用工形式，迅速受到众多企事业单位的欢迎，许多中小型人力资源服务机构在大江南北落地生根。随着我国企事业单位对人力资源服务外包认知度的提高，外包服务的需求也大幅增加。此时，各地也相继出台了相关政策，行业协会的成立也开始提上议程。国有、民营、外资背景的人力资源服务机构在中国人力资源服务市场激烈的竞争中逐渐发展与壮大，推动中国人力资源服务外包市场逐步走向有序化、专业化，并开始围绕主体业务向多角度延伸，实现从提供“单一的人力资源服务”到“全方位的人力资源服务”的转变。

### （四）规范发展期（2014 年至今）

人力资源服务外包经过近 40 年的发展，逐渐进入到规范与整合期，呈现出专业服务向纵深发展、综合服务向一体化发展的显著特征。其能够取得现在的成绩，得益于国家的重视。从 2014 年《关于加快发展人力资源服务业的意见》首次对发展人力资源服务业作出全面部署，到 2016 年《关于深化人才发展体制机制改革的意见》突出人力资源服务业在人才市场化配置中的地位和作用，再到 2017 年《人力资源服务业发展行动计划》制定 2020 年人力资源服务产业发展目标……随着多项政策的出台，行业监管和标准化建设日益加强，我国人力资源服

① 利基市场（niche market），是指在较大的细分市场中具有相似兴趣或需求的一小群顾客所占有的市场空间。

务业的政策法规体系渐趋完善。

2018 年，是中国人力资源服务业走过的第 40 个年头。党的十九大报告提出要在人力资本服务等领域培育新增长点、形成新动能。“人力资本服务”“实体经济、科技创新、现代金融、人力资源协同发展的产业体系”的提出，标志着人力资源服务业发展进入了新时代。《人力资源市场暂行条例》（以下简称《条例》）自 2018 年 10 月 1 日起施行。《条例》坚持发挥市场在人力资源配置中的决定性作用，更好发挥政府作用，着眼于我国人力资源市场发展不平衡不充分的实际，着眼于促进就业创业和人力资源流动配置，就培育和规范人力资源市场作出了明确规定。与此同时，共享经济的发展，自由职业者群体的壮大以及云计算、大数据、移动互联网、人工智能等新技术正在以前所未有的速度改变着商业模式，使得人力资源服务产业的边界不断被打破，整合加速，多元化与开放已经成为常态，更多服务模式交互，并将衍生出更多新的服务模式，人力资源服务行业将迎来新一轮的发展契机。截至 2016 年底，全国共设立各类人力资源服务机构 26 695 家。从经营和发展情况看，2016 年全行业营业总收入 11 850 亿元（含服务外包等业务的代收代付部分 8 792 亿元），同比增长 22.4%。[①]

## 三、人力资源服务外包的业务类型

目前，我国人力资源服务外包业务大致可分为四大类。

### （一）人力资源管理职能外包服务

人力资源管理职能外包服务，包括招聘流程外包、培训外包、人力资源管理咨询服务、猎头服务、人才测评服务等。

### （二）灵活用工外包服务

灵活用工外包服务，是企业短期的及项目性的用工模式，是传统固定用工模

① 中华人民共和国人力资源和社会保障部 .2016 年人力资源市场统计报告［R/OL］.（2017-06-05）［2018-04-08］. http://www.mohrss.gov.cn/SYrlzyhshbzb/dongtaixinwen/buneiyaowen/201706/t20170605_271972.html.

式的补充，包括劳务派遣、劳动力外包、劳务承揽、业务外包等。

### （三）人力资源管理事务外包服务

人力资源管理事务外包服务，包括人事代理服务、社保代办服务、员工福利外包服务、薪资外包服务、劳动保障法务服务等。

### （四）人力资源信息技术服务

人力资源信息技术服务是指为企业人力资源管理提供专业的信息系统服务，涵盖企业人力资源管理的各个职能，主要包括人力资源管理核心功能、劳动力管理、薪酬与激励、招聘与选拔、学习与发展等功能模块。

# 第二章 人力资源服务外包发展新趋势

中国人力资源服务行业经过近40年的发展，多元化、多层次的服务体系已经形成，服务功能进一步完善，同时，整个行业也不断在进行产业结构性调整、转型和升级。现在，人力资源服务行业进入了快速发展的黄金时期，迎来知识比重增加和人力资本猛增的新局面。以移动互联网、云计算、大数据、人工智能、物联网、区块链等为代表的新一代数字化技术正颠覆着人类的生产和生活方式。社会化企业的崛起，零工经济[①]、自由职业者的兴盛，未来企业组织的发展和用工方式的变化对人力资源管理提出了新的要求。在这样的大背景下，中国人力资源服务外包将迎来最好的发展机遇，构建更加市场化、国际化的竞争格局。

## 一、服务方式国际化

随着国外企业进入中国，人力资源服务业将面临更大的竞争压力。而本土人力资源服务业也正通过海外投资，成为跨国企业重要的配套服务企业，成为企业跨国经营的人力资源后盾。未来我国人力资源服务业将经历整合的过程，从中低端市场逐步向高端市场转移，服务方式向国际化靠拢，不断催化出人力资源服务外包的新产品、新模式。

传统服务模式向SaaS模式（Software-as-a-Service，软件即服务）转变。基于云计算的SaaS模式是一种按需服务模式，它彻底推翻了以“许可证”为中心的传统软件商业模式。人力资源软件系统与新技术进一步融合，从比拼产品功能变为优化管理和决策方式，通过软件和服务来优化管理和决策，帮助企业实现人力资源管理体系的改革和重塑。

---

① 零工经济（gig economy），是指由工作量不多的自由职业者构成的经济领域，利用互联网和移动技术快速匹配供需方，主要包括群体工作和经应用程序接洽的按需工作两种形式。其是共享经济的一种重要的组成形式，是人力资源的一种新型分配形式。

可见，服务方式国际化是伴随着人力资源服务业的发展和技术的进步而不断发展的。服务方式国际化是人力资源服务外包业发展的必然趋势，也是世界经济一体化的重要表现，但是由于服务具有无形性、差异性、生产和消费的不可分割性、不可储存性、顾客的参与性等特点，因此服务国际化方式有其特殊性。

在国际化的背景下，人力资源服务业的发展要求具有国际化的战略思维，不仅要做到从国际化的视角去配置资源，实现竞争合作的国家化、服务网络的国际化，而且要与国家发展战略紧紧联系在一起，随着“一带一路”的延伸，释放出大量人才培养、配置需求和人力资源服务产业需求，必将带来新的业务增长机遇。

## 二、行业发展信息化

人力资源服务行业正经历一场以计算机信息系统为核心的“技术革命”。在新的服务模式下，计算机信息系统的批量处理逐步代替传统的手工操作，系统的技术改进及其模块功能已成为人力资源服务机构的重要竞争能力。随着人力资源管理信息化软件的普及和“云模式”的发展，企业对人力资源外包的数据管理需求、个性化需求越来越旺盛，而基于信息技术的人力资源外包将逐渐成为众多企业一项长期的人力资源管理策略，从而必将带动人力资源服务外包的蓬勃发展。人力资源服务行业的信息化对企业的价值、对人力资源服务机构的内部管理以及对行业的商业模式都会产生重大的影响。

在人力资源服务信息化的过程中，将以人力资源产业化架构为蓝本，以数据标准化为基础，以信息共享为平台，实现主要业务的整合贯通，实现管理的整体信息化。人力资源服务的各模块，如招聘、测评、培训、薪酬、派遣等服务，将实现各自的信息化以及各模块之间的信息关联。大数据、人工智能技术将推动整个社会商业经济的智能化变革，企业的人力资源管理也在新技术的驱动下进行优化。大数据和人工智能技术要在人力资源管理领域发挥应有的商业价值，就要有足够质与量的数据积累，找到有效的应用场景。人力资源信息技术服务商在其一体化人力资源平台上，将人力资源管理全流程数据完整留痕、保存并整合，数据驱动的科学人力资源管理有可能实现。

先进技术的发展应用，打破了产业边界，促进了跨界融合。从未来人力资源服务业业态和产业链发展趋势看，跨界发展将是重要趋势。对于人力资源服务机构而言，从生产和生活性服务业大范畴内寻找跨界机会将是其未来商业布局的重要战略思考。

## 三、行业发展市场化

市场经济的资源配置要求人力资源市场是一个相对独立、相对稳定、具有相应职能的市场。未来我国人力资源市场应遵守市场经济的规律（规则），在政府宏观调控下发挥市场配置资源的基础性作用，不能完全是政府行为，或是纯粹的商业行为。随着人力资源市场运行机制的完善，劳动者从人力资源转变为人力资本，劳动关系从以标准劳动关系为主转向多种形式的关系并存，需求的变化给人力资源服务机构带来了发展机遇。

一些行业统计数据显示，目前全球有 26 万余家灵活用工服务机构，灵活用工人数高达 6 090 万人。有专家预计到 2020 年，中国自由职业从业人数将占就业人数的 43%，到 2036 年将有 4 亿人属于零工经济的自由职业者。中国的灵活用工趋势正在加速发展，其既借势于中国整个劳动力人口的变化，又与互联网带来的信息透明化密切相关，个体不再满足处于地域性价值洼地之中。这充分说明，随着灵活用工时代的到来，人力资源服务外包市场潜力巨大，大有可为。当下，我们应不断拓展人力资源市场的职能（如服务、培训等），充分发展其资源配置功能。

## 四、行业产品细分化与产业链完整化

经历了 2008 年国际金融危机的冲击，面临资源紧张带来的成本上涨压力，伴随着整体企业管理理念的提升，企业愈发认识到：人力资源对于提高企业竞争力具有不可替代的核心价值，人力资源服务机构的战略合作伙伴地位将获得前所未有的提升。近年来，我国人力资源服务产品细分化程度日益提高，具体表现为纵向和横向两个维度。

纵向维度，是基于某一服务点位的垂直细分，如招聘服务细分为面向高校毕业生、博士等高级人才，物流与电商以及文化创意等产业人才的专业化服务平台。人力资源服务行业“专、精、深”的重度垂直业务模式涌现。从2015年开始，互联网技术逐渐渗入人力资源服务行业，一批互联网社保企业兴起。他们针对中小企业人力资源管理的痛点，基于SaaS模式，以“社保代办服务+免费人力资源管理平台+行业最低价福利”为特色。此外，运用互联网与移动技术的新型人力资源服务企业还切入到劳动法咨询与劳动关系管理、外勤人员管理、人才竞拍等诸多人力资源细分领域。

横向维度，是基于产业链上下游的服务环节细分，如从招聘、猎头中细分出来的背景调查服务，以及从单一招聘服务向提供综合型招聘方案转变。中高端人才寻访与上下游的人力资源咨询、外包、软件等产业整合加速，形成新的业务组合，“中高端人才寻访+招聘流程外包”“中高端人才寻访+灵活用工”等方式出现，从单一招聘服务向提供招聘综合型方案转变的趋势日益明显，在线的或者移动的招聘工具也日益增多。

与此同时，企业客户的需求不断变化，人力资源服务机构必须改变，要由目前服务主要集中在人才招聘、派遣、行政事务代理等初级服务上，向管理咨询、教育培训、职能外包等中高端专业化、细分化服务转变，在组织机构的诊断与规划咨询、核心人才保留、核心职位招聘、员工凝聚力培训、竞争力培训等方面取得新的进展。因此，无论是纵向的垂直细分还是横向的流程细分，都给人力资源服务行业带来了新的增长点，同时助推了市场扩容。

与行业细分化趋势相对应的，是产业链条完整化趋势。今后，人力资源服务行业的产业链将会加速整合。人力资源学科的跨界与融合衍生出新的业务需求和新的产品、服务，技术改变人力资源管理模式，使得人力资源服务产业的边界不断被打破，人力资源服务机构的发展路径，或向综合服务供应商转型，或聚集在人力资源更加细分的领域。人力资源服务外包与上下游的咨询、软件等行业不断整合，形成一种新型服务模式。如人力资源外包服务供应商都在尝试应用软件降低成本，联合思爱普（SAP）、甲骨文（Oracle）等推出适用于客户的云平台以提高交付能力、服务水平，提升客户体验。

## 五、服务精细化与个性化

在企业招聘力度不断加大、培训频率持续提升、员工薪酬水涨船高、福利保障机制日渐完善的情况下，广大企业依然难以摆脱无法招聘到适配的人才、核心人才很难留住、团队有效管理更难的困境。而未来人才争夺战的加剧更是给企业的发展带来了巨大的压力，提高人力资源的整体素质以及留住高素质的员工已经变得十分重要。

未来，人力资源服务业将根据客户的要求提供精细化服务，做到标准化与个性化相结合。其中，标准化即服务流程标准化，为客户提供透明的服务流程和管理工具，通过完整的、透明的服务流程和成熟的管理工具使客户随时掌握服务内容；个性化服务方面，侧重客户导向，更加突出细致的专业分工，提供“专、精、深”的服务产品，在确保服务质量的同时，尽可能降低客户的使用成本。在提升服务标准化与个性化水平的过程中，本土的人力资源服务业的品牌建设将得到加强。

# 第二篇

# 人力资源管理职能外包服务

激烈的市场竞争正在迫使企业越来越多地将有限的资源用于核心竞争能力的塑造。扬长避短，集中资源做自己最擅长的事，成为企业制定战略的一个重要指导思想。人力资源管理职能外包就是这一指导思想的结果。而人力资源管理职能外包服务，是人力资源服务机构为客户承担一个或多个人力资源管理基本职能执行工作的服务，更偏重于人力资源管理体系中各个流程的落地。

人力资源管理职能外包服务可包含以下几项内容：招聘流程外包、培训外包、人力资源管理咨询服务外包、猎头服务以及人才测评服务。人力资源管理职能外包，并不是其职能的弱化，恰恰从一个侧面说明了它的重要性。从发展的眼光看，企业实施人力资源管理职能外包，依靠专业的人力资源服务，简化流程，提高操作的规范性，能有效帮助人力资源部门从烦琐的常规性工作中抽身出来，从而提高工作效率。

# 第一章　招聘流程外包

随着社会经济的快速发展，企业纷纷布局新市场，新的竞争环境对企业人力资源工作提出时间更短、效率更高、业务更加精准的要求。但企业人力资源部门又面临精力有限、时间紧张、人手有限等诸多限制，仅靠自行招聘，很难为企业找到合适的员工。因此，在人力资源服务外包行业中出现了一种很受欢迎的服务产品——招聘流程外包。

## 一、招聘流程外包概述

### （一）招聘流程外包定义

招聘流程外包（Recruitment Process Outsourcing，简称 RPO），指的是企业将全部或部分招聘需求外包给人力资源服务机构，人力资源服务机构根据企业用人需求，运用自己的资源、评价工具和流程管理方面的优势来完成招聘工作。它涉及从建立具体职位需求到候选人入职的一系列招聘服务，是一个集成化的过程。

### （二）招聘流程外包特征

招聘流程外包具有以下几个特征。

**1. 服务专业化**

招聘流程外包整体服务具有较高的专业化程度。其利用专业的招聘团队和模式，使招聘工作更具有科学性。

**2. 流程规范化**

流程规范化强调的是以系统的流程管理标准为企业提供招聘流程外包服务，研究招聘流程的规律，形成规范的程序和方法，使招聘过程不再烦琐、碎片化。

#### 3. 效率最大化

效率最大化主要体现在招聘成本的控制上，通过服务来提高流程的效率，帮助企业以最高效率、最低成本招聘到合适的人才。

### （三）招聘流程外包类型

按招聘时长划分，可分为长期招聘外包和临时招聘外包。长期招聘外包通常是指企业与人力资源服务机构签订 1 年以上（含 1 年）的招聘外包协议。临时招聘外包是指企业基于突发性的用工需求，与人力资源服务机构签订 1 年以内的招聘外包协议，以满足季节性、周期性或短期项目性的招聘需要。

按服务内容划分，可分为战略性招聘流程外包服务、一站式招聘流程外包服务和定制化招聘流程外包服务。

### （四）招聘流程外包服务内容

#### 1. 战略型招聘流程外包服务

结合企业经营的长期性目标，人力资源服务机构给企业提供战略层面的招聘流程外包服务。包括招聘战略规划、招聘体系构建、策略咨询与方案设计、招聘流程优化、招聘团队配置等。

#### 2. 一站式招聘流程外包服务

人力资源服务机构为企业提供全方位、标准化的人员招聘解决方案。“一站式”指的是涵盖从获得具体职位需求，到招聘计划制订、简历收集与筛选、人才评估与面试，再到有合适候选人报到的所有环节。

#### 3. 定制化招聘流程外包服务

根据企业不同的需求及预算，人力资源服务机构有针对性地提供定制化招聘解决方案。包括专场招聘定制、灵活用工招聘定制、专业项目人才招聘定制、招聘渠道多样化定制与管理等。

### （五）招聘流程外包核心价值

#### 1. 节省企业的招聘时间

人力资源服务机构凭借其完备的招聘流程以及丰富的候选人资源，高效嫁接人才招募渠道、人才测评甄别技术等各种专业化资源，使行业内部的相似职位实现有机整合，有效缩短从职位鉴定到候选人上岗的“完成时间”，高质量完成招聘目标。

2. 降低企业的招聘成本

由于招聘工作外包，企业招聘人员配置相应减少，同时批量招聘服务的收费远低于猎头，成本远远小于企业招聘成本和招聘人员人工成本之和。因此，招聘流程外包不仅可在一定程度上减少招聘成本，还可以避免反复招聘、培训的附加成本。

3. 优化企业的招聘流程

人力资源服务机构凭借其招聘技术的专业性、管理的规范性，能有效提高企业对招聘职能的认识，并能充分利用实践经验使企业招聘工作更加科学化、系统化，从而改善企业招聘流程，以更好地支撑企业战略和业务发展。

## 二、招聘流程外包操作流程

招聘流程外包服务有相应的业务操作流程，如图 2—1 所示。

### （一）业务开发阶段

1. 了解企业信息和招聘需求

了解企业信息和招聘需求是招聘流程外包的第一环。企业初次提出的招聘需求并不能直接作为招聘的依据，人力资源服务机构需全方位了解企业背景、规模、业务发展的需求、行业内的地位、招聘预算以及岗位职责、任职资格等，并在此基础上做招聘需求分析，如图 2—2 所示。

招聘需求分析是招聘工作的起点。先从“岗位分析”入手，再看“需要什么样的人”。在考虑招聘岗位的要求时，大致可以从三个层次来考虑，如图 2—3 所示。

2. 制定招聘方案

人力资源服务机构基于企业需求和职位空缺出现的背景，深入了解市场，了解企业及行业人才情况和竞争对手状况，再与客户进一步沟通，确认具体招聘职位内容和招聘职位的数量、薪酬福利体系、录用决策特点等内容，并依此制定出招聘方案，签订招聘流程外包合同。

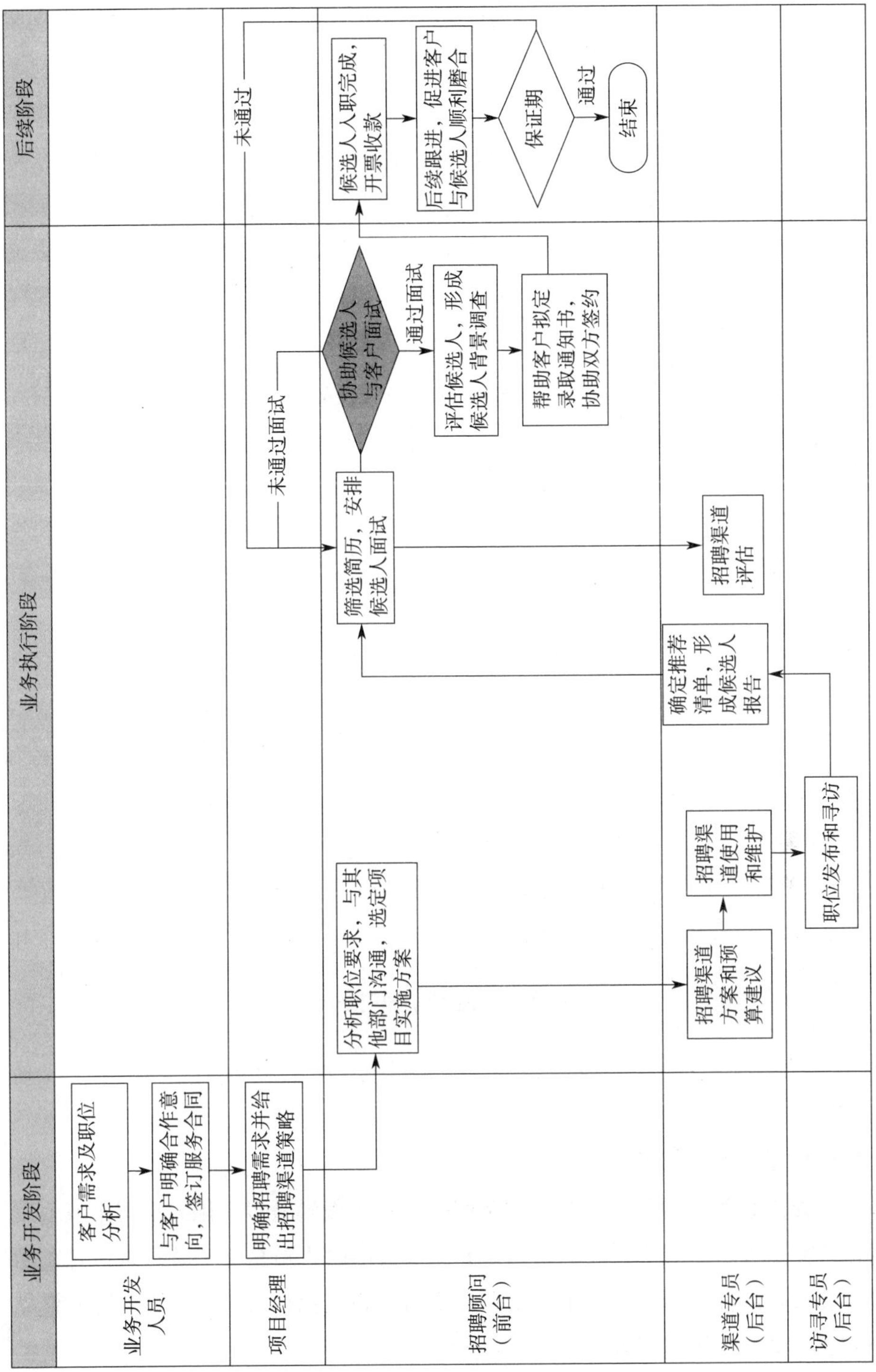


图 2—1　招聘流程外包业务流程图

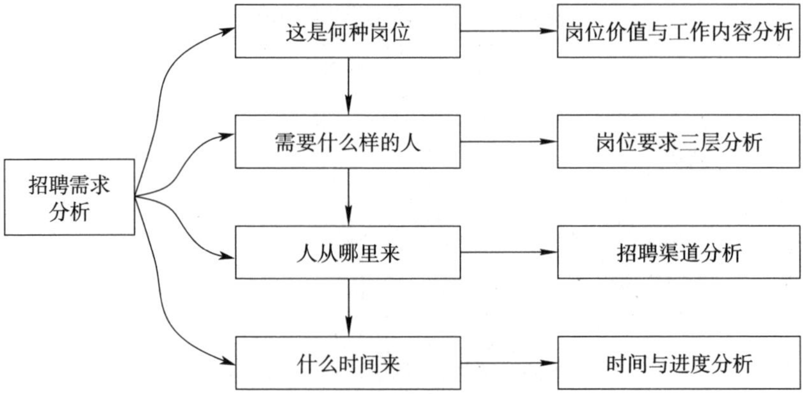


图 2—2　招聘需求分析逻辑图

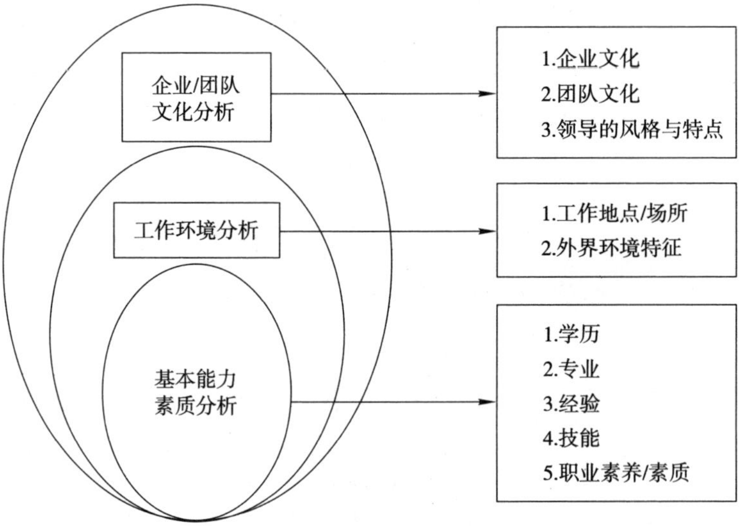


图 2—3　招聘岗位要求的三个层次

## （二）业务执行阶段

### 1. 职位发布和简历筛选

人力资源服务机构在网络、人才储备库、行业积累等多样化的招聘渠道中发布信息，发布招聘信息应详尽、易懂，要能够使应聘人员全面了解招聘信息，给应聘人员留下良好的印象。通常，发布的招聘信息应包括关键的招聘内容，详见表 2—1。

表 2—1　招聘信息应包含的内容

| 项目 | 具体说明 |
|---|---|
| 基本信息 | 企业所属行业、岗位所属部门、企业性质、工作地点、职位薪酬、联系方式等 |
| 岗位描述 | 岗位描述包括岗位职责和任职资格<br>★岗位职责要概括说明岗位的工作内容，要有重点、有条理<br>★任职资格应详细，要写明学历、工作年限、行业工作经验、专业技能、通用技能等 |
| 岗位要求 | 语言要求、年龄要求、性别要求、专业要求等 |
| 企业介绍 | 业务范围、发展状况、规模、未来发展方向和企业文化等 |

随后，根据招聘要求，挑选候选人。通过简历筛选、能力测试和初试等多个环节进行甄选，最终确定候选人，形成候选人名单和报告，提供给企业。简历筛选是这一环节的重要步骤，简历筛选程序主要包括以下四步，如图 2—4 所示。

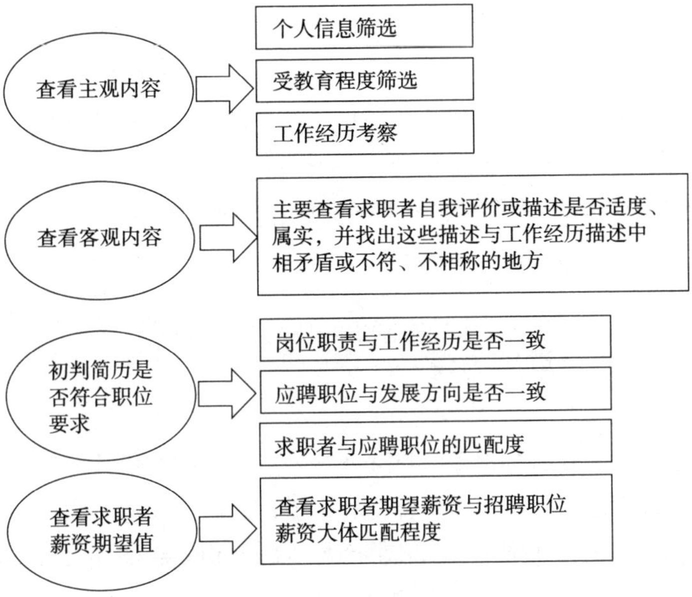


图 2—4　简历初筛步骤

另外，在初步判断简历时，还应注意以下几个评估要点。

（1）工作的上进性：仔细分析求职者在工作上的进步情形如何、是否合乎逻辑、是否能解释清楚。

（2）文字错误：文字尤其是关键数字和时间是否有误。错误意味着对细节的把握存在问题，或潜藏一定问题。

（3）关键空白：对日期、时间等关键信息的遗漏可能意味着重大的隐情，或想掩盖某些不利因素。

（4）经历空档：学习或工作经验的不连贯意义重大。

（5）跳槽频繁：同一类工作时间过短，或同类工作短期内多次跳槽，说明职业目标不清或可能存在个性问题。

2. 协助客户企业筛选和评估候选人

协助客户企业从候选人名单和报告中挑选人才，安排合适的候选人面试，进一步深挖候选人的求职意向，协助企业进行候选人综合评估和岗位匹配度管理，同时进行候选人全面背景调查，并提供参考建议。

### （三）后续阶段

人力资源服务机构后续阶段的主要工作是就职管理。一方面协助候选人做好就职沟通，推动薪酬谈判顺利进行；另一方面拟定录取通知书，协助双方签约。候选人完成入职手续后，如需安排岗前培训的，协助客户企业安排岗前培训，不需要的可直接上岗。在服务保证期内，人力资源服务机构与客户企业应保持定期服务回访，收集反馈信息，跟踪候选人的工作表现，帮助候选人顺利融入企业，降低流失率，促进企业与候选人顺利磨合。

## 三、招聘流程外包常用方法

招聘流程外包的方法有很多，贯穿在每一个具体的操作环节中。例如，在人才搜寻环节中，应根据招聘职位选择招聘渠道；在简历筛选时应运用排除法、优选法等技巧；面试不同职位层次的人才时，应合理挑选不同的面试、测试方式等。但招聘流程外包最根本的一点在于，招聘流程外包服务供应商拥有多渠道资源的整合能力，其人才搜寻渠道广，且搜寻质量较高。

相对于企业自主招聘，招聘流程外包服务的人才搜寻渠道会更多，除常见的网站招聘、校园招聘、现场招聘会、人力资源市场、传统媒体广告招聘和社交媒体广告招聘（如微信、微博、头条号、领英等平台）外，招聘流程外包服务供应商还会通过业内论坛、自有的人才储备库和人际关系网络搜寻人才。由于人力资源服务机构有专门的顾问去维护这些独有的资源，一旦有相关的需求，整个系统都会运作起来。

**招聘流程外包案例**

## 某房地产公司人才竞聘与选拔方案

为了建立、健全现代企业人力资源体系，按照公平、公正、公开的原则选拔人才，某房地产公司这次招聘将运用目前人才测评领域先进的胜任能力和人才评价中心技术，以帮助公司建立起科学的评价指标体系和人才聘用体系，为以后的人才招聘、竞聘工作提供有指导意义的实践经验。为积极稳妥推进这项工作，特制定本实施方案。

### 一、组织机构

以公司领导为主导，外部人才评价专家指导，由人力资源部具体落实，组成人才招聘与选拔管理工作小组。工作小组包括以下三方面的人员。

公司领导：2人；

外部人才评价专家：5人；

公司部门负责人：3人。

### 二、人才选拔原则

岗位设置要在精干高效的原则下进行，以公司的工作职能、机构设置情况为依据设置岗位。

坚持公开、公平、公正原则。

竞聘管理人员的候选者必须政治表现好，身体条件、技术能力符合所竞聘岗位要求。

## 三、人才选拔工作计划

根据本次人才选拔工作的实际情况，建议采用操作简便、参与性强的人才评价技术，即结构化面试、文件筐测验和心理测评，运用这些测评技术对候选人的综合能力进行评价。根据通用的管理胜任能力标准，本项目拟评价计划能力、组织协调能力、指导他人能力、沟通能力、分析判断能力、创新能力、灵活反应能力等7项关键的通用管理能力。具体实施内容见表2—2。

**表2—2　各评价环节工作内容**

| 评价顺序 | 评价环节 | 内容简介 | 实施计划 |
|---|---|---|---|
| 1 | 心理测评 | 为提高选拔结果的区分性，本项目只采用职业潜能测验（即智商测验），约有60道题，测试时间为45分钟 | 各应聘人员在统一时间内完成测试 |
| 2 | 结构化面试 | 每人测试6～8道题，每人面试需用时20～30分钟 | 分批安排面试 |
| 3 | 文件筐测验 | 每套试卷各有试题10道左右，共需时120分钟（文件筐测验是人才评价中心中选拔准确度最高、预测效果最好的技术，因而也是本次招聘选拔中的主要方法） | 各应聘人员在统一时间内完成测试 |

在各阶段的竞聘评价和选拔活动中，参与评价人员及权重分配见表2—3。

**表2—3　竞聘环节及权重**

| 评价人员<br>评价环节 | 公司领导 | 部门负责人 | 外部人才评价专家 |
|---|---|---|---|
| 文件筐测验（权重：25%） | | | 5人 |
| 结构化面试（权重：20%） | | | 5人 |
| 心理测评（权重：15%） | | | 5人 |
| 专业测试（权重：40%） | 2人 | 3人 | |

注：具体权重可根据实际情况作调整。

# 第二章　培训外包

培训外包是人力资源服务外包中的一项重要业务，它能使培训与开发活动以更低的费用获得更好的管理、更佳的成本效益，并且责任更清晰。

## 一、培训外包概述

### （一）培训外包定义

培训外包，就是企业将培训职能外包，即企业将制订培训计划、设计课程内容、选择讲师、确定时间表、管理培训设施、评价培训课程等核心职能交由培训外包服务机构承担的一种培训方式。

### （二）培训外包特征

针对性。培训顾问进驻企业，深度调研培训需求，量身定做培训规划和培训方案，并帮助实施。

系统性。提供一体化的企业培训解决方案，循序渐进，持续提升企业员工知识和技能，从而提升企业的综合能力。

实用性。根据企业特点和实际需要，提供大量工具，供培训之后辅导使用，力促学以致用。

性价比高。企业以较低的培训成本，获得优质的培训服务，全面提升企业效率和核心竞争力。

### （三）培训外包类型

#### 1. 全面外包

企业将培训职能的绝大部分工作都外包出去，企业人力资源管理部门只作为联络者、协调者和企业代表。外包出去的工作包括制订培训计划、办理报到注册、提供后勤支持、设计课程内容、选择讲师、确定时间表、实施培训、管理设施及评价受训人员等。

2. 部分外包

企业根据自己的实际需要，将某项或某几项培训工作外包出去，而其余工作仍由企业人力资源部自己完成。这是企业普遍采用的形式，通常是企业根据其培训需求分析结果及培训计划确定培训内容，然后选择针对该培训内容的、合适的外包服务供应商完成培训过程。

3. 培训职能运作人员外包

企业自己完成所有的培训工作，而由外部服务供应商提供推动企业培训职能有效运作的人员。但这种形式可能会导致人才歧视问题，即企业不把这些人员看作本企业的员工，不愿意对其尽用人单位的义务。

## （四）培训外包服务内容

培训外包的服务内容主要包括：员工培训需求调研分析、年度培训计划制订、培训课程设计、培训时间安排、培训实施、培训考核，以及为企业搭建培训体系、建立培训管委会、组织企业内部学习型小组、定期举行研讨及交流活动等。

## （五）培训外包核心价值

1. 有助于企业节约培训成本

节约成本是大多数企业进行培训外包的最初动机。受成本的限制，企业往往在短期内无法在培训上过多投入。通过培训外包这种模式，企业可以减少培训项目设计与开发的资金成本，降低维持庞大的培训机构的费用。同时，由于可采用按次付费的方式，培训外包还可以增加企业的现金流量。

2. 有助于企业专注核心业务

培训外包带来的最大好处是使企业集中力量，关注自身的核心业务。将部分非核心业务外包，而集中内部资源处理核心业务是企业解决资源配置矛盾的一种有效方式。通过培训外包，企业人力资源部门从较琐碎的课程组织管理等事务性工作中脱离出来，集中于与企业核心能力相关的战略性培训与管理上，进而提高企业的核心竞争力。

3. 有助于增强企业培训的灵活度

环境、技术、市场瞬息万变，对员工知识、技能及综合素质的要求不断提高，对企业培训的要求也随之提高。企业对环境变化的反应更加迅速，员工培训也需要具有更大的灵活性。培训外包可以使企业在外包服务机构的帮助下，消除市场波动带来的负面影响，提高培训灵活度，使得培训更有效、更有针对性。

4. 有助于提升企业培训的专业性

对于企业人力资源部门来说，将不具有竞争优势的业务委托给更具成本优势和专业优势的外包服务机构，并与其结成战略联盟，形成优势互补，将使人力资源部门从培训管理机构转变为企业的“策略伙伴”，从而在角色转换中获得更广阔的发展空间和更高的专业平台。这一模式的专业性是单纯依赖于企业自己开展培训的模式所不能及的。

## 二、培训外包操作流程

### （一）挖掘需求

外包服务机构与客户企业沟通，调查、诊断企业现状及培训需求，通过探寻应掌握客户企业的以下信息：预算、培训目标群体、培训目的、培训规模、培训场地需求、培训预期、培训时间、师资要求。

【参考模板】

#### 培训需求调查问卷

填写时间：______年_____月_____日

为了制作出符合您需求的个性化培训方案，请如实填写企业培训需求调查问卷。谢谢合作！

| 一、企业基本情况 | | | | | |
|---|---|---|---|---|---|
| 名称 | | 企业人数 | | 负责人 | |
| 年度培训预算 | | 公司地址 | | | |
| 培训负责部门 | | 电话 | | 传真 | |

<table>
<tr><td>联系人姓名</td><td></td><td>职务</td><td></td><td>手机</td><td></td><td>电子邮件</td><td></td></tr>
<tr><td>企业性质</td><td colspan="7">□国有企业　□合资企业　□私有企业　□外资企业<br>□股份制企业　□其他（请填写）________________</td></tr>
<tr><td colspan="8">二、近年的培训情况</td></tr>
<tr><td colspan="2">贵公司一般多久<br>举办一次培训</td><td colspan="6">□两个星期　□一个月　□三个月　□六个月　□一年<br>□一年以上</td></tr>
<tr><td colspan="2">贵公司开展员工<br>培训的方式</td><td colspan="6">□公司自己内部定期培训　□公司请了培训机构培训<br>□将员工送到有关培训机构培训　□我们一般不集体培训</td></tr>
<tr><td colspan="2">曾合作过的<br>培训机构名称</td><td colspan="6"></td></tr>
<tr><td colspan="2">培训课程名称</td><td colspan="6"></td></tr>
<tr><td colspan="2">培训效果</td><td colspan="6">□好　□一般　□不好　□还不知道<br>□不好的原因:（请填写）________________</td></tr>
<tr><td colspan="2">如果贵公司一般不参加<br>集体培训，主要原因是</td><td colspan="6">□员工没兴趣　□课程不实用　□费用太高　□不需要<br>□时间、地点不方便　□其他:（请填写）__________</td></tr>
<tr><td colspan="8">三、今年培训需求与计划</td></tr>
<tr><td colspan="2">希望通过培训<br>解决的问题</td><td colspan="6"></td></tr>
<tr><td colspan="2">培训方式</td><td colspan="6">□公司自己内部定期培训　□公司请培训机构培训<br>□将员工送到有关培训机构培训　□其他:（请填写）____<br>________________________________</td></tr>
<tr><td colspan="2">培训内容</td><td colspan="6">□生产运营　□市场营销与服务　□财务管理<br>□采购物流管理　□人力资源管理　□个人素质提升<br>□管理技巧　□质量管理　□职业技能训练<br>□员工职业能力　□企业战略管理　□生产运营管理<br>□其他培训课程:________________</td></tr>
<tr><td colspan="2">课程要求</td><td colspan="6"></td></tr>
<tr><td colspan="2">培训价格（元 / 人）</td><td colspan="6">□ 500 以下　□ 500 ~ 1 000　□ 1 000 ~ 2 000<br>□ 2 000 ~ 3 000　□ 3 000 ~ 4 000　□ 4 000 以上<br>□只要效果好，价格无所谓</td></tr>
<tr><td colspan="2">培训时间</td><td colspan="6">□ 2 天左右　□ 4 天左右　□ 7 天左右　□一个月以上</td></tr>
</table>

| | |
|---|---|
| 培训人数：______人<br>培训人员年龄：20 岁以下______人，20 ~ 25 岁______人，26 ~ 30 岁______人，31 ~ 39 岁______人，40 岁以上______人。<br>培训人员文化程度：高中或以下______人，大专______人，本科或以上______人<br>培训人员分类：______部门______人，______部门______人，______部门______人<br>上课地点：□公司内　□酒店　□ × × 培训中心　□其他<br>此次计划培训日期：______________ | |
| 您对讲师有什么建议与要求？（详细） | |
| 您对课程设计有什么要求？（详细） | |
| 您对培训有什么特殊要求？（详细） | |

## （二）发现关键点

根据客户企业的培训目的以及效果，分析出客户企业的三个培训核心需求，分别从是否能满足、满足手段、存在问题、如何解决四个方面加以详细阐述。

## （三）开展竞品分析、市场调研

通过网络渠道调查同类产品在市场上的价格、师资、效果、热度等，详见表 2—4。

表 2—4　竞争对手分析表

竞争对手名称：

| 一、公司情况 | | | |
|---|---|---|---|
| 分支机构 | | 案例数量 | |
| 宣传口号 | | 百度推广 | |

续表

<table>
<tr><td colspan="4">一、公司情况</td></tr>
<tr><td>行业经验</td><td></td><td>资质荣誉</td><td></td></tr>
<tr><td>覆盖行业</td><td></td><td>目标客户</td><td></td></tr>
<tr><td colspan="4">二、网络热线</td></tr>
<tr><td>服务态度</td><td></td><td>热线响应速度</td><td></td></tr>
<tr><td>热线咨询内容</td><td></td><td>销售响应速度</td><td></td></tr>
<tr><td colspan="4">三、销售衔接</td></tr>
<tr><td>电话沟通</td><td colspan="3"></td></tr>
<tr><td>邮件内容</td><td colspan="3"></td></tr>
<tr><td>发给客户资料</td><td colspan="3"></td></tr>
<tr><td colspan="4">四、见面洽谈</td></tr>
<tr><td>准备工作</td><td></td><td>洽谈流程</td><td></td></tr>
<tr><td>方案 PPT</td><td></td><td>系统演示</td><td></td></tr>
<tr><td colspan="4">五、产品</td></tr>
<tr><td colspan="4"></td></tr>
<tr><td colspan="4">六、项目实施</td></tr>
<tr><td>实施周期</td><td></td><td>实施方式</td><td></td></tr>
<tr><td>实施策略</td><td></td><td>数据初始化</td><td></td></tr>
<tr><td colspan="4">七、售后服务</td></tr>
<tr><td>费用标准</td><td colspan="3"></td></tr>
<tr><td>服务内容</td><td colspan="3"></td></tr>
<tr><td colspan="4">八、项目报价</td></tr>
<tr><td>报价</td><td></td><td>报价费用组成</td><td></td></tr>
<tr><td>降价空间</td><td></td><td>支付比例</td><td></td></tr>
<tr><td>报价策略</td><td colspan="3"></td></tr>
<tr><td colspan="4">九、核心优势</td></tr>
<tr><td colspan="4"></td></tr>
</table>

## （四）确定产品定位、价值主张、产品功能画像

根据市场调研以及客户企业的需求分析，形成培训产品的针对群体画像（见

表 2—5）、核心的特点及竞争力，并输出为可视化的产品功能画像（见表 2—6）。

表 2—5　用户画像分析表

| | |
|---|---|
| 培训人群来源 | |
| 培训面向人群 | |
| 学员年龄 | |
| 地区 | |
| 特点 | |
| 性格 | |

表 2—6　产品功能画像分析表

| | |
|---|---|
| 课程培养能力 | |
| 课程附加价值 | |
| 培训后输出渠道 | |
| 培训特色体系 | |

## （五）设计课程体系

根据产品的功能画像打造独特的课程体系，根据企业需求制定培训策划方案。

【参考模板】

### 培训策划方案

#### 一、项目背景

______________________________________________

______________________________________________

______________________________________________

## 二、项目实施流程图

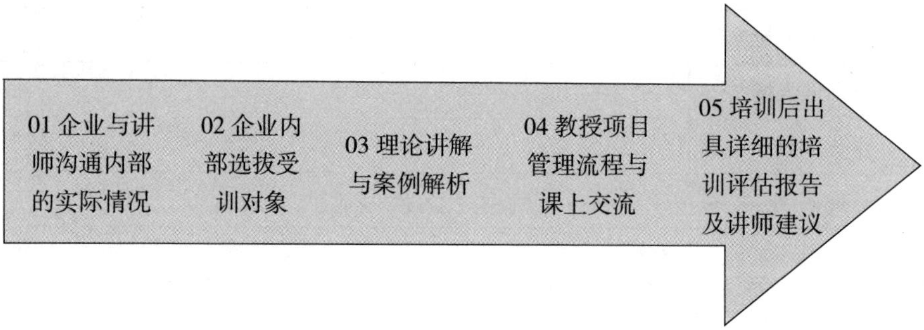


## 三、人员选拔

外部学员选拔及标准：______________________

培训人数：______________________

选拔途径：______________________

选拔结果：______________________

## 四、培训方案

通过训练，使学员能够：

______________________

______________________

1. 培训对象

______________________

2. 培训课程

______________________

3. 培训说明

______________________

## 五、讲师介绍

______________________

六、合作说明

______________________________

七、项目预算

______________________________

### （六）匹配师资，确定培训时间

根据课程的需要匹配最优师资，以及确定时间、场地。

### （七）进行成本预算

根据师资以及场地测算整个培训的成本。

### （八）修改并确定培训方案

根据市场调研、客户需求、课程特色以及报价形成培训策划书，提交客户，并根据与客户沟通的结果做修改。

### （九）实施培训

依据确定的培训方案实施培训，并根据实施情况灵活调整。

### （十）跟踪反馈

培训结束后出具培训反馈报告。一方面，对培训效果展开调查，另一方面，与培训讲师保持实时的反馈沟通，把控培训质量。最终形成培训评估报告，提供培训建议。

【参考模板】

## 培训效果满意度调查问卷

讲师姓名：__________

课程名称：__________

日期：______年____月____日

学员姓名：__________

请参照对应的描述，用分数将各项满意度表示出来。

| 项目 | 评估标准 | 评分 |
|---|---|---|
| 课程内容（30分） | 调研充分，针对工作中的问题设计内容，重点突出（10分） | |
| | 课程框架设计条理清楚，主题明确（10分） | |
| | 内容丰富，层次鲜明，结构完整，对实际工作有指导意义（10分） | |
| 教学手段（25分） | 语言表达清晰、生动、简练易懂，课程进度控制适中，逻辑清晰，重点突出（10分） | |
| | 案例、游戏、情景模拟等培训手法的使用和讲解能有效引导思考，点评恰当（10分） | |
| | 现场氛围调动与节奏把控到位（5分） | |
| 教学态度（20分） | 精神饱满，有激情，关注学员反应，促进学员参与互动（10分） | |
| | 有效应对学员提出的问题，及时给予准确的回应（10分） | |
| 课件制作（5分） | 编制认真，PPT形式、布局规范、美观、大方（5分） | |
| 培训效果（20分） | 学到了有用的知识与技能，对以后的工作有帮助（10分） | |
| | 达到了参加本次培训的期望（10分） | |
| 满意度（总分） | | |
| 您对本次培训的感受是? | | |

| | | |
|---|---|---|
| 您认为本次培训还有哪些需要改进的地方？ | | |
| 培训组织工作满意度 | □非常满意　□满意　□一般　□不满意　□非常不满意 | |

感谢您对培训的大力支持，期待您提出宝贵的建议！

## 三、培训外包常用方法

### （一）直接传授式培训

直接传授式培训是指讲师直接通过一定途径向培训对象发送培训信息。这种方法的主要特征是信息交流的单向性和培训对象的被动性，适宜知识类培训，应用范围极广。其具体形式主要有以下四种。

**1. 课堂讲授法**

这种方法常被用于一些理念性知识的培训，用于向学员介绍和传授某一单一课题，如对企业新政策或制度的介绍、引进新设备或技术的普及讲座等。

**2. 专题讲座法**

专题讲座是针对某一个专题知识，一般只安排一次培训。专题讲座法适用于向管理人员或技术人员传授专业技术发展方向或当前热点问题等方面的知识。

**3. 研讨法**

研讨法是在讲师引导下，学员围绕某一个或几个主题进行交流、相互启发的培训方法。该方法适用于各类学员围绕特定任务进行独立思考、判断评价及表达能力的培训，主要有集体讨论、分组讨论、对立式讨论三种研讨形式。

**4. 视听技术法**

视听技术法是讲师利用事先制作好的视觉教材，让学员通过看视频进行学习。尽管视听技术法比一般讲座花费高一些，但利用视频、音频等可以产生很好的培训效果，因此这种培训方法已得到广泛的应用。

### （二）实践性培训

实践性培训是让学员在实际工作岗位或真实的工作环境中，亲身操作、体验，掌握工作所需的知识、技能的培训方法。这一方法在员工培训中应用最为普遍。通过外包方式来完成的实践性培训主要采用参观访问的形式。

### （三）参与式培训

参与式培训是调动学员的积极性，让其在与讲师和其他学员的互动中学习的方法。这类方法的主要特征是，每个学员积极参与培训活动，从亲身参与中获得知识、技能和正确的行为方式，开拓思维，转变观念。主要方法有自学法、案例法、头脑风暴法。

**培训外包案例**

## 某房地产公司中高层管理人员内训项目（节选）

#### 一、企业及培训项目概况

#### 1. 企业概况

某房地产公司成立于1998年，现已成为跨区域的地产代理商，分支机构超过160个，公司总人数超过3 000人。目前平均每月促成房地产交易额达数十亿元人民币，市场资讯集中，服务全面，业务范围涵盖投资、项目发展、物业管理、国内地产、外国物业、估价等。

#### 2. 培训背景

（1）公司管理人员大部分来自一线，缺乏管理理念和管理技能，给公司的可持续发展带来了一定的影响。

（2）公司人员发展均是由上到下辐射性培养，人员发展速度跟不上公司的快速扩张，必须充分调动和挖掘人力资源的潜力，以适应业务发展的需要。

（3）市场竞争越来越激烈，先进的管理理念对企业发展至关重要，公司的管理人员必须不断学习和掌握前沿管理知识。

#### 3. 培训项目

中高层管理人员“管理能力提升计划”。

#### 4. 主要培训目标

（1）帮助中高层管理人员改变思维模式，从管理者的角度考虑问题、开展业务、协调工作。

（2）使中高层管理人员具备职业经理人必需的基本经营管理知识和技能。

（3）通过管理模式和管理技巧的学习，帮助中高层管理人员学会使用科学的管理工具开展工作。

（4）提升管理人员的整体素质，包括业务素质和管理素质，以确保公司在迅速扩张期间管理和经营效率同步提升，从而为公司整体业绩的提升打下良好基础。

#### 5. 课程定位

（1）注重实战技能训练，将理念、策略转变为工作实践。以学员参与为主，充分调动学员的积极性，以加强培训的效果。

（2）针对公司规模大、跨地区、综合性强等特点，本次培训以现有的企业文化为依托，考虑地区、行业特色，在注重实战能力训练的同时，结合企业自身经营策略与现状，帮助企业解决问题，实现将策略变为现实的效果。

### 二、中高层管理人员“管理能力提升计划”实施步骤

#### 1. 课前交流会议

培训外包公司与某房地产公司人力资源部经理及项目参与人员举行一次课前交流会议（约 1.5 小时），在课前交流会议中，培训外包公司将：

——了解某房地产公司对于此次培训计划的期望与要求；

——多方面听取关于培训计划的意见；

——简介培训计划的内容与目的；

——与某房地产公司就培训计划达成共识。

2. 课前问卷设计

根据和某房地产公司达成的共识，培训外包公司为其量身定做课前问卷，问卷的目的在于：

——了解每一名学员现有的知识层次及管理水平；

——了解学员对所指定的培训内容有什么建议；

——了解学员对于培训的期望与要求。

3. 问卷分析与统计

培训外包公司对收集上来的问卷进行统计与分析，结果作为设计、调整各门课程内容的依据。

4. 学员抽样访谈

培训外包公司在收集与分析问卷的同时，对本次培训所涉及的学员进行抽样电话访谈，访谈的目的在于：

——更准确地了解学员对于本次培训的意见；

——就培训的实施听取学员的意见；

——明确培训涉及学员所具备的管理知识与技巧的情况。

5. 授课

根据课前交流会议的共识及某房地产公司选用课程的情况，培训外包公司选派优秀讲师前往指定地点授课。课程将保证：

——用引导与启发的方式使学员主动学习，而非老师单纯灌输知识；

——用生动有趣的方式帮助学员完成学习要点的学习，轻松掌握管理艺术；

——课前的交流与准备充分，使课程符合行业要求和学员的具体工作需求。

6. 学员现场反馈评估统计

每门课程的反馈评估统计由培训外包公司完成，统计目的在于：

——反馈学员对于课程质量的认同程度；

——反馈学员对于讲师的认同程度；

——反馈学员对于课程的改进建议。

### 7. 长期承诺

培训外包公司向某房地产公司做出长期承诺：讲师将长期接受学员关于管理技巧等的咨询，帮助学员不断成长。

## 三、培训实施（见表 2—7）

表 2—7 培训工作安排

<table>
<tr><th>阶段</th><th colspan="2">培训服务内容</th><th>预计实施时间</th><th>备注</th></tr>
<tr><td rowspan="4">课前</td><td colspan="2">课前交流会议：解释计划目的，培训外包公司与某房地产公司高层领导及人力资源部经理就计划达成共识</td><td rowspan="2">6月</td><td></td></tr>
<tr><td colspan="2">针对某房地产公司中高级管理人员情况设计课前问卷，了解学员的情况及对培训的要求</td><td></td></tr>
<tr><td colspan="2">问卷统计与分析</td><td rowspan="2">7月</td><td></td></tr>
<tr><td colspan="2">学员抽样访谈：进一步了解学员的层次及需求情况</td><td></td></tr>
<tr><td rowspan="8">培训计划</td><td rowspan="3">管理素质与能力培训系列</td><td>问题分析与解决</td><td>2天</td><td rowspan="8">整个培训计划将十分注重各部分内容的衔接与配合、理论与实践的结合<br><br>前一阶段是后一阶段的基础，而后一阶段是对前一阶段的巩固与配合</td></tr>
<tr><td>时间管理与工作组织技巧</td><td>1天</td></tr>
<tr><td>沟通与影响力技术训练</td><td>1天</td></tr>
<tr><td rowspan="3">人力资源管理核心能力</td><td>职位工作分析与职位说明书编写</td><td>2天</td></tr>
<tr><td>职位价值评估与薪酬分配方案设计</td><td>2天</td></tr>
<tr><td>全方位的绩效管理（KPI 管理）</td><td>3天</td></tr>
<tr><td colspan="2">管理实战能力培训系列</td><td>1天半</td></tr>
<tr><td colspan="2">中高层管理人员全球性管理思维培训</td><td>3天</td></tr>
</table>

续表

| 阶段 | 培训服务内容 | 预计实施时间 | 备注 |
|---|---|---|---|
| 课后 | 学员对每阶段讲师与课程的评估结果 | 每阶段课程结束后 | |
| | 整体报告：向某房地产公司项目负责人汇报项目进展，总结经验教训 | 整个培训计划结束后 | |
| | 长期承诺：长期为学员提供咨询与服务 | 长期 | |

## 四、课程内容（节选）

### 1. 管理素质与能力培训系列

培训对象：企业中高层管理人员，重要职位的主管和从技术背景转向管理岗位的人员，及希望通过培训提高分析、解决问题与决策能力的人士。

（1）问题分析与解决。

培训受益：了解问题的类型与本质；掌握科学分析与解决问题的有效工具与方法；形成解决问题的统一思路与共同语言。

培训大纲：

- 问题的定义与种类；
- 问题意识的培养；
- 状况评估与问题确认；
- 问题的原因分析；
- 解决方案的拟定；
- 决策的制定；
- 行动的预估、执行与检讨。

培训时间：2 天。

（2）时间管理与工作组织技巧。

培训受益：明晰时间管理的误区；找到自己的关键结果领域，并且分解到各项任务；理解制变与应变的区别，了解制变的重要性；学会正确处理计划的固定性与灵活性；建立正确的授权观念，学会不需要通过职位影响的授权技巧；掌握跟进技巧，学会如何跟进项目及跟进已授权的事项；学会通过建立个人时间计划管理系统做项目计划及组织项目实施。

培训大纲：

● 分辨个人的价值；

● 基本时间管理技巧；

● 优先计划管理；

● 确立目标；

● 把知识化为行动。

培训时间：1天。

（3）沟通与影响力技术。

培训受益：帮助公司中高层管理人员掌握一套实用的影响技术，学会通过影响别人开展沟通，而不只是依赖正规的组织架构或权力向别人下命令；学会通过对行为的观察，了解人的不同类型；学会从别人角度看问题，从而在各种场合有效发挥影响力；学会建立他人眼中的信任；理解部门间沟通容易出现的问题。

培训大纲：

● 隐形生产线：分析新型经济社会中知识工人的关键工作流程及影响力的重要性；

● 沟通与影响力模式分析：了解自己对影响力的看法，认识自己的影响风格、长处和短处；

● 培养人际关系意识：既影响别人，又照顾别人的兴趣、情绪、关注点；

● 掌握获取关键信息的技巧：学会透过对方的观点了解事实的全貌；

● 关注可能对对方产生的影响：学会积极把握和回应对方的感受、需要和关注点；

● 合情合理地进行说服：不仅靠逻辑和客观条件说理，而且善于把依据建立在双方利益的基础上；

● 制定战略：按不同情形选择适当的影响战略；

● 对症下药：制订个人改进计划。

培训时间：1天。

# 第三章　人力资源管理咨询

人力资源是使企业保持竞争优势的一种战略资源，人力资源管理咨询对于企业核心竞争力的打造具有重要意义，发展十分迅速。

## 一、人力资源管理咨询概述

### （一）人力资源管理咨询定义

人力资源管理咨询，是指人力资源服务机构凭借丰富的管理知识和经验，运用人力资源开发与管理的理论和方法，对客户企业人力资源进行分析，找出薄弱环节，并加以改善，以促进企业正确、有效地开发人力资源和合理、科学地管理人力资源，为企业创造永续的竞争力。

### （二）人力资源管理咨询特征

战略性。企业人力资源管理咨询要帮助企业明确战略目标，制定战略发展规划，实现企业可持续发展。

异质性。不同企业、同一家企业不同发展阶段或不同部门，产生的人力资源管理咨询的需求都是不一样的。

### （三）人力资源管理咨询类型

#### 1. 绩效管理咨询

绩效管理咨询是咨询服务供应商通过对企业绩效考评现状的分析，帮助企业完善绩效考评体系的一种咨询服务，包括绩效体系搭建、绩效体系运行、绩效文化建立、绩效体系完善等四大方面。

#### 2. 企业文化咨询

企业文化咨询是针对企业管理理念和管理方式的咨询，涉及企业整体价值体系、企业伦理道德和行为准则等方面内容的分析，包括企业文化现状诊断、企业理念和企业精神的提炼、企业文化的实施等三大内容。

3. 职业生涯规划咨询

职业生涯规划咨询是咨询服务供应商在准确测评咨询者的基础上，针对其职业发展的方向和路径问题提供解决方案，帮助做出具体的职业规划。职业生涯规划是对个人职业生涯的安排，有组织和个人两个层面，服务全过程大致可分为咨询前、咨询中和咨询后服务三个阶段。

4. 品牌咨询

品牌咨询是咨询服务供应商对企业品牌运营工作提供咨询、策划服务的过程。品牌咨询的目标主要包括品牌的增值、品牌延伸与潜力挖掘、延长品牌作用时间。品牌管理的目的是企业通过细分市场找到自己的独特性，从而建立自己的品牌优势。

## （四）人力资源管理咨询服务内容

人力资源管理咨询的服务内容十分丰富，包括：企业人力资源管理系统诊断，战略性人力资源发展规划，组织与岗位的梳理与设计，岗位价值测评，岗位级别矩阵设计，任职资格体系设计，员工职业生涯设计，胜任素质模式设计，企业高级管理人员评价与选聘配置，薪酬管理系统设计，基于价值的宽带薪酬体系设计，基于任职资格体系的能力薪酬体系设计，高管激励与员工持股机制设计，基于平衡记分卡的 KPI（Key Performance Indicator，关键绩效指标）体系设计，绩效管理体系设计，人才素质测评，培训管理体系设计，招聘体系设计，人才培养与发展体系设计，人力资源三支柱体系设计，人力资源管理制度与流程设计等。

## （五）人力资源管理咨询核心价值

1. 发现企业人力资源管理存在的问题

帮助企业及时发现其内部人力资源管理存在的问题，并解决这些问题，量体裁衣，制定切合实际的方案并实施。这有助于提高企业管理者发现和解决人力资源管理问题的技能。

2. 配合企业发展战略，提高企业发展能力

人力资源管理咨询的最终目的是使企业的人力资源管理能够充分配合企业的发展战略，提高企业发展能力，解决企业的发展问题，实现企业的快速、健康、

持续发展。

3. 提高企业人力资源管理工作效果

企业人力资源管理操作需要一定的技术性，如绩效管理，单靠企业自身力量难以奏效，而借助外部资源可显著提高绩效管理的工作效果。

## 二、人力资源管理咨询操作流程

### （一）咨询业务信息收集

开发人力资源管理咨询业务，首先应获取客户的管理咨询需求信息，这是开展服务的前提。只有在确定客户企业需要的服务内容后，才能进一步开展需求状况分析和咨询项目的前期沟通。

咨询服务供应商在收集客户信息之前，首先要定位自己的客户群，明确客户画像。通常人力资源管理咨询的客户画像有以下几个特征：

企业的年营业额不低于 5 000 万元人民币，一般在 2 亿元人民币以上；

企业所处行业在高速增长期，行业利润率较高；

企业有很强的经济实力；

员工规模一般在 100 人以上。

1. 获取客户信息

客户信息来源主要有以下几个渠道。

（1）从网络信息渠道获取客户信息。在互联网时代，客户若是有管理咨询的需求，第一反应是到网络上去寻找咨询公司。所以，建立企业官网、进行网络推广，是咨询服务供应商从网络获取客户咨询信息的必要条件。而在网络推广中，在网站上精准定位客户群、定位咨询产品以及展现自己的实力与成功案例，是获取有效客户信息的关键。

从网络来的业务信息的一个特点是精准度较低，因为通过网络找来的未必是有真实咨询服务需求的企业，通常有不少企业只是想了解一些情况。另一个特点就是业务竞争性强，因为客户要货比三家，可能会同时寻找很多家咨询公司，进行多轮比较。

（2）老客户进一步合作。咨询服务供应商与客户开展第一期项目合作之后，客户因对第一期的合作满意，提出了进一步完善管理的需求，这样的业务信息质量最高、销售成本最低。当然，获得这样的业务信息的前提是第一期合作让客户非常满意。较高的客户满意度也是任何一家咨询服务供应商所追求的。

（3）老客户推荐。因咨询服务供应商上一次服务让客户很满意，客户主动向身边有管理咨询需求的企业推荐。这种客户信息的质量也是很高的，因为有老客户的背书，这种客户基本上只要确定服务内容、时间与价格，成功的可能性极大。

但是要获得这种客户信息，老客户的服务满意度高是前提。所以经营理念好、服务水平较高的咨询服务供应商将在行业内越做越顺。

（4）通过培训筛选出咨询需求业务信息。咨询服务供应商通过集中对目标客户进行某项专题培训、讲授，从而获取目标咨询客户信息。这种方式是很多培训机构向咨询行业转型，或者培训与咨询进行上下游业务联动的常见方式。这种方式的最大优势就是一次性可以获取的准客户信息较多，成交周期相对较短；不足之处就是获客成本较高，有时候通过培训获得的客户信息很难有大的客户。

（5）其他获得客户业务信息的渠道，比如行业协会、商会介绍，参加行业展览会，主动联系目标客户群体，筛选出目标客户业务信息等。

#### 2. 客户需求信息分析及分类

对获取的客户信息通过电话或微信等方式沟通确认，以及通过网络对客户信息进行进一步收集，初步判断客户信息的质量等级。一般将客户信息分为 A、B、C 三个等级，其判断标准如下（每家咨询公司的判断标准不一样）。

A 级客户信息：客户一把手发起需求，有明确项目内容需求，有明确的预算范围，年营业额在 3 亿元人民币以上。

B 级客户信息：有明确项目需求，需求发起人是客户领导班子成员，年营业额在 1 亿 ~ 3 亿元人民币之间。

C 级客户信息：有咨询需求，但不是很明确；年营业额在 5 000 万 ~ 1 亿元人民币之间；有发展潜力；需求发起人是人力资源总监以上人员。

根据对目标客户的分类，对 A 级客户信息优先、重点跟进。

### （二）咨询业务洽谈

#### 1. 初步约谈沟通

（1）商务销售人员约定双方面谈时间、地点。咨询服务供应商（以下简称咨询方）的商务销售人员通过电话或者其他沟通工具，与客户企业（以下简称客户方）约定双方的面谈时间、地点与事项。

一是双方面谈人员组成。咨询方一般根据客户方所处的行业以及客户的需求选择合适的技术销售顾问，从而确定主谈人员范围。一般情况下，咨询方的面谈人员由主谈人员与记录人员组成。

客户方一般应由具有决策权的咨询需求发起人参加。若是民营企业，一般由董事长参加；若是国有企业，则根据企业的规模大小，有可能是董事长或书记参加，也可能是分管的总经理或副总经理，但最好尽可能由董事长或书记参加。一般情况下，客户方还会有对应的职能部门负责人和相关人员陪同面谈。

二是约定面谈时间。选择一个双方都可以接受的时间点，且一定要明确大致面谈时长。

三是确定面谈地点。一般情况下面谈地点在客户方的会议室，但也有特殊的情况，比如客户方领导在外地出差，可能会约定在其出差地点面谈。

（2）销售顾问与客户决策层面谈。双方坐下来后，先不要急于切入主题，可以寒暄一下，这样增加彼此的信任感与好感。正式切入主题之后，流程与内容分四个部分。

第一步：咨询方介绍自身情况与过往同类案例。

咨询方主谈人员在接到商务销售人员的安排之后，就需要从网上或其他渠道获取客户的基本信息，就行业情况与相关案例做准备工作，并形成有针对性的公司简介与案例材料。

主谈人员介绍公司与成功案例的时候，关键是站在客户的需求角度去介绍。比如客户一般会关注：咨询方是否具有很强的实力，可以提供所需的解决方案；经营理念与项目需求是否匹配；项目服务模式是怎样的，是否与自己的期望一致；是否有同行业的项目运作经验，是否有同类问题的解决案例等。所以主谈人员应重点围绕着这些问题展开介绍。

第二步：客户方介绍项目背景。

客户方介绍企业的情况与项目发起的背景。因为客户的介绍人有可能会讲得很详细，也有可能轻描淡写地说了几句，所以在这个环节，咨询方的技术销售顾问一定要清楚自己想要获取到哪些有用的信息。这些有用的信息主要是：客户公司的主要业务是什么；组织结构、人员规模与年营业额的情况；客户方未来的业务发展大致设想是什么；客户方发起这次项目的背景是什么；通过这次项目合作重点想解决哪些问题，达到什么目标；客户方期望的合作对象是什么样的等。若客户方介绍的时候没有讲清楚，咨询方主谈人员就要进行追问，直到基本获取这些信息。

第三步：咨询方针对客户方的问题，做初步的判断。

这个环节是咨询方展示自己专业能力的时候了，在获取客户的项目发起背景以及需求的基本信息之后，需要针对需求给出一个大致的解决思路。

要在这么短的时间内给出一个解决思路框架，需要丰富的专业经验积累。这也是为什么技术销售顾问一般都由咨询公司的高层或核心层人员担任的原因。

每个问题、每家企业的实际情况都不一样，所以解决思路也不一样，但通常采用的方法是“分步骤、分层级”展开阐述。

第四步：双方针对问题进行沟通。

在咨询方给出初步的解决思路之后，客户方通常会提出一系列问题。这个环节的核心就是要用专业知识和经验充分打消客户的顾虑。

客户顾虑的问题大致围绕这几项内容：方案思路、项目开展流程、项目顾问团队、项目方案匹配、行业经验、项目可行性、项目周期、项目费用等。

同时，咨询方也可以咨询客户，进一步明确内容，比如项目时间要求、项目程序（是否招标、是否讲述项目建议书等）、项目预算要求等，并且告知客户方接下来的工作安排，比如多长时间后提交项目建议书。

在面谈的过程中，相关人员需要详细记录好面谈内容。

**【参考模板】**

## 咨询公司与客户面谈记录

| 第一次面谈信息记录 | |
|---|---|
| 主谈人姓名： | 客户主谈人员姓名与职务： |
| 陪同人员姓名： | 客户主谈人员联系电话： |

| 第一次面谈信息记录 | |
|---|---|
| 记录人员姓名： | 客户陪同人员姓名： |
| 面谈时间： | 客户主联系人与电话： |
| 面谈地点： | 客户内线人员与电话： |

一、项目背景介绍

二、客户项目诉求与我方现场建议思路

1. 客户项目诉求：

2. 我方现场建议思路：

三、项目决策流程与目前所处阶段

四、客户对项目的要求

五、客户对于合作的顾虑

六、竞争对手及其特点

七、面谈人员会议总结与项目预判（包括项目预算、成功合作的概率、关键成功要素、建议重点加强的工作等）

## 2. 撰写项目建议书

项目建议书主要围绕七个方面展开：项目背景，对管理改革需求的理解，项目的总体解决思路，项目工作思路、方法和步骤，项目工作任务和计划、报价，项目组织和保障，选择咨询方的理由。

项目建议书的难点与关键点在于咨询方对项目背景和客户方需求的理解，通常情况下，为了展示咨询方的专业水准，都会对客户所在行业做一定的研究，判断分析行业的发展趋势，并对客户面临的情况做分析，分析要从战略全局细化到战术，还要从短期发展目标扩展到长期发展目标。若是理解得精准了，后面的解决思路以及工作方法才能“对症下药”。

若是项目理解与解决思路没有问题了，接下来客户会重点关注项目的落地与可行性。所以项目建议书要重点围绕项目组织、计划以及项目团队成员组成等进行阐述。

项目建议书视客户的情况，可以非常详细，也可以简明扼要，可以是图文并茂的形式也可以是文本形式。

### 3. 再次约谈沟通

咨询方将项目建议书提交给客户方对接人的时候，尽可能约定向客户项目决策人当面讲解项目建议书的内容（若是招标，则要按照招标流程），因为讲解可以让客户更准确地理解项目建议书，同时咨询方还可以通过讲解进一步解决客户的顾虑。

这一轮沟通的次数因项目而异，有的项目经过一次或者两次沟通就可以确定合作关系，而有的项目会来来回回沟通很多次，客户才能打消疑虑，或者是客户比较了很多家咨询公司，最终才确定合作关系。这个过程快的只需一周时间，慢的可能需要好几个月。

### 4. 报价与洽谈

通常情况下，管理咨询项目都是在技术部分没有问题之后，才会进一步沟通报价。

项目报价一般按照项目确定的服务内容与边界（服务边界指服务的广度和深度）、客户公司的规模以及管理复杂程度，评估需要选派什么级别的顾问做项目经理以及项目成员、选派多少人、用多长时间完成项目，从而计算出项目不同级别的顾问各自所需的“人·周”，再乘以“人·周”的单价得出项目报价，见表 2—8。

表 2—8　项目报价单

货币单位：人民币元

| 阶段 | 序号 | 咨询模块 | 咨询工作量 | 单价 | 合计 |
|---|---|---|---|---|---|
| 第一阶段 | 模块一 | 诊断与战略规划 | ______人·周 | ______万元 | ______万元 |
| | 模块二 | 组织与管控体系设计 | ______人·周 | ______万元 | |
| 第二阶段 | 模块三 | 薪酬管理体系设计 | ______人·周 | ______万元 | ______万元 |
| | 模块四 | 绩效管理体系设计 | ______人·周 | ______万元 | |
| | 模块五 | 职业发展通道设计 | ______人·周 | ______万元 | |
| | 模块六 | 培训与辅导实施 | ______人·月 | ______万元 | |
| 合　计 | | | | | ______万元 |

以上表格中顾问不分技术级别，统一按某个均价进行报价。

项目最终的价格需要进行沟通，涉及的因素很多，如项目利润百分比、客户是否为潜在客户、客户方的支付能力等。

5. 合同签订

双方就项目服务内容与边界、周期、金额等核心内容都达成共识之后，制作项目合作合同，并签订合同，需要注意的是合同中应有相关保密条款。

## （三）项目运作

### 1. 成立联合项目组

咨询方根据项目要求确定项目董事、项目经理、项目顾问人选，同时也要求客户方提供其参加联合项目组人员的名单，组成联合项目小组。

（1）组成联合项目组对双方工作开展来说，具有积极的意义。

第一，使方案更贴切企业的实际情况。项目咨询顾问再有丰富的经验，也不如客户方的人员了解企业的情况，尤其是人员能力素质与企业文化层面的情况。所以一个有针对性的解决方案少不了客户方的人员参与，只有结合顾问的经验、专业与客户方的实际情况，研讨出来的解决方案才能最大限度地贴近企业的真实需求。

第二，方案更容易落地。有些项目不能落地的原因之一，就是客户方对项目的设计思路不了解、更不理解，所以在执行的过程中大打折扣。若双方共同设计方案，客户方自然能较准确地理解设计思路与设计的初衷，从而更好地推动方案的落地。

第三，能为客户方培养一批管理人员。管理咨询顾问都是具备较强理论功底与实践经验的人，专业素质比较高，客户方的管理人员通过与顾问共同研讨管理问题与解决方案，管理理念、水平与对管理工具的运用能力都能得到较大提升。甚至有人说这比企业送其去读 EMBA 都要强。很多客户方的项目成员在与咨询顾问共事之后，都得到重用或晋升也足以证明这一点。

（2）咨询方在协助客户方选择项目组成员的时候，可提供一份任职标准给客户，让客户据以选择人员。主要标准有以下几条：第一，对公司忠诚度较高，为公司重点培育对象；第二，对公司业务与人员情况熟悉；第三，勤奋好学，有成就欲望；第四，悟性较高，组织与沟通能力较好。

【应用实例】

**某高端制造装备企业联合项目组专职人员任职标准**

<table>
<tr><th>部门</th><th>岗位</th><th>职责</th><th>必备条件</th><th>来源</th><th>学历</th><th>专业经验</th><th>行业经验</th><th>技能</th><th>备注</th></tr>
<tr><td rowspan="7">联合项目组</td><td rowspan="7">专职人员</td><td rowspan="7">1. 负责访谈、问卷调查以及相关会议的组织安排<br>2. 负责收集提供与项目有关的各类资料和信息<br>3. 在咨询公司的指导下承担部分具体工作</td><td rowspan="7">1. 入职满半年<br>2. 最近三次绩效考核在中等及以上</td><td rowspan="3">生产系统</td><td>硕士</td><td>半年</td><td>半年</td><td rowspan="7">1. 良好的执行能力<br>2. 优秀的沟通能力<br>3. 团队合作能力<br>4. 较强的数据挖掘和整合能力，专业领域有功底、有积累、有沉淀<br>5. 一定的文字撰写能力和文字功底</td><td rowspan="7">拥有自我成功欲望和自我发展潜力，勤奋且喜欢挑战者优先</td></tr>
<tr><td>本科</td><td>1 年</td><td>1 年</td></tr>
<tr><td>专科</td><td>2 年</td><td>2 年</td></tr>
<tr><td rowspan="2">质量系统</td><td>硕士</td><td>半年</td><td>半年</td></tr>
<tr><td>本科</td><td>1 年</td><td>1 年</td></tr>
<tr><td rowspan="2">研发系统</td><td>硕士</td><td>1 年</td><td>1 年</td></tr>
<tr><td>本科</td><td>2 年</td><td>2 年</td></tr>
</table>

| 部门 | 岗位 | 职责 | 必备条件 | 来源 | 学历 | 专业经验 | 行业经验 | 技能 | 备注 |
|---|---|---|---|---|---|---|---|---|---|
| 联合项目组 | 专职人员 | 4. 参与研讨与培训，提供建议与参考等<br>5. 积极推动项目成果的宣贯与实施 | | 人力资源系统 | 硕士 | 半年 | 半年 | 6. 分析问题能力强，善于从散乱的事件中捕捉深层次问题；善于提炼、分析和总结问题 | |
| | | | | | 本科 | 1 年 | 1 年 | | |
| | | | | | 专科 | 2 年 | 2 年 | | |

（3）联合项目组的组织结构与职责分工。

联合项目组分指导委员会、项目领导小组和全职联合工作组。指导委员会由双方高层组成，主要职责是为项目定方向、批资源、做决策。项目领导小组主要由客户方的分管领导以及咨询方的技术总监组成，主要职责是规划、跟进项目，解决项目运行过程中的关键问题。联合工作组主要由客户方人力资源部等相关部门的人员和咨询方项目经理及顾问组成，主要职责是项目的具体设计、沟通与组织汇报等。

组织结构及各相关岗位工作内容如图 2—5 所示。

在全职联合工作组中，项目经理工作职责如下：

负责项目总体工作计划、阶段工作计划、每周工作计划的制订，并组织计划的实施；

负责项目组成员各阶段的工作安排，并协调、控制各成员工作进度，审核工作成果；

负责对项目成员的工作绩效进行考评；

负责对项目期间发生的项目费用进行审核、控制；

负责协调项目成员之间的关系，营造和谐的工作氛围；

负责项目组的管理，对咨询顾问进行业务指导；

负责代表咨询方与客户方进行联络，并负责各次客户沟通会议的组织、准备及协调工作；

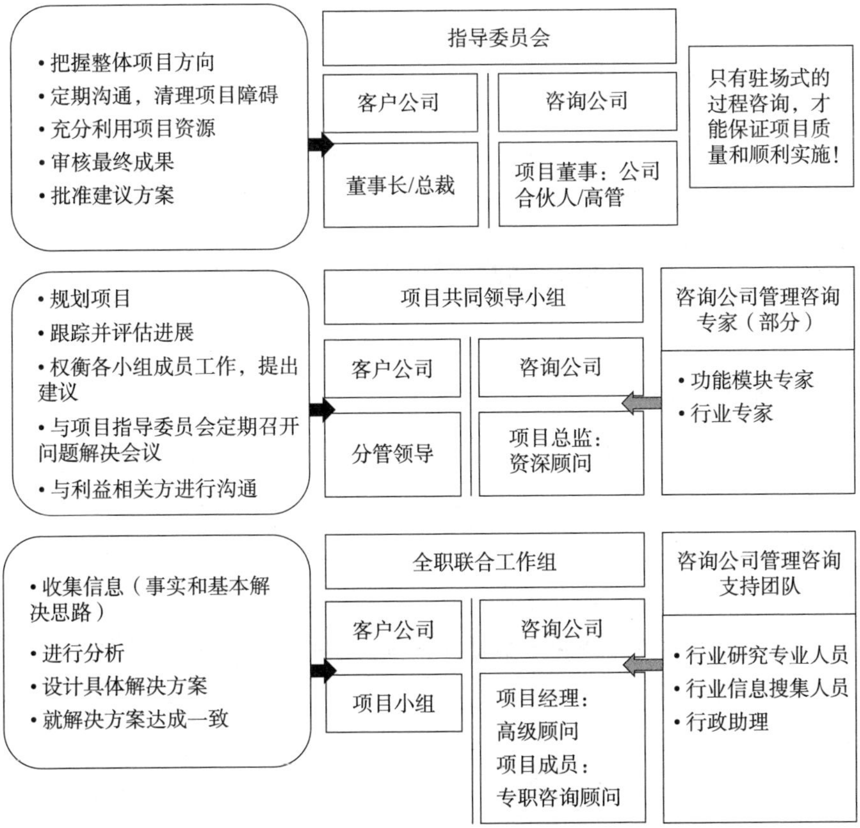


图 2—5　联合项目组组织结构及岗位工作内容图

负责建立良好的客情关系，确保项目款项按时、按量回笼。

咨询顾问工作职责如下：

负责项目报告的撰写；

负责项目各类相关资料的搜集；

负责访谈提纲、市场调查提纲的编制；

负责访谈实施，并编制访谈总结；

负责市场调查计划的编制及实施，并出具市场调查报告；

完成项目经理交办的其他工作。

### 2. 咨询方组织项目组内部培训

咨询顾问在客户方的一举一动都代表公司的形象，所以在项目组团队上项目之前，咨询方的培训部门都会对全体项目组成员进行一次培训。培训的内容包括：咨询工作中的行为规范、项目咨询期间作息时间、项目研讨会工作要求、与客户交往注意事项、项目保密要求。

【应用实例】

## 某咨询公司项目组内部培训内容

### 一、礼仪规范

1. 项目组成员工作期间要着正装，男士穿西服或衬衫，打领带；女士穿着套装、套裙等，不得穿奇装异服；仪表、仪容要整洁。

2. 举止得体，言谈文明。与客户见面时要主动递上自己的名片，介绍自己时既要自信，又不刻意夸大。

3. 遵守客户方的制度，尊重客户方的企业文化和当地风俗、习惯。

4. 维护公司形象，不得接受客户方任何个人的私下馈赠。

### 二、语言规范

项目组各成员应注意交流、沟通的语言，避免使用攻击性、不礼貌的语言。禁语及常用语示范如下：

禁语："你说的不对""你听我的""你根本就不懂""你连这都不懂"等。

常用语："我不赞同你的观点，我的观点是……""我们讨论的前提是……""我有不同看法""我们先沟通一下概念"等。

### 三、工作纪律

1. 服从项目经理的工作安排，项目经理应注意与成员进行充分沟通后再进行工作安排。

2. 加班时间工作要求同上班时间一样，不得因私事上网，不得大声说笑影响他人工作。

3. 开会、讨论等集体活动准时出席。

4. 除访谈、外出调研等需要独立开展的工作外，其他工作实行集体办公，以利于讨论和项目进度的控制。

5. 有事外出或单独活动，需提前向项目经理请示，并保持联络。

6. 在客户面前，项目组成员观点必须统一，不发生争吵。

7. 在公开场合或有其他人在场时（如就餐、乘车、外出等），不得谈论工作。

8. 除有特殊情况外，不得随意更改向客户报送的代表公司意见或观点的资料、报告。

## 四、项目咨询期间作息时间

1. 作息时间由项目经理根据项目所在地特点及客户作息时间确定，全体成员应严格执行。

2. 项目经理若根据工作要求还需安排加班，应征得项目组成员同意。

3. 项目经理应根据项目进展情况适当安排周末休息时间。

4. 项目经理应安排专人做好项目期间的考勤工作，并按公司要求及时上报。

## 五、项目研讨会工作要求

1. 研讨会应集中、紧密入座，注意营造会议氛围。

2. 项目经理负责安排讨论议题，并提前通知项目组成员做好会议准备。

3. 所有项目组成员应在会前做好充分准备，并以认真、严肃、积极的态度参加研讨会。

4. 讨论要畅所欲言，但是必须针对与项目有关的内容。

5. 每个人在发言中必须充分尊重项目组其他成员，不得进行人身攻击，也不得对某一问题进行无休止的争论。

6. 每个人发言时应面对大家，不要面对某一个人，尤其是在发言中不要与某一个人讨论。

7. 研讨会中应注意倾听他人的发言，并积极参与讨论，不得开小会。

8. 项目经理负责控制会议时间，提高讨论效率。

9. 任何人的观点都可以被驳斥，任何创造性的观点都应受到鼓励。

10. 所有项目组成员必须做好会议笔记，尤其是重要问题讨论的记录。

11. 项目经理需安排专人整理研讨会会议纪要，以备高层管理人员审查。

### 六、与客户交往注意事项

1. 与客户的交往不能太过随便，注意保持自己的职业形象。

2. 尽量参加客户安排的各类活动，这是工作的一部分，而非私下交往。

3. 在生活安排方面可向客户提出合理的要求，但不得提出超过客户生活水平、消费观念的要求。

4. 对客户安排的高消费活动应尽量推辞。

5. 客户方的观点可能有其片面性，应客观、全面地看问题，要考虑客户提出每个观点或问题的背景和目的。

### 七、项目保密要求

所有参与项目的成员必须遵守保密协议，并做到以下几点：

1. 保守公司的商业秘密，不得向客户透露。

2. 保守客户的商业秘密，不得对外透露。

3. 访谈内容不得向项目组以外的人透露。

4. 项目的过程文件与资料不得随处乱放，以免泄露。

#### 3. 项目组收集并研读资料

项目组收集的资料分为三类。

（1）客户内部资料。根据项目服务的内容，咨询方项目经理会提供一份资料需求清单给客户方对接人，由客户方在约定的时间内提供资料清单上的电子版本或纸质版本的资料。项目组对客户提供的资料进行研读、熟悉。

（2）客户所处行业与标杆资料。根据项目的服务内容，项目组通过网络或其他途径进行行业资料的收集、研读。尤其是在服务内容中包含战略规划模块的情况下，更要对行业做研究分析，力求做到对行业熟悉、对客户的标杆企业熟悉。

（3）从内部资料库中找寻相关案例。案例资料库是咨询公司最宝贵的资源之一，项目组成员从资料库中找到与本次服务内容相类似的行业案例，以便更迅速地进入项目状态。

4. 项目组明确项目边界

一般情况下项目经理没有参与项目的前期洽谈，项目组在进入项目之前，需要与前期负责这个项目的技术销售顾问明确项目的背景、项目内容、项目的服务边界，再与客户的项目对接人进行确认。若是客户方的项目对接人有异议，则项目经理需要让技术销售顾问与客户方确认项目边界，相关文件签字后提交给项目组。

在上项目前，项目组若没有明确项目边界，往往会在项目运作过程中与客户产生服务内容上的分歧，给项目的顺利进行带来很大的风险。

5. 项目组制订整体工作计划

项目组在研读资料、明确项目边界之后，需要制订项目的整体工作计划。项目整体工作计划是项目运作的整体思路与控制措施，是对项目运行过程各个环节的分析与预测。

6. 项目组拟订访谈提纲

为尽可能获取有效信息，在访谈之前，项目组需要拟订访谈提纲，并提供给客户方的对接人，让被访者提前思考相关问题。

针对客户的不同层级人员，按高层、中层、基层拟订三份不同的提纲，其区别在于战略与运营、宏观与微观、方向与细节的不同。若客户业务多元化、人员规模比较大，访谈提纲还需进一步按业务板块、不同岗位序列细分制订。

【应用实例】

## 某中型企业中层访谈提纲

我们将为各位的访谈内容严格保密——所有内容都严格按照保密程序处理，由专人负责，贵公司的任何人员都不能查看涉及个人信息的访谈内容。

访谈提纲仅供参考。希望您在访谈过程中，真实全面地提供信息、交流想法。

1. 请您简单介绍您所负责的主要工作。

2. 您对您所负责的工作有哪些困惑（部门之间协同、部门内部管理）？对未来工作重点是怎样考虑的？

3. 您所在部门的员工工作情况（工作状态、个人需求）如何？各岗位的职责是否清晰？

4. 您对公司目前的薪酬体系有何看法（薪酬结构、内部对比、与同行相比、员工激励性、企业发展与员工共创共享性）？有何建议？

5. 您如何看待目前的绩效管理（考核指标、目标达成情况、绩效计划、分析及结果应用）？有何建议？

6. 您如何看待目前的员工调薪（方式、频率、依据）与晋升机制（频率、依据）？有何建议？

7. 您怎样看待自己和部门员工在公司的职业发展？

8. 您如何看待目前的培训工作（依据、效果）？有何建议？

9. 从您的角度，对本项目的期望有哪些？期望我们怎么做？

某公司咨询项目组

2016 年 8 月 9 日

**7. 制定项目风险与防范措施**

咨询方对项目可能会产生的风险要有防范意识，防患于未然；对于暂时还意识不到的风险，也要善于应对和进行危机管理，将项目风险降到最低，使项目的效果尽可能最大化。

（1）项目常见风险主要有以下三类。

一是对咨询服务价值夸大或期望过高。对咨询服务带来的成果有过高期待是许多客户方都有的一种心态，他们认为优秀的业绩是咨询服务理所应当的成果，更有甚者把企业命运押宝在一次咨询上，希望咨询顾问彻底改变企业面貌。

二是急功近利，以数字论结果。一些客户认为业绩说明一切，只看业绩指标，其他的服务价值均不予肯定，只看短期目标。有些客户认为咨询服务几个月就应该有效果，耐不住性子去等待。企业现实和行业现实是复杂的，诸多状况是难以预测的，不同的客户和咨询项目近期和远期有着不一样的结果，因此，一概以短期业绩论成败也是不可取的。

三是项目款项不能及时回收。人力资源管理咨询外包的一大风险便是项目款项回收不及时，需要咨询方垫付，致使资金回笼较慢。

（2）咨询方可采取一些风险预防及应对措施。

首先，为避免客户对服务有过高期望，应在服务前与之进行深入沟通，提高其对咨询的认识，并在合同中做好约定。

其次，借助品牌宣传，提高服务质量。咨询方在项目结束之后应跟进客户的发展状况，一方面可打造服务品牌，另一方面有助于进行长期的战略合作，扩大服务面，同时也有助于提高成单率。

最后，咨询方在合同中应明确款项回收细节，规定逾期付款应负的法律责任，避免承担不必要的经济风险及经济损失。

### 8. 举办项目启动会

项目启动会要达到在客户方内部宣传、动员的目的，引导客户方的高层给予高度重视，其他员工给予高度的配合。

为确保实现这次会议的目的，项目组需要提前沟通启动会的流程与细节，制订启动会会议计划并落实到个人。

若是驻场项目的话，项目启动会之后，咨询方的项目团队将在客户方处办公，这就需要解决团队的食宿以及办公条件问题。咨询方应提供一个办公需求清单，请客户方配合安排落实。

### 9. 开展管理调研

管理调研是项目组深入了解客户企业现状、分析面临的问题的过程，项目组要运用管理咨询工具找出企业存在的问题和薄弱环节，针对调研结果，提出管理提升方案的初步设想和建议。调研以案头分析为基础，以问卷调研为量化支撑，结合深度访谈、团队共创，多方印证，确保调研获取的信息真实、可靠、一致。

（1）确定调研安排。选取适合的调研对象，并根据不同的对象确定调研的方式和时间。一般来讲，高层调研对象为对公司经营发展有重大影响力的管理人员，中层调研对象为对支撑公司业务发展有重要作用的管理人员，基层员工调研对象为在公司服务年限长、工作在核心重点岗位的员工。

（2）调研实施。调研紧紧围绕本次项目的内容开展，从以下四个方面着手。

一是案头研究。案头调研通常是调研诊断的第一步，先行收集已经存在的各项信息，也就是对二手资料进行搜集、筛选，并据以判断问题是否已部分或全部解决，主要信息来源包括内部资料和外部资料两种，主要工作内容如图2—6所示。

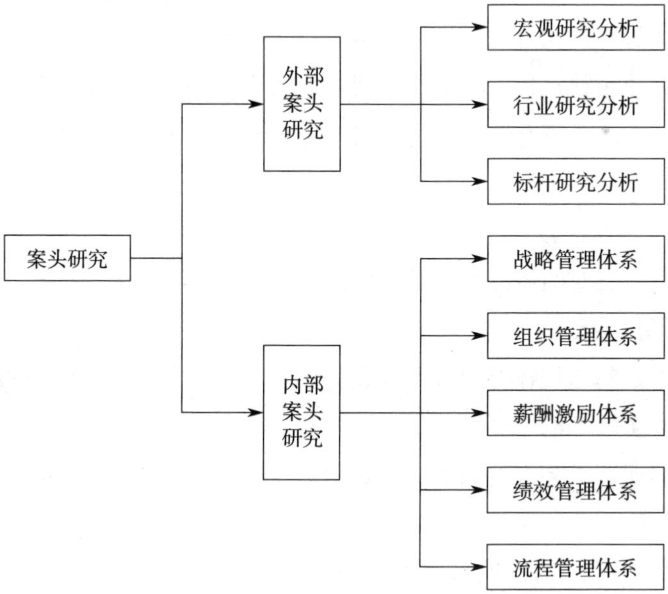


**图 2—6　案头研究工作内容**

二是问卷调研。设计详细周密的问卷，要求被调查者据此回答以收集资料，包括管理问题调研、员工基本信息调研、员工满意度调研等。

三是深度访谈。对企业高层、中层管理人员以及部门员工进行单独或集中深度访谈，用以揭示被访谈者对管理现状和管理问题的潜在动机、态度和意见。一般按照基层、中层、高层的顺序进行调研。发现企业存在的问题，形成解决问题的思路，在与高层的调研访谈中有针对性地探讨问题解决方案。深度访谈注意事项如图2—7所示。

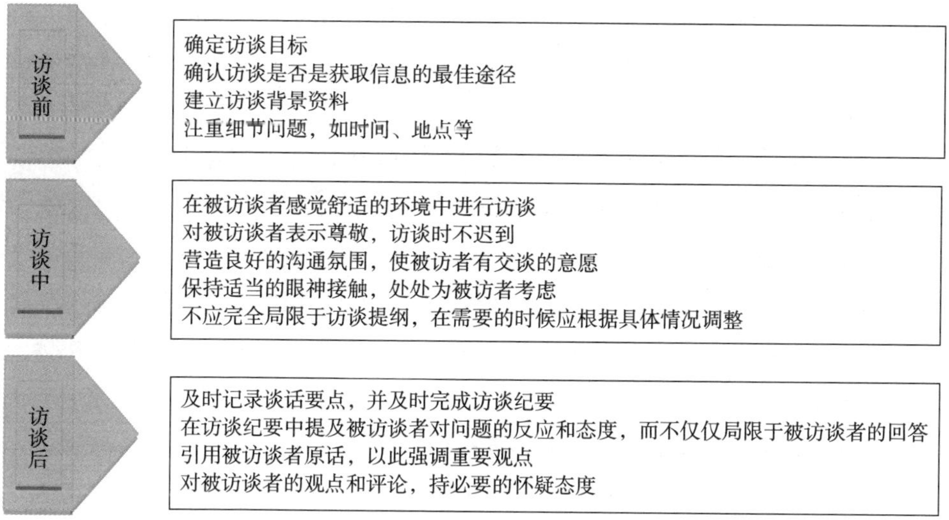


图 2—7　深度访谈主要注意事项

【应用实例】

## 某咨询公司深度访谈工作规范

### 1. 访谈办公用品准备

（1）使用公司统一文具（笔、笔记本、包）。

（2）带名片，递名片时要双手，将名片倒拿，正面朝上递给对方。要主动递名片，不论对方是何级别人员。

### 2. 访谈提纲

（1）提纲未必全面或准确，访谈过程中根据情况要灵活变通。

（2）访谈提纲要在项目组内充分讨论。

（3）提纲作为重要过程文件，要注意存档。

### 3. 访谈日程安排

（1）至少提前 3 天制作日程安排表，并通知被访谈人访谈时间、访谈主要内容等；必要时，要将访谈提纲提交给被访谈人，使被访谈人可以就有些问题做充分的准备，以保证访谈工作的质量。

（2）日程安排表内容包括访谈人、被访谈人、访谈起止时间、主要访谈内容。

（3）对同一人访谈尽量安排在连续时间段内。

（4）尽量不进行重复访谈。

### 4. 访谈过程

（1）访谈一般安排两人。在访谈过程中两人注意协调、补充。

（2）访谈中一人主要负责提问，另一人主要负责记录，可以根据实际情况灵活调整。

（3）提问人要注意控制时间、节奏、内容。

（4）记录人要注意配合提问人，适当参与提问，不可随意打断提问人思路。

（5）访谈要细致、准确，涉及名称、数据、关键过程要精确记录，并得到确认和核实。

（6）访谈时根据对象情况可不按提纲顺序提问，但要尽量涉及所有问题。

（7）提纲未必全面，如访谈中发现提纲中未包括但很重要的内容，可追问，并加入提纲中。

### 5. 访谈记录

（1）要尽量记录下所有谈话内容，建议使用电脑记录。

（2）记录人不能加入个人观点和看法。

（3）对被访谈人发表观点的背景要注意，没有前提的观点等于没有观点。

（4）要注意分析访谈对象的真实意思表示。

（5）记录中要注意将重点标注出来。

（6）提问人要尽可能记下所有问题的主要观点。

（7）访谈总结要按照访谈总结模板进行。

### 6. 访谈记录整理

（1）访谈记录要按照访谈记录模板进行整理。

（2）访谈记录要及时加以整理（尽可能当天整理）。

（3）访谈记录作为重要文件要予以存档。

（4）访谈记录整理要全面，不可简单列一两条。

（5）将访谈记录输入电脑是值得鼓励的，书写整洁、条理清楚的记录也是可接受的。

7. 访谈总结

（1）访谈结束后要注意及时总结。

（2）每一访谈对象访谈结束后，记录人与提问人要进行沟通、交流。

（3）每一时间段访谈结束后（一上午或一天），要进行项目组访谈总结会，每位成员都针对当天访谈所得到的信息谈自己的认识。

（4）总结会上不要复述访谈记录，要阐述自己的认识，简明扼要。

（5）总结前认真看记录，总结时不要看记录。

（6）专人记录每天的访谈总结会发言。

（7）每个人要注意记录与自己负责内容相关的发言。

（8）对他人发言有疑问要及时提出。

（9）对有疑问的访谈问题要在之后的访谈中加以证实和补充。

（10）根据访谈总结，适当调整访谈提纲。

8. 访谈技巧

（1）访谈正式开始前要有一个开场白，主动递上名片，介绍自己和访谈目的。

（2）简短的题外话有助于迅速拉近距离，形成融洽、亲切的谈话氛围。

（3）要注意控制访谈时间，一般不超过或少于原定访谈时间的1/4。

（4）要注意控制被访谈人的话题，防止漫无边际地泛谈，可在其稍微停顿时用总结其观点的方法打断，并将话题拉回来。

（5）对某些典型事例要深入了解，弄清人名、地名、时间、具体内容、相关数据等。

（6）不要生硬地否定被访谈人的观点，也不要随口附和其观点，对明显荒唐的观点可以委婉质疑。

（7）对重要问题可阶段性间隔后重复提问，以验证被访谈人的观点。

（8）访谈结束时如有必要，可留下被访谈人的联系方式。

9. 被访谈人信息预处理

（1）客户的直觉往往都是对的。

（2）客户的观点往往都是片面的。

（3）被访谈人的观点很重要，论据更重要，尤其是关键事件或数据要准确、细致。

10. 保密要求

（1）访谈开始时要向被访谈人申明保密原则，消除疑虑。

（2）谈话中不得泄露其他被访谈人的观点，防止串话或误导。

（3）总结中不要过于强调访谈者姓名。

（4）不得向客户方任何人泄露被访谈人个人观点。

（5）平时交流不要引用访谈信息，以免泄露信息。

（6）笔记本妥善保存，不要随便放置，防止丢失或泄密。

四是团队共创。采用基于团队共创的研讨会形式，与公司各级管理人员及员工代表就企业管理议题进行探讨和总结，如图 2—8 所示。

将人员分成几个小组，以小组为单位对每一个主题进行充分的研讨。通过全员参与、头脑风暴等过程，群策群力，认清问题、查找原因、寻找对策

专家参与研讨会，对高层和员工讨论过程中的疑问和难点做出解释和回答；帮助项目团队理解和掌握团队共创开展的思路，启发突破局限、进行创造性思考

鼓励充分沟通、平等争论，找到可行的路径；以现场分享的方式对讨论结果达成共识；结合工作实例研讨，分析充实讨论成果

图 2—8　团队共创现场工作图

### 10. 撰写管理调研报告

管理调研是管理调研报告的基础，在调研的基础上对企业管理现状进行诊断和系统分析，并提出改进建议。报告撰写基本思路可参考图 2—9。

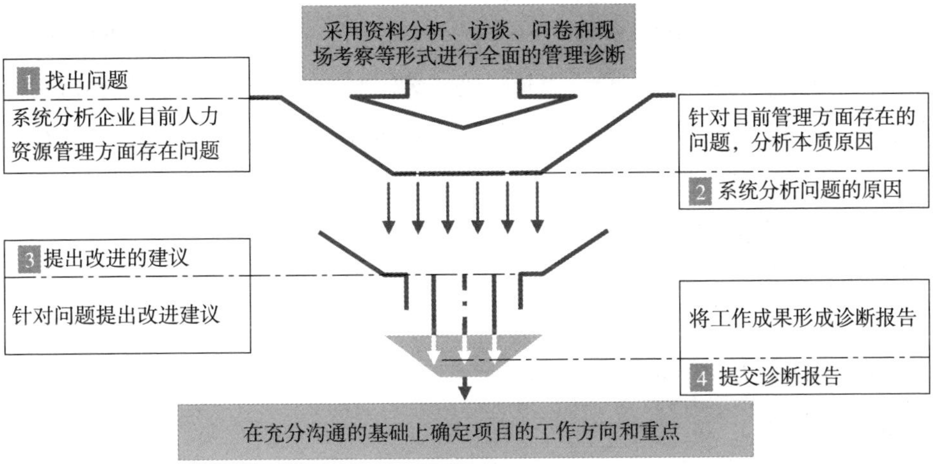


图 2—9　管理调研报告基本思路

具体而言，管理调研报告撰写的基本流程如下。

（1）确认基本框架。

即：管理调研概述，诊断分析与优化建议，战略岗位体系诊断与优化，组织岗位体系诊断与优化，薪酬管理体系诊断与优化，绩效管理体系诊断与优化，其他管理问题诊断，后续计划安排。

（2）报告撰写。

根据调研对企业的诊断分析，形成系统性、可落地的方案。首先理清项目方案思路，撰写大纲，确定核心内容，并与客户进行沟通，双方就关键事项和关键点达成共识。根据与客户达成一致的大纲，进行内容的填充和完善，形成系统、完整、简单易懂、符合合同交付要求的报告。

（3）报告的沟通与确认。

报告完成后，与客户主要领导进行沟通，确认报告是否契合企业的现状、在现阶段是否可行，根据沟通结果，确定最终报告内容。报告内容确定后与相关部门进行对接、移交，转到企业进行落地实施。

**11. 修正项目风险，完善防范措施**

在项目前期已经预测过项目的风险，经过管理调研以及调研诊断报告撰写之后，项目组对项目的运作有了全方位的认识。这时要对此前的项目风险预案进行修改与完善。

这阶段项目组可能会遇到的风险有客户对项目团队能力质疑、项目进度滞后、咨询方案不接地气、客户方意见不统一等。对于项目风险，项目团队要有预判能力；遇到项目风险，应及时与项目领导沟通，集思广益，迅速采取有效防范措施，防止风险扩大和恶化。

（1）客户对项目团队能力质疑。

对于这类风险，客户第一反应是“换能力更强和经验更丰富的团队”，对于咨询方而言，换人意味着项目成本增加。所以不用急于答应客户的要求，应分析现有项目团队能力结构的缺失，通过增加具备相应能力的项目成员来增强现有项目团队的实力。

（2）项目进度滞后。

这类风险是常见风险，最普遍的做法是：首先，敦促项目团队加班加点赶进度；其次，选派经验丰富、专业能力强的顾问临时加入，增派人手，加快进度；最后，合理安排时间，实施短期计划，确定阶段工作重点，严格按计划组织实施。

（3）咨询方案不接地气。

驻场期间，项目组要保持与客户充分的沟通和交流，采取访谈、培训等多种形式，全面听取公司高层、中层管理人员和员工的意见和建议，制定方案时充分考虑公司文化、相关人员素质以及方案实施可能存在的难点和风险，确保方案的可行性。

（4）客户方意见不统一。

在项目推进过程中，项目组应组织客户方的业务部门与支持部门进行充分讨论，确保分工清晰、权责分明，同时要求客户方的高管参与关键环节，并审核各个关键成果，确保项目成果的权威性。

**12. 进行专题模块培训**

管理变革并非一蹴而就，能否成功落地与员工对方案的理解及执行密切相关，员工的了解、认可、支持是变革能够成功的关键要素，项目组需要通过一系列培训、宣导工作，形成可视化的成果，推动组织变革。

（1）将项目内容分解成一系列培训主题，并与客户确认“哪些专题培训必选，哪些专题培训可选，哪些专题培训只需要一场，哪些专题培训需要多场”。

【应用实例】

## 某公司A项目拟培训模块实施清单

| 序号 | 培训内容 | 场次 | 序号 | 培训内容 | 场次 |
|---|---|---|---|---|---|
| 1 | 高管、核心员工访谈 | 多场 | 13 | 绩效管理理念与实务培训 | 1场 |
| 2 | 战略理解研讨会 | 1场 | 14 | 绩效管理优化框架方案高层汇报 | 1场 |
| 3 | 外部环境分析培训 | 1场 | 15 | 关键绩效指标制定方法和工具培训 | 1场 |
| 4 | 内部资源能力分析培训 | 1场 | 16 | 部门与员工关键绩效指标设计辅导与完善 | 多场 |
| 5 | 部门职能梳理方法、工具和程序培训 | 1场 | 17 | 岗位绩效合同制定方法培训 | 多场 |
| 6 | 组织架构设计研讨和汇报 | 多场 | 18 | 部门绩效计分卡研讨和交流 | 多场 |
| 7 | 管理关键流程优化研讨和汇报 | 多场 | 19 | 关键岗位绩效合同研讨和交流 | 多场 |
| 8 | 项目管理培训 | 1场 | 20 | 绩效考核结果应用方案研讨和建议 | 多场 |
| 9 | 岗位优化描述辅导与培训 | 1场 | 21 | 绩效管理办法研讨 | 多场 |
| 10 | 岗位分析方法、工具和程序培训 | 1场 | 22 | 绩效管理最终方案高层汇报 | 1场 |
| 11 | 岗位价值评估方法、工具和程序的培训与辅导 | 1场 | 23 | 绩效管理方案实施宣贯与培训 | 1场 |
| 12 | 岗位价值评估结果的高层沟通与研讨 | 1场 | 24 | 绩效管理实操与技能培训 | 多场 |

| 序号 | 培训内容 | 场次 | 序号 | 培训内容 | 场次 |
|---|---|---|---|---|---|
| 25 | 薪酬体系设计方法培训 | 1场 | 28 | 薪酬优化方案的员工宣贯 | 1场 |
| 26 | 薪酬策略研讨 | 1场 | 29 | 薪酬套改方法培训 | 1场 |
| 27 | 薪酬优化方案的高层汇报 | 1场 | 30 | 绩效和薪酬优化方案实施的后续沟通与研讨 | 多场 |

（2）制定培训方案，明确培训参会人员范围、目的、模式、地点等。培训方案应至少提前1周与客户确认，如果高层领导参加，应至少提前2周与客户确认。

（3）准备培训材料，专题模块培训以项目经理为主，如果项目顾问对某一模块特别熟悉，也可以作为培训老师。

#### 13. 撰写专题解决方案

撰写项目专题的解决方案，不要认为已经过全面管理调研诊断，马上就可以开始。因为具体到某个模块上，客户领导层会有自己的一些思考。这时候应该由联合项目小组经过沟通研讨，制定出思路框架，再与客户领导层沟通，确认之后再撰写详细的方案。若是客户领导有不同的看法，这时候修改则不至于造成时间的浪费。

#### 14. 汇报专题成果

“成果汇报是一个过程，而不是一个结点”，这句话的意思是要将成果文件单独与项目的关键人进行沟通汇报，获得绝大部分关键人的认同之后，才能进行会议汇报。

成果文件出来之后，项目组向项目的关键人（汇报会上的核心决策人员）单独沟通汇报。单独沟通汇报更多“扮演”了交流、征求意见的“角色”，表达了对客户方的尊重，即使关键人对方案有不同的看法，也会善意提出修改意见。

在取得绝大多数项目关键人的认同之后，项目组可以安排一次会议集中汇报。

#### 15. 签订项目阶段成果文件确认书

会议集中汇报通过之时，咨询方要抓住这个时间点，让客户方的项目负责人签署阶段成果文件确认书。

《项目阶段成果文件确认书》作为项目阶段性工作的有效证明和验收文件，是项目阶段回款的唯一凭证，所以该步骤非常关键。

16. 项目阶段回款

项目阶段成果确认后，客户会依照协议约定支付阶段咨询费用，通常由项目经理负责跟进阶段回款工作。项目回款也是咨询项目团队绩效考核的重点。

17. 项目总结汇报

项目经理在项目总结汇报前会收集整理相关项目成果文件，并提交给客户。项目组撰写《项目总结汇报报告书》，并向客户的主要领导单独汇报，最终以集体会议的形式进行项目的总结汇报。

18. 签订最终成果确认书

项目最终成果确认书也称为《项目验收确认书》，其作为项目最终工作成果的有效证明和最终验收文件，是项目能否顺利结束并收取尾款的唯一凭证。如果此步骤无法进行，即使前面工作做得再好，这个项目也是一个“烂尾工程”，有始无终。

不同的项目最终验收的方式和标准也不尽相同，与项目协议签订时对于验收标准的约定也有关系。某些落地性较强的项目不仅需要客户对方案进行验收，还需要检验落地实施的成效，在方案实施后客户会进行实施效果评估，经过客户高层领导及咨询方项目负责人最终评估后才能签订最终成果文件确认书，比如股权激励方案、薪酬方案等。某些项目只需要形成方案，且客户方认可咨询的价值，不需要等实施验证其效果，也可以签订项目最终成果文件确认书。

19. 项目尾款回款

项目全部成果确认后，客户会依照协议约定支付咨询费的尾款，通常由项目经理负责跟进回款工作。项目尾款也是咨询项目团队绩效考核的重点，直接关系到项目是否有利润以及利润率高低。

## （四）项目辅导实施

在项目方案通过之后，项目进入实施阶段，这时候联合项目小组中以客户方的团队成员为主，咨询方的团队主要起到辅导的作用。

1. 制订项目实施计划

咨询方指导客户方的项目团队制订实施计划，可以为其提供实施计划模板。

【应用实例】

## 某金融公司人力资源管理项目方案总体实施计划

| 人力资源建设角度 | 关键举措 | 2015年 | 2016年 | | 2017年 | | 2018年 | |
|---|---|---|---|---|---|---|---|---|
| | | 下半年 | 上半年 | 下半年 | 上半年 | 下半年 | 上半年 | 下半年 |
| 一、完善人力资源管理基础平台 | 措施1　合理界定人力资源管理责权 | → | | | | | | |
| | 措施2　提升HR管理能力 | → | → | → | → | → | → | → |
| | 措施3　完善岗位工作分析 | | → | | | | | |
| | 措施4　修订定员标准 | | → | | | | | |
| | 措施5　建立任职资格体系 | | | → | | → | | → |
| | 措施6　开发能力素质模型 | | | → | | → | | → |
| | 措施7　开发、完善HR管理信息系统 | → | → | → | | | | |
| 二、构建和完善战略性人力资源管理机制 | 措施8　完善HR规划体系 | | → | → | | | | |
| | 措施9　提升绩效管理体系 | | | → | → | → | → | → |
| | 措施10　完善薪酬福利体系 | → | → | → | → | → | | |
| | 措施11　提升培训管理体系 | | | | → | → | → | → |
| | 措施12　开展员工职业发展规划 | | | | → | | → | → |
| 三、构建战略性人才队伍 | 措施13　构建关键人才培养体系 | → | → | → | → | → | → | → |

## 某金融公司人力资源管理项目方案模块实施计划（节选）

| 工作模块 | 人力资源部操作 | | | | | | 咨询方任务 | | |
|---|---|---|---|---|---|---|---|---|---|
| | 工作内容 | 负责人 | 配合人员 | 部门分管领导 | 完成时间 | 计划实施时间 | 开展工作内容 | 开展方式 | 配合时间 |
| 模块二　薪酬体系 | 1. 将薪酬方案发放至各子公司领导班子成员 | ××× | 人力行政管理中心相关人员 | 张总 | 2 个工作日 | 2018 年 8 月 28 日 | 提交方案 | 邮件 | 2018 年 7 月 27 日 |
| | 2. 集团总部各中心负责人、各子公司领导班子成员、部门负责人接受薪酬设计理念培训 | ××× | 人力行政管理中心相关人员 | 张总 | 1 个工作日 | 2018 年 8 月 3 日 | 进行培训 | 现场 | 2018 年 8 月 3 日 |
| | 3. 集团总经理组织各子公司领导班子成员讨论薪酬方案 | ××× | 人力行政管理中心相关人员 | 张总 | 2 个工作日 | 2018 年 8 月 29 日 | 根据需要参加讨论 | 现场 | 2018 年 8 月 29 日 |
| | 4. 按照薪酬套改方案进行套改测算 | ××× | 人力行政管理中心相关人员 | 张总 | 7 个工作日 | 2018 年 8 月 31 日 | 提供套改工具与模板 | 邮件 | 2018 年 8 月 29 日 |
| | 5. 根据薪酬套改结果，进行薪酬水平设计结果检验 | ××× | 人力行政管理中心相关人员 | 张总 | 1 个工作日 | 2018 年 8 月 12 日 | | | |

| 工作模块 | 人力资源部操作 | | | | | | 咨询方任务 | | |
|---|---|---|---|---|---|---|---|---|---|
| | 工作内容 | 负责人 | 配合人员 | 部门分管领导 | 完成时间 | 计划实施时间 | 开展工作内容 | 开展方式 | 配合时间 |
| 模块二　薪酬体系 | 6. 组织与各子公司领导班子沟通套改结果 | ××× | 人力行政管理中心相关人员 | 张总 | 1 个工作日 | 2018 年 8 月 13 日 | 根据需要协助调整薪酬 | 现场 | 2018 年 9 月 13 日 |
| | 7. 总经理办公会确认套改结果 | ××× | 人力行政管理中心相关人员 | 张总 | 1 个工作日 | 2018 年 8 月 17 日 | | | |
| | 8. 薪酬方案宣贯 | ××× | 人力行政管理中心相关人员 | 张总 | 2 个工作日 | 2018 年 8 月 18 日 | 介绍薪酬方案设计框架及薪酬水平 | 现场 | 2018 年 9 月 18 日 |
| | 9. 薪酬方案执行 | ××× | 人力行政管理中心相关人员 | 张总 | | 2018 年 8 月 20 日 | | | |

### 2. 专题模块宣讲

指导客户方制作成果文件宣讲材料，在联合项目小组内进行演练后，对方案实施涉及的相关人员进行宣讲，力求取得他们的理解与配合。

### 3. 针对项目实施过程中出现的问题进行研讨

在方案实施过程中，总会出现一些问题，这时候需要联合项目组以及相关人员进行研讨，找出问题所在，然后对症下药。经常出现的问题有实施人态度问题、能力问题，方案没有考虑到某个特殊情况等。

**4. 对方案进行调整**

在实施过程中，若是出现方案没有考虑到的情况，则需要进一步深入了解实际情况，对方案进行调整。

### （五）与客户方沟通项目续单合作

**1. 结合调研报告，全盘分析客户方管理提升的需要**

企业管理是一个系统工程，前期的项目合作不可能涉及企业管理的各个层面，一定是选取系统管理中重要紧急的方面进行项目合作。若要实现更高效、科学的企业管理运营，还要补齐管理经营的短板。咨询方应站在企业经营者的角度思考下一个急需补上的短板是什么，然后制订补短板的计划。

**2. 与客户一把手沟通续单合作**

咨询方可拿着补短板的计划与措施，在合适的时机与客户一把手进行交流，以获取进一步合作的机会。

## 三、人力资源管理咨询常用方法

### （一）调查的方法

咨询顾问掌握客户企业的情况有三种来源：一是记录，即各种文字形式的资料、档案、文件、单据等；二是记忆，即各种非文字形式的、储存在客户方员工头脑中的情况；三是事实，即客户企业运行的现实状况及环境。

获取情况的基本方法是查阅记录、交谈和观察。

**1. 查阅记录**

在调查开始时，首先要充分利用现有材料。当然，现有材料往往不能全面反映企业的情况，其中会有许多不真实的部分，需要剔除。

在已有记录不可靠或没有记录的情况下，需要建立专题记录，即客户方员工在限定时间内，按咨询顾问提出的要求，做专题记录。进行这项工作时，咨询顾问要向有关人员解释记录的目的和方法。

2. 现场观察

在客户方不同意进行专题记录的情况下，咨询顾问需亲自观察，如员工的工作条件、工作方法、工作进度、工作质量、工作态度等。咨询人员应设法使观察对象消除紧张心理，不要有意地比往常做得好些或差些。

3. 专题座谈

咨询顾问可要求客户方的知情人士参加座谈、讨论。这类人员或者具有特殊地位，或者了解企业的成长历史，或者曾尝试解决某一问题等等，请他们提出自己的见解是很有益的。

4. 发放调查表

通过调查表，可以广泛地获得人们的意见、态度等资料。咨询人员设计调查表之前，必须明确调查的目的和所需获取的资料；设计调查表时，对所调查的问题和供选择的答案必须分类排队，繁简适宜。为了使调查准确、顺利，避免失误，有时还需先进行小范围的试验性调查。此外，在调查表上必须向被调查者说明：为什么要向他们提出这些问题，谁向他们提出这些问题，提问者将如何对待他们的回答，等等。

5. 个别谈话

这种方式简便、灵活、深入。谈话的有效与否，不仅取决于个人的素养和经验，也取决于谈话方式方法。即使是富有经验的咨询顾问，也要制订谈话计划，重视谈话的技巧和原则。

## （二）分析问题的方法

客户的管理问题众多，咨询顾问要更准确地把握这些问题，除了具备足够的专业知识外，还要掌握正确的分析问题的方法，对所获得的资料进行归纳、分析、判断和推理。

1. 核实

在分析之前，必须对所有资料的性质、来源、可靠性进行核实，去粗取精，去伪存真。核实资料的过程不仅是整理和鉴别的过程，还是对情况加深理解的过程。对情况认识不深，分析往往也是肤浅的。

2. 分类

在管理咨询中，咨询顾问通常根据时间、部门、职责、过程、影响因素等将资料加以分类，便于下一步对各种资料进行分析。

3. 分析

咨询顾问在错综复杂的关系中排除各种偶然因素的影响，判断问题的性质，找到各种关系的内在的、本质的联系，以及联系方式和作用强度。这对于咨询方案的拟订是非常关键的一步。

4. 综合

分析和综合是认识事物的两个角度。分析是一个深入、细化的认识过程，它有助于揭示问题的细节和特点，以及问题之间的具体联系。而综合则抽象出问题的一般性质、问题之间的基本联系，区分出主次轻重，为解决问题厘清思路。

## （三）设计与确定解决方案的方法

设计和确定解决方案的过程是个决策过程，它符合基本决策的一般程序，同时又体现了对解决方案及其质量标准的理解，包括六个基本步骤。

1. 提出决策目标

决策目标是解决问题的定性要求，它起两个作用：一是为寻求备选方案指明了方向，二是为筛选备选方案指出了定性标准。

2. 确定方案标准

标准是目标的具体化，是为保证方案效果而提出来的具体的定性定量指标，是经过论证必须达到的标准。

划分方案标准的目的是明确标准的关键程度和地位，为限制备选方案数量和比较各种备选方案提供更明确的依据。方案标准一般分为硬性限制标准和合格鉴定标准。前者是必须具备的标准，且无妥协余地；后者属于满意度标准，即能做得更好。

3. 制定备选方案

制定备选方案的难易程度和工作量与所要解决的问题的性质有很大关系。一些常规性问题，常有大量经验可以借鉴；一些非常规性问题，则需要运用创造性思维制定备选方案。

4. 比较备选方案

比较备选方案的目的是为选择最优或较优方案做准备。比较方案的基本原则如下：一是把焦点集中在标准上而不是在备选方案上，始终坚持把备选方案与标准进行比较，切忌无休止地进行方案与方案的比较；二是审核方案制定初期规定的限制标准，判断是否应当进行动态性调整，以保证标准的正确性和即时性。

5. 预测及评估未来风险

前几个步骤是围绕方案的必要条件及效果进行的。然而，这些方案能否成功地避免风险和负效果，是客户方关注的重点，也是咨询顾问不能回避、必须回答的问题。因此，咨询顾问有责任明确指出各备选方案可能遇到的风险及其后果。

评估是对风险严重程度的评价，包括风险发生的可能性和风险发生后影响的严重性两方面，一般用打分的方法来表示。

6. 选择较优方案

风险评估从另一个角度为方案的选择提供了依据，要求咨询顾问和客户方在效果与风险之间进行比较、平衡。最终的决策将受到客户方一把手价值准则的影响。

### （四）信息处理的方法

信息资料是咨询顾问分析问题、解决问题的依据，是咨询工作的原材料。因此，信息管理工作必须突出可靠、及时、共享的原则，信息的标准化和信息搜集与传递的组织工作必须达到一定的水平。

1. 信息表格标准化

标准化是提高效率、方便交流的重要方法。在预备调查阶段，咨询顾问可运用标准化的调查表，全面了解企业的基本情况。在正式调查阶段，咨询顾问又需要用统一的符号来描述企业组织机构、工作流程及其运行的状态，或用文字简练地予以说明，使项目组的所有成员都能迅速掌握并正确理解企业存在的问题，同时可为以后的分析研究提供标准化的资料。

2. 信息的分类归档方法

咨询信息的分类、归档是提高咨询工作效率、信息共享的另一重要途径。凡有条件利用计算机进行信息处理时，都应充分利用这一手段。给不同类型的信息分类编码，分别建立信息档案袋，并建立课题组、咨询组、咨询公司三级信息档案。

人力资源管理咨询案例

## 某金融集团本部组织与人力资源管理体系优化项目（节选）

### 一、项目背景

某金融集团有限公司是某省政府授权经营的国有独资企业，是国内最早成立的创投机构之一，也是国内首批省级科技金融集团。

目前，集团注册资本为 96 亿元，总资产 351 亿元，净资产 211 亿元，管理政府引导基金 12 支、投资基金 50 支，基金总规模超 500 亿元，累计为 2 000 多家科技企业提供投融资服务，推动 60 多家企业实现 IPO 上市或在“新三板”挂牌。集团先后获得多项荣誉。

项目开展的契机：

经济转型升级；

某金融集团顺应经济发展趋势，调整战略，目标是打造千亿资产规模的科技金融企业；

为适应战略发展，调整、优化人力资源管理体系。

### 二、研究过程

深度访谈：访谈内容设计、访谈人数统计。

文献研究：资料梳理（包括顶层设计）、行业资料研究。

内部讨论。

### 三、存在问题及优化思路

#### 1. 部门职责方面

（1）部门职责现状：

价值链上部分职能未能在职能部门的职责中体现；

部分职能的划分存在争议；

部门定位与实际工作不一致；

部门之间的职能衔接存在漏洞；

权责不太对等。

（2）总结分析：

部门职责定位不清晰、边界不明确；

价值链不完整，职能缺失；

职能发挥不充分；

权责不平衡。

（3）优化思路：

通过职责调查，梳理各部门实际承担的职能；

分析业务流程，厘清各部门在价值链中承担的责任与工作内容；

通过价值链的闭环分析，厘清各部门的职能边界。

### 2. 岗位职责方面

（1）岗位设置及职责划分现状：

实际工作与部门职能一致，没有进行专业分工；

工作安排不是以岗位职责为导向，而是因人而异；

监督与被监督、审核与被审核职能承担者为同一岗位。

（2）总结分析：

岗位职责划分不清晰，没有进行专业分工；

岗位职责与实际工作内容差异较大，因人设岗；

部分岗位职能设置不太合理，存在管理风险；

岗位职责落实不到位（岗位设置问题、工作安排的问题）；

人员与岗位的匹配性不足（编制问题、工作量的问题）。

（3）优化思路：

部门职责分解到岗位，形成部门内的职责承接表。

### 3. 组织绩效方面

（1）组织绩效现状：

没有部门绩效考核机制，不能体现部门的价值大小。

（2）优化思路与建议：

完善部门绩效考核机制，建立体现部门价值、部门特点的考核模式。

**4. 个人绩效方面**

（1）个人绩效考核现状：

部门之间、岗位之间的价值差异未体现；

考核指标设计主观性强，没有体现工作质量与效率；

缺乏公平性，不能体现实际贡献；

存在强制分摊比例问题；

考核内容与岗位职责匹配度不高。

（2）总结分析：

考核机制与公司实际情况有差距；

考核机制不完善、不透明（指标设置不客观、评分机制不科学）。

（3）优化思路：

建立“关键业绩考核体系”，提炼考核指标、考核关系、指标权重、考核周期等；

考核指标体系设计体现不同部门的职能差异及价值差异；

考核体系与人员晋级、加薪制度相匹配。

**5. 薪酬方面**

（1）薪酬体系现状：

薪酬体系不明晰，薪酬确定存在主观性，缺乏客观的标准；

岗位和部门价值差异没有在薪酬上体现；

没有薪酬的调整、纠错机制；

部分岗位的薪酬与市场有差距；

薪酬结构不太合理；

奖金分配不合理。

（2）总结分析：

薪酬体系不完善，薪酬机制不健全，缺乏客观的定性标准；

薪酬不能体现岗位价值的差异；

薪酬水平有待进一步调查研究，如与行业水平比较、公司部分职能人员薪酬比较等。

（3）优化思路：

根据工作价值评估确定每个岗位的相对价值，将其归入相应的职位等级，然后根据市场同行业的薪酬状况对评价结果进行修正，以保证薪酬体系与市场行情相匹配；

薪酬设计（薪酬结构、薪酬水平）；

薪酬管理（定薪、调薪、激励等）；

职级评定（评定标准、调级机制、职级应用）。

## 四、项目成果

项目为期 11 个月左右，项目实施过程中客户满意度高、配合度高，项目如期完成。

项目运营费用把控严格，项目利润率较理想。

方案落地效果好，成功续签某金融集团子公司咨询项目，并承接了集团连续两年的年终绩效考核实施项目。

# 第四章　猎头服务

猎头是一种高端人才的招聘模式。随着社交网络和移动互联网的兴起，各种技术和方式方法的整合，行业创新能力被大大激发。猎头服务跟随时代的进步不断发生变化，正向专业化和深层次扩张，目的是为了更好地满足客户的需要，从而在激烈的市场竞争中发展壮大。

## 一、猎头服务概述

### （一）猎头服务定义

猎头，英文为“Headhunting”，意为帮助企业找到所需要的人才。在国外，猎头服务多被称为“高级人才搜寻 / 寻访服务”。猎头服务全面提供发现、追踪、评价、甄选和举荐高级管理或技术人才的专业服务。

### （二）猎头服务特征

#### 1. 针对性强

猎头服务不同于传统招聘服务“大海捞针”式寻找目标，其招聘目的性强，并且主动出击，与候选人进行一对一交流，有针对性地对人才和岗位进行高效、精准的匹配。

#### 2. 保密性强

猎头服务很重要的一个特征是保密性强，一边是为有“搜猎”需求的企业保密，另一边是为候选人发展情况及所去企业情况保密。

#### 3. 收费高

相对于其他招聘方式，猎头服务收费是非常高的，国内猎头服务收费一般为所招聘职位年薪的 20% ~ 30%。

## （三）猎头服务类型

按职位高低划分，可分为高端猎头、中层猎头和低端猎头。高端猎头，专门寻猎顶级人才，实行过程付费；中层猎头，主要寻猎年薪 20 万 ~ 150 万元人民币的优秀人才，实行结果付费；低端猎头也称“小猎头”，服务费不高，一般寻猎的是年薪 20 万元人民币以下的人才。

按地域分布划分，可分为国内猎头服务和国际猎头服务。国际猎头服务，指的是客户委托招聘的职位要求候选人常驻国外，或是寻猎国际性人才以及国外当地人才。

按服务内容划分，可分为标准猎头服务、长期委托猎头服务、定向委托猎头服务、人才甄别服务以及背景调查服务。

## （四）猎头服务内容

### 1. 标准猎头服务

通常是针对具体项目进行的猎头服务，根据职位的高低、寻猎难度大小、区域特点、客户要求等，对不同职位采用标准化收费、提供标准化服务。标准猎头服务仅在客户企业有高级人才需求时才产生。

### 2. 长期委托猎头服务

客户企业与猎头公司签订长期猎头服务协议，进行长期合作，针对多个职位以猎头方式寻访所需高级人才，充分利用专业猎头公司建立的人才寻访网络。

### 3. 定向委托猎头服务

猎头公司依据客户要求“定向寻猎”，或委托招聘特定职位，猎头公司通过妥善方式将客户指定需要的一个或多个目标人选猎到客户企业工作。

### 4. 人才甄别服务

猎头公司承接客户委托的面试、测评等甄别工作，并提供分析评价报告。面试一般由富有经验的专职或兼职猎头顾问进行，通过面试提供专业的参考性面试意见和评价。猎头公司提供的人才测评通常包括评价中心测评和专家测评两种。

### 5. 背景调查服务

猎头公司接受客户委托，对候选人员进行人事调查，有明访、暗访和全面调查等形式。调查方法一般有信函调查、电话访问、电话刺探、面谈调查等。调查结果一般以口头或书面两种方式汇报。

### （五）猎头服务的核心价值

猎头服务的核心价值主要体现在获取人才的速度、效率以及成功率上。快速获取人才拼的是渠道，猎头服务的捕猎工具不限于人才数据库、网络和个人关系圈；而效率来自猎头公司对候选人能力标签的细分程度和识别程度。猎头服务卖的不是人，而是稀缺资源。猎头服务让人才价值最大化，给优秀人才和企业带来不可小觑的价值。

对于企业来说，猎头服务为企业招聘合适的精英，推动企业快速发展，还在一定程度上增加了人才的稳定性和匹配率。猎头公司还能从咨询角度为企业未来的战略人才储备规划提供建议；为人才规划职业生涯，实现其职业抱负和理想。

## 二、猎头服务操作流程

猎头公司的“搜猎”程序虽各有不同，但基本上都会经过如下三个阶段九个步骤的作业流程，如图 2—10 所示。

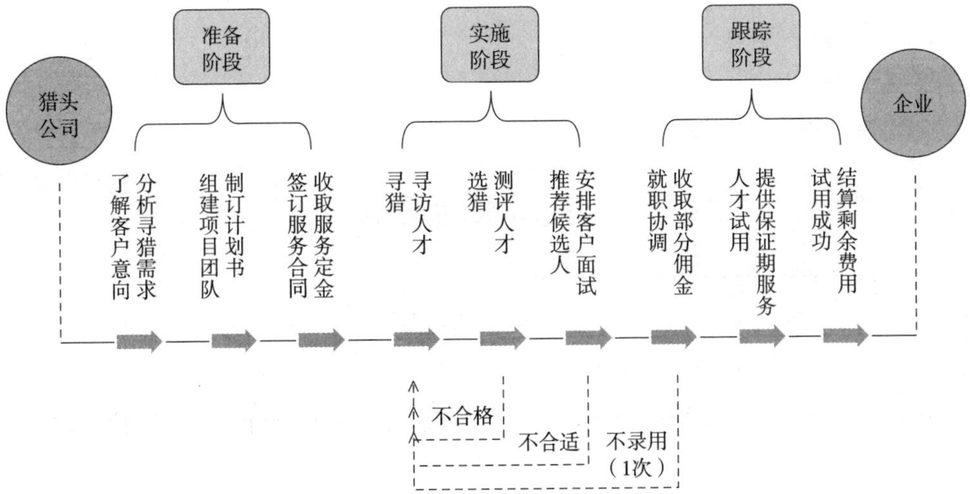


图 2—10　猎头服务作业流程图

## （一）准备阶段

### 1. 了解客户意向，分析寻猎需求

猎头最初的工作是接待客户来电、来函或来访咨询，做好客户委托猎头的意向记录。随后，猎头顾问与客户人力资源部经理及用人部门高级经理进行充分、有效的沟通，详细了解招聘岗位的岗位职责、任职资格、聘用规格、年薪标准及其他配套待遇等信息。岗位职责分析内容包括：关键职责、岗位工作任务、管理权限、管理职能等。任职资格分析内容包括：以岗位胜任素质分析为主，包括知识、技能、经验、能力、动机、价值观。根据这些条件和公司背景、企业文化、行业和产品特点，进行目标分析，以明确客户企业用人的真正需求。

### 2. 组建项目小组，制作寻猎计划书

当客户委托猎头公司寻找某职位所需人才之后，猎头公司组建项目小组，进一步了解客户所需人才标准与职位细节，在客观分析客户需求和自身掌握资源情况的基础上，与客户共同对所需寻猎的岗位进行讨论和分析，并填写《猎头需求确认单》。随后，猎头公司在 1～2 天内制定详细的搜寻方案，并向客户提供寻猎计划书。寻猎计划书的内容包括：所需人才的素质、能力等各项指标，可能的薪资状况，大致的人才访寻区域、访寻途径，服务费用、付费办法及跟踪服务等项目。

【参考模板】

**猎头需求确认单**

| | | | |
|---|---|---|---|
| 客户名称 | | 客户编号 | |
| 职位名称 | 1. | 职位编号 | |
| | 2. | | |
| | …… | | |
| 项　目<br>负责人 | | 确认日期 | |

<table>
<tr><td rowspan="12">客户背景</td><td colspan="2">1. 公司性质</td><td></td></tr>
<tr><td colspan="2">2. 公司成立时间</td><td></td></tr>
<tr><td colspan="2">3. 现有员工数</td><td></td></tr>
<tr><td colspan="2">4. 注册资金</td><td></td></tr>
<tr><td colspan="2">5. 总经理姓名</td><td></td></tr>
<tr><td colspan="2">6. 人力资源负责人</td><td></td></tr>
<tr><td colspan="2">7. 董事长（老板）背景</td><td></td></tr>
<tr><td colspan="2">8. 管理风格</td><td></td></tr>
<tr><td colspan="2">9. 业务覆盖区域</td><td></td></tr>
<tr><td colspan="2">10. 工作制（周 / 日）</td><td></td></tr>
<tr><td colspan="2">11. 公司官网</td><td></td></tr>
<tr><td colspan="2">12.……</td><td></td></tr>
<tr><td rowspan="3">职　位<br>说明书</td><td colspan="2">职位名称</td><td></td></tr>
<tr><td colspan="2">岗位职责（工作内容描述）</td><td></td></tr>
<tr><td colspan="2">任职要求：<br>1. 年龄、性别、形象和学历<br>2. 工作年限、行业要求<br>3. 管理能力、专业能力<br>4. 证书和技能（英语、软件）<br>5. 性格<br>6. 最关注候选人的哪些方面</td><td></td></tr>
<tr><td rowspan="4">部门设置</td><td colspan="2">团队架构（部门名称，职能及团队人数）</td><td></td></tr>
<tr><td rowspan="2">汇报关系</td><td>汇报对象（直线和虚线）</td><td></td></tr>
<tr><td>直接上级背景（年龄、性格、管理风格等）</td><td></td></tr>
<tr><td colspan="2">管辖部门及下属人数</td><td></td></tr>
</table>

| | | | |
|---|---|---|---|
| 薪酬福利 | 薪资结构及范围 | 基本工资 | |
| | | 津贴 | |
| | | 奖金 | |
| | | 补贴 | |
| | | 股票期权 | |
| | | 综合年薪 | |
| 其他重要信息 | 公司的优势及核心竞争力 | | |
| | 职位的发展空间（吸引力） | | |
| | 公司培训机制与入职培训 | | |
| | 公司对该职位人选的预期目标 | | |
| | 职位是新增还是替换 | | |
| | 职位招聘时长（如果用时比较久，至今未招到合适的候选人的原因，需要注意的关键点） | | |
| | 意向公司候选人 | | |
| | 职位是否需要出差及出差频率 | | |
| | 职位紧急程度及期望的到岗时间 | | |
| | 面试流程 | | |
| | 目前进展（其他猎头公司操作情况和候选人情况） | | |

备注：以上内容请根据实际需求如实详细填写，猎头公司将依据企业和职位信息进行评估，后续由项目负责人与企业负责人沟通确认。

【应用实例】

## 某通信设备有限公司猎头职位寻猎计划书（节选）

### 一、企业概况

某通信设备有限公司是一家致力于移动通信终端产品的研发、生产、销售及服务的现代化高新技术企业。公司总部位于某地，旗下拥有上海研究院、某地研究所两个研发机构，拥有包括博士、硕士在内近200人的科研队伍，具备3G、2G产品研发实力。

### 二、职位分析

职位名称：A地营销副总经理

任职要求：

1. 本科以上学历，国产品牌手机行业相关工作经验5年以上；
2. 熟悉行业动态及运营关系动态，精通销售策略及技巧；
3. 在移动、联通、电信集团有深厚的人脉关系；
4. 熟悉手机A地业务，熟悉A地运作流程；
5. 有出色的市场分析、公关与谈判能力，较强的沟通协调能力；
6. 有在国产手机品牌A地业务发展较成功的企业工作经验者优先。

主要职责：

1. 协助董事长制订A地市场发展战略以及市场发展目标；
2. 制订和实施A地推广计划和产品计划，负责组建A地管理、运营、研发及销售团队；
3. 制定A地营销体系及营销战略、营销策略，并培训团队人员；
4. 负责指导和监督全国各区域的移动、电信和联通的业务拓展、日常沟通；
5. 负责指导及管理团队争取各区域移动、电信和联通的优势推广资源，完成各区域业务接入与大项目争取；

6. 负责指导及管理团队拓展在全国各区域的营销推广渠道。

## 三、候选人的分布及 SWOT 分析①

如果人选的优选条件是能为企业带来三大运营商的人脉关系，则以贵司指定的目标公司人选，或者和贵司客户群体重叠的同行为优选目标，以及贵司对手公司里面同等资质的业务部负责人为主。以贵司的年度业绩任务作为主要考核标准，人选原来负责的业绩任务类似或者在此标准之上。

优势：可以立即带来成熟运营商的人脉关系，快速提升公司业务量；由于业务群体、业务模式相同，不需要经过适应期就可以快速适应公司业务；同行业公司的优点也可以借鉴。

劣势：一般同行了解程度较高，贵司在行业内的口碑会在很大程度影响人选的跳槽意向，有时候即使一些不大的负面消息，同行人员由于不明真相，可能会需要较多说服工作；同业在职人员的猎取一般在薪水方面需要 30% 左右的浮动提升才有竞争力。

如果人选的优选条件是兼备运营商人脉资源和成熟的管理能力，最好能明确哪一点才是第一位的，哪一点是辅助的。一般公司招聘都喜欢面面俱到，但往往和现实脱节，适合企业现状的人选才是最好的人选。根据此类目标，搜寻的范围会大大缩减，对业务形态、客户群体、业绩规模的要求比较高。

优势：同时在业务和管理两方面都能给公司带来提升。

劣势：要求面面俱到，可能会造成现实与理想的脱节，招聘周期会稍长一些。

---

① SWOT 分析（Strengths Weakness Opportunities Threats），即态势分析，将与研究对象密切相关的各种主要内部优势、劣势和外部的机会、威胁等，通过调查列举出来，然后用系统分析的思想，从中得出一系列结论。

## 四、目标名单来源

1. 我司固有的资源，包括人才库储备和行业名单的储备。

2. 贵司可以提供你们期望的人员或者目标客户名单。

3. 我司专职顾问会根据贵司的职位要求，在匹配贵司资质的同行业企业中进一步筛选出详细名单。

4. 其他渠道。

## 五、寻访方式

针对贵司的职位，我司将由项目经理下配 1 名顾问以项目管理的形式进行，步骤如下。

1. 行业调查、分析职位工作条件和当前市场状况，特别是薪资状况、确定目标访寻对象、访寻办法等。

2. 确定目标公司及目标群体（目标公司来源）。

3. 具体寻访途径包括：

公司人才库（公司人才库通过多年的积累，已经拥有上万份中高级简历的储备，并按行业分类）——主要方式一；

目标公司及目标群体陌生拜访（通过搜寻行业通讯录）——主要方式二；

行业内资深顾问推荐——主要方式三；

网络及媒体招聘——辅助方式；

其他渠道推荐——辅助方式。

## 六、项目进度安排

从合同签订到项目结束，该职位的整个寻访期约为 40 天。

| 序号 | 项目进度 | 预计时间 | 备注 |
|---|---|---|---|
| 1 | 提供项目计划书 | 收到职位分析书 2 个工作日内 | |

| 序号 | 项目进度 | 预计时间 | 备注 |
|---|---|---|---|
| 2 | 签订合同 | | |
| 3 | 推荐第一批人选（2～3 名） | 合同签订后 15 个工作日 | |
| 4 | 第一批人选面试安排及跟进 | 第一批人选推荐后 5 个工作日 | 如果确定人选则转第 7 项 |
| 5 | 推荐第二批人选（2～3 名） | 第一批人选反馈后 5 个工作日 | 如果第一批无合适人选 |
| 6 | 第二批人选面试安排及跟进 | 第二批人选推荐后 5 个工作日 | 如果确定人选则转第 7 项 |
| 7 | 与候选人谈定合同具体细节 | 确定人选后 5 个工作日内 | 协助贵司谈妥候选人合同 |
| 8 | 跟进候选人办理离职手续 | | 确保候选人准时到贵司报到 |
| 9 | 跟进候选人在贵司的工作情况并及时反馈给贵司，以帮助候选人平稳过渡 | 候选人到岗后 3 个月内 | 每周一次（电话或面谈） |
| 10 | 进行客户满意度调查 | 该项目结束后 | 改进并提高我司服务水平 |

为保证寻猎项目顺利进行，希望贵司配合我司的工作，以下是我司对贵司项目进度的建议。

| 序号 | 项目进度 | 预计时间 | 备注 |
|---|---|---|---|
| 1 | 确认项目计划书 | 职位分析书发出 2 个工作日内 | 及时反馈到我司 |
| 2 | 签订合同 | | |
| 3 | 支付定金 | 合同签订 2 个工作日内 | |
| 4 | 安排面试第一批候选人 | 第一批候选人面试后 5 个工作日内 | 及时将面试情况反馈到我司 |
| 5 | 安排面试第二批候选人 | 第二批候选人面试后 5 个工作日内 | 及时将面试情况反馈到我司 |

| 序号 | 项目进度 | 预计时间 | 备注 |
|---|---|---|---|
| 6 | 与候选人谈定合同具体细节 | 确定候选人后5个工作日内 | |
| 7 | 安排候选人入职事宜 | 按实际到职日期5个工作日 | 确保候选人准时到岗 |
| 8 | 对候选人进行试用、考察并及时反馈予我司 | 按公司规定安排试用期（3~6个月） | 根据公司制度 |
| 9 | 协助完成我司客户满意度调查 | 该项目结束后 | 提出对我司服务的建议和意见 |

按照我司以往的经验，一般一个中高层职位人员到岗平均需花费大约30个工作日；如有特殊情况（客户方面比较急需），进度还将加快。

贵司确认意见（请在相应括号内打钩）：

- 我们认同此寻猎计划书（　　）
- 我们不认同此寻猎计划书（　　）
- 我们认为有必要做出部分修改（　　）

修改意见：

________________________________________

________________________________________

________________________________________

________________________________________

________________________________________

________________________________________

________________________________________

________________________________________

### 3. 签订服务合同，收取服务定金

双方达成合作意向后，磋商服务协议的具体条款，明确双方的责任与义务，详细描述服务内容，以及所需寻猎岗位的职责、任职条件、特别要求及相应的薪

酬范围。然后，正式签订《猎头服务合同》，同时收取一定数额的预付金。只有完成“谈判签约”这一步，才能正式进行合作。

## （二）寻猎的实施阶段

### 1. 寻访人才——寻猎

猎头顾问先根据寻猎要求勾勒出人才画像，再依据搜寻方案，利用人才数据库、社交网站、与各行业有关机构及人士的人脉资源等多种渠道寻访候选人，并派人员跟每一位潜在候选人接触。

猎头顾问对所有接触到的潜在候选人信息进行分析、甄选过滤，包括岗位现状、沟通能力、离职可能性与动机、薪酬水平等，筛选出基本符合要求的候选人。确定候选人名单后，安排初步面试。初步面试的方式主要是一对一面试或半结构化面试，逐一探询候选人的跳槽意向，并向他们展示这个新机会的吸引力，看他们是否感兴趣。初步面试考察的要点主要包括图 2—11 所示的五项。

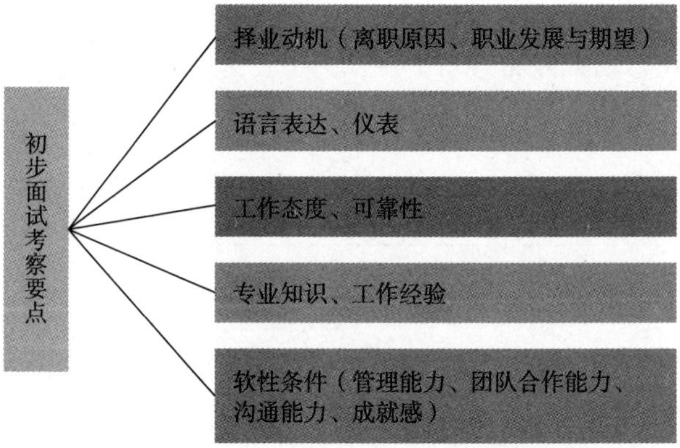


图 2—11　初步面试考察要点

### 2. 测评人才——选猎

根据候选人名单，猎头顾问联络到一批有意向接触的候选人后，先由专业的人才测评技术顾问与其进行多维度沟通和综合测评，评估候选人胜任力和匹配度，同时做候选人全面的背景调查，初步筛选出合适又有意向的候选人，即工作内容定位一致、有跳槽动机、薪资诉求大体匹配，并制作推荐报告，推送给客户。

### 3. 推荐候选人，安排客户面试

如果客户判断简历符合条件，则会进入面试程序。根据客户对候选人的意向，猎头顾问协助安排客户与候选人进行面试。合适的面试方法可以全面地对候选人进行考察，提高用人决策准确度。猎头常用的正式面试方法主要有结构化面试、非结构化面试、半结构化面试、行为描述面试、压力面试等，各种正式面试方法的特点及适用范围见表 2—9。

表 2—9　各种正式面试方法的特点及适用范围

| 面试方法 | 特点 | 适用范围 |
| --- | --- | --- |
| 结构化面试 | 标准化、程序化 | 对教育背景、工作经验等客观因素的考察 |
| 非结构化面试 | 确定面试的大致内容，随意性较强 | 对个人能力、综合素质等主观因素的考察 |
| 半结构化面试 | 结合结构化与非结构化两种面试方法 | 适用范围较大 |
| 行为描述面试 | 与过去的工作内容和绩效有关的行为事件描述 | 适用范围较大 |
| 压力面试 | 面试考官故意制造压力 | 适用于对心理素质要求较高的工作岗位 |

一般来说，猎头顾问先请候选人给出三个可面试的时间点或时间段，然后协调客户选出相对合适的时间，保证双方如期对接。另外，猎头顾问还需要协调双方对于工作职责理解一致，对具体聘用条件进行有效沟通，并推动薪酬谈判顺利进行。面试之后，若双方满意，剩下的主要就是“说服”工作了。

## （三）寻猎的跟踪阶段

### 1. 就职协调，做深度背景调查

当客户与候选人双方都满意并确定聘用关系后，猎头顾问会对候选人做就职协调，确保其顺利上岗。同时，猎头顾问将应客户要求对候选人做深度背景调查，以保证该候选人的可靠性。候选人在拿到录用通知后，应向服务的公司提出书面离职申请，开启离职程序，确认离职具体时间。猎头顾问需要持续跟进其离职进度，同时了解是否有其他面试在进行中，有无变卦的可能性。此时，客户应按照签订的合同支付猎头公司相应数额的服务费。

**2. 人才试用，提供保证期服务**

在候选人就职后，猎头顾问会与客户保持定期联系，协调客户企业和候选人之间的关系，跟踪、了解候选人的工作表现、工作感受、人际关系相处情况以及预期的实现情况等，协助双方解决试用期期间可能遇到的困难与障碍，顺利度过磨合期。如果该候选人由于自身的原因提出离职或没能通过试用期，猎头顾问将为客户就该职位提供免费服务一次，重新搜寻合适的候选人。

**3. 试用成功，结算剩余服务费用**

当候选人试用合格，就职至保证期，客户需支付剩余的服务费用，该次猎头服务完成。反之，按照合同有关规定操作。

## 三、猎头服务常用方法

### （一）横向搜索：同行业同职位搜索

当接到客户订单去作业时，猎头公司首先会在客户的同行业企业中挑选候选人。甄选工作基本上都是围绕同行业经历、同类职位进行。

### （二）纵向搜索：跨行业同职位搜索

纵向搜索是指在不同行业的同类职位中搜寻目标，也被称为垂直搜索，这一方法也被经常使用。

### （三）曲线搜索：跨行业跨职位搜索

曲线搜索，又称迂回搜索，这种方法属于漫天撒网，虽有成功的可能，但失败的概率较高。不同的企业在其创业发展过程中，会形成自己独特的企业文化、行业特性等，而不同的职位也有各自的岗位职责和要求，因此这种方式对候选人的个人素质以及对不同企业文化的适应、融通能力有较高的要求。

### （四）圆形搜索：个人交际圈子搜索

主要是指找到某一个点（人），再由这个点（人）打开他的交际圈进行搜索，又称为顾问搜索。例如，如果一个猎头顾问的亲友是某一公司的人员，通过其介绍认识了该公司的人力资源经理，开始关系的建立或业务上的往来，于是一连串的圈子效应产生了，猎头顾问得以进入该经理所经营的人脉圈子，甚至可以获得该公司负责人所拥有的人脉资源。所以，猎头顾问非常用心经营自己的人脉圈子，因为这就是他的工作生命线，人脉圈往往直接决定了工作绩效。

**猎头服务案例**

## 某人力资源服务公司为某地产集团寻猎公司副总经理（节选）

### 一、寻猎背景

某地产集团（以下简称集团）于2001年设立，总部设在南宁。集团业务主要分为三个板块：房产运营、房产广告、产业投资。集团董事会提出重点发展房产运营，对管理层和组织构架进行了优化和调整，并加大了地产新项目的拓展力度，着力在广西乃至全国范围内扩张。在成功竞标到南宁某标志性地产运作项目后，引进高端人才并对管理层和组织构架进行优化和调整迫在眉睫。集团决定在社会上公开招聘负责该项目的公司副总经理。在经过近三个月的直接招聘（通过登报及中高端人才招聘会和几大人才网站发布招聘消息等）无果的情况下，集团决定启用猎头服务。

### 二、寻猎过程

#### 1. 需求分析

某人力资源服务公司的猎头项目经理与集团董事长深入交流，详细查阅了第三方资料，掌握了集团其他股东背景、发展现状、市场地位及远景规划，并围绕"地产公司副总经理"职位进行了讨论，最终双方对目标人选的关键要素（职责、从业背景、性格特点、职业取向、薪酬等）及寻访方向达成共识。通过多次磋商，针对这一地产项目精细、高端以及招商管理滞后等特点，猎头项目经理将寻访方向最终定位为：在地产行业知名、大型本土企业任职的高层管理人员，且必须具有高端地产项目运营管理背景，熟悉招商流程，有成功主持大型房地产项目全程开发的经历，在商业地产项目招商方面有自己的渠道。

### 2. 人才寻访

第一阶段：猎头项目经理根据既定的计划，首先圈定了在项目运营方面表现出色且在广西的地产企业，并结合上述地产项目特点，筛选出 8 家目标企业；其后，根据企业的不同规模、组织架构，定位了目标人选在各企业中的职位，并进一步确定目标人选的名单（共有 6 名人选进入视线）；猎头项目经理通过自身的渠道对目标人选的背景情况进行了初步了解和掌握，最后有 1 人因为完全不合适被直接放弃，另 5 人初步入选。

第二阶段：猎头项目经理与选定的目标人选分别进行了电话沟通，了解其在本企业的工作现状及其对自身未来发展的倾向，有策略性地介绍某集团的发展背景、竞争优势及职位信息，并向其提供职业发展方面的专业意见。对有意向的人选，逐一安排了面谈、复试、测评及背景调查。在此阶段，初步确定了 3 名可以推荐的候选人。

### 3. 正式推荐

猎头项目经理先后安排了这 3 名候选人与集团高层会面。完成面试环节后，猎头项目经理与集团高层就面试的结果交流了意见，集团对其中的两名候选人表示有意向进一步接触。在近两个月的时间内，猎头项目经理安排用人双方进行了多次沟通和交流。最后，集团与其中一位人选达成了上岗意向，猎头项目经理接下来又对该人选进行了详细的职业背景调查（重点对其技术能力和职业操守进行深入了解与核实），并提交了调查报告。集团第 3 天即回复告知确定聘用该人选，但此后在薪酬的计算与发放方式上，用人双方出现了分歧，令项目存在一定的变数。猎头项目经理得知这一情况后，又两次专门就薪酬问题与人选进行了仔细的沟通，并提出策略性的建议与安排，最终找到了用人双方均能够接受的薪酬计算与支付方式。

**4. 正式上岗**

猎头项目经理协助用人双方在职责权限、上岗时间等细节问题上全部达成了一致意见。经过长达3个月的努力，该人选终于正式加盟集团，出任地产公司副总经理一职，业绩表现很优秀。因为该项目的成功合作，该人力资源服务公司从此与集团也建立了长期、稳固的合作关系。

# 第五章　人才测评服务

人才测评，是在综合多门学科的理论基础上，用于确定特定人员工作适合性的标准化客观程序。企业要想在复杂激烈的市场竞争中出奇制胜，就要做好自身人力资源的合理开发和科学管理，而人才测评恰恰是人力资源开发的基础。

## 一、人才测评服务概述

### （一）人才测评服务定义

人才测评服务，是指企业根据自身发展和运营的需要，与专业人才测评机构合作，借助第三方的力量对人才进行测试与评价，以判定测评对象与岗位、企业的匹配程度，为科学用人和人尽其才提供可靠和有效的依据。

### （二）人才测评服务内容

具体来说，人才测评是测评工具供应、专家顾问咨询、测评整体解决方案提供等一系列服务的总称，主要服务内容包括：公开选拔招聘、内部竞聘、后备干部选拔、管理者绩效评价、人力资源诊断与团队配置、培训开发等。

### （三）人才测评服务类型

人才测评服务主要有五种类型：选拔性测评、配置性测评、开发性测评、诊断性测评、考核性测评。

#### 1. 选拔性测评

选拔性测评的目的是区分和选拔优秀人才，这是人力资源管理中最常用到的一种测评，这种测评特别强调区分功能，要求过程客观、结果明确。

#### 2. 配置性测评

配置性测评是以合理的人职匹配为目的，实现人尽其才。实践证明，当任职者的能力、兴趣和价值观符合职位的要求时，可以达到最佳的人力资源使用效果。

3. 开发性测评

开发性测评经常结合明确的开发目的进行，分析个人优势和劣势，结果公开并作为测评对象未来职业规划的依据。

4. 诊断性测评

诊断性测评的特点是比较全面和细致，希望通过寻根问底的测评，探究问题产生的根源，这种测评不一定公开结果，主要供管理人员参考。

5. 考核性测评

考核性测评又称鉴定性测评，目的是鉴定和验证测评对象是否具备某种素质，经常穿插在选拔性测评和配置性测评之中，主要是对测评对象素质结构与水平的鉴定。

## （四）人才测评服务特征

人才测评服务是一种特殊、复杂的社会认知活动，其主体包括主持测评者和测评对象，这就决定了人才测评不同于其他形式的测评活动，归纳起来，它主要有以下四个方面的特点：人才测评是心理测量，而不是物理测量；人才测评是抽样测量，而不是具体测量；人才测评是相对测量，而不是绝对测量；人才测评是间接测量，而不是直接测量。

## （五）人才测评服务核心价值

人才测评作为管理中一项重要的、先进的技术手段，是企业进行人才选拔、配置和有效利用的重要依据。其核心价值主要体现在两个方面。

1. 提高企业人员选拔的科学性

在人才测评技术出现之前，管理缺乏科学的理论和工具支持，选拔人员时，会带有很强的主观色彩，人事决策失误率大，企业利益也因此受损。运用人才测评对人才素质进行科学、客观的评价，预测测评对象在工作岗位上所能达到的程度，判断测评对象岗位能力的匹配度，能提高招聘选人的科学性，降低人事决策风险和成本，为企业创造潜在收益。

### 2. 快速培养内部人才

传统模式的人才培养主要以培训、师带徒的方式进行，集中在专业知识和技能的培训上。人才测评帮助企业对测评对象进行全面、客观的诊断，找到其“短板”和发展潜力，实现人岗匹配，从而打造出企业所需的人才队伍。

## 二、人才测评服务操作流程

为了更好地开展人才测评服务，人才测评机构与客户要按照规范的流程开展工作，如图 2—12 所示。

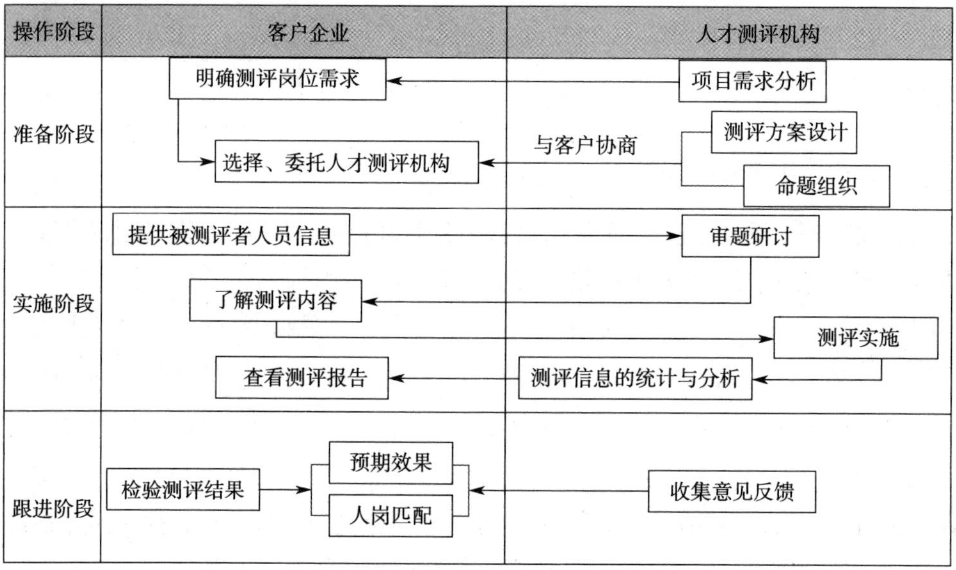


图 2—12　人才测评服务操作流程图

### （一）项目需求分析

人才测评机构在接受客户企业测评项目委托后，组建项目组。项目组首先要明确客户人才测评的需求，具体来说就是确认三个问题：该企业为什么要进行人才测评，该企业需要测评的对象是谁，该企业的需求是什么。

通过深入沟通挖掘客户的需求，并对其进行梳理、归纳和分析，准确把握客户的真实需求。人才测评的需求直接决定了测评项目的指标与方案设计。

## （二）测评方案设计

在明确客户的人才测评需求之后，要解决的是“怎么测”的问题。测评方案是测评项目顺利、有序实施的重要保证。人才测评方案设计涉及的内容比较多，具体包括以下三个方面：一要根据测评目的和对象，确定胜任特征和测评要素；二要选择恰当的测评工具和测评方法；三要确定测评程序和测评过程控制等内容。

项目组设计测评方案要根据“成本最低、时间最短、用人最少”的原则，精确地计算测评成本、规划测评时间和进行人员分工。

## （三）命题组织

测评方案确定后，项目组应组织命题小组，小组成员应当熟悉相关命题规范和要求，掌握一定的人才测评理论与技术。命题小组应根据测评方案设计的测评工具和方法，进行测评题目的编写和选择，命题不限于性格测试、笔试、面试以及情景模拟等一系列手段。同时，注意题目内容的冲突性，给测试者创设足够的表现空间，尽可能地使测评发挥最大的作用。

## （四）审题研讨

在完成测评题目的编制后，命题小组内部要先进行审核和修改。好的人才测评题目能够有效地鉴别、区分测评对象的内在特性，且有较好的隐蔽性，避免测评对象看出题目的倾向性。随后，命题小组与客户进行命题研讨，探讨测评题目内容、设计原则等。

## （五）测评实施

测评实施是指按照测评方案规定的时间与分工，做好测评资料的准备、测评场地的选择与布置、测评考官培训与实施测评过程控制等工作的过程。

## （六）测评信息的统计与分析

测评结束后，考官进行各项测评的信息统计工作，并在定量与定性分析的基础上撰写测评报告。测评报告涉及的内容除了基本信息，还包括测评对象在每个测评项目中的表现及结果，主要是优缺点概括和考官的推荐建议、学习与工作的建议等内容。

### （七）提交测评结果

测评报告初稿应通过测评项目组的评审，修改完成后形成提交稿。提交测评结果时需要注意的是，实施过程中获得的测评信息并非百分之百准确，而且常常会出现不同测评方法获得的信息相互矛盾的情况，这时就需要人才测评专家和顾问进行适当修正。

## 三、人才测评服务常用技术

### （一）笔试技术

笔试技术主要用于测量人的基本知识、专业知识、管理知识以及综合分析能力、文字表达能力等素质及能力要素。一般根据测评对象将要从事职位的工作性质、条件要求及职责设计，然后由主考官根据测评对象解答的正确程度评定成绩。笔试内容包括以下几类。

职业能力测验：主要测查测评对象是否具备从事各类职业活动的影响较广、比较稳定、潜在的能力。

综合知识测验：主要测查测评对象长期积累的基本知识以及运用这些知识进行分析判断的基本能力，涉及政治、哲学、经济、法律、历史、文化、地理、自然、科技等方面。

外语测验：主要测查测评对象在外语读、写方面的综合运用能力。

计算机应用能力测验：主要测查测评对象从事计算机和网络方面工作的基本能力，包括操作系统、办公应用、网络应用、数据库应用、信息安全等方面。

专业知识技能测验：主要测查测评对象从事某一特定领域工作所应具备的基本专业知识与技能。

### （二）面试技术

面试是人力资源管理领域应用最普遍的测评形式。它是通过主持测评者与测评对象面对面的观察、交谈，收集相关信息，从而了解测评对象的素质状况、能力特征以及动机。面试技术的类型主要有三大类。

结构化面试：这是一种对测评要素、面试试题、实施程序、评分标准、考官组成等方面按要求进行规范性设计的面试方法。考官按照预先设定好的试题对每个测评对象进行相同的提问，并根据测评对象的回答和行为表现，对其相关能力和个性特征作出评价。

半结构化面试：这是介于结构化面试和非结构化面试之间的一种面试形式，只对部分因素有统一要求，如规定统一的程序和评价标准，在必要时考官可对测评对象进行有针对性的追问。

情境面试：即给测评对象创设一个情境，让其扮演特定的角色，围绕特定的任务去接受考官的提问，考官通过语言交流观察测评对象的行为表现，评价其是否具有相关能力。

### （三）心理测验技术

心理测验是人员素质测评与选拔最常见的形式之一，实质上是行为样组的客观测量。它是通过观察人的具有代表性的行为，对于贯穿在人的行为活动中的心理特征，依据确定的原则进行推论和数量化分析的一种科学手段。依据测验的具体对象，可以分为成就测验、智力测验、态度测验、性格测验等形式。依据测验的内容，可以分为知识测验、能力测验、品德测验等三种形式。心理测验是对胜任职务所需要的个性特点能够较准确地描述并测量的工具，被广泛用于人才测评工作中。

常见的心理测验可分为两大类。

#### 1. 标准化心理测试

标准化心理测试是指具有规范的标准，各个环节按照系统的科学程序组织，并对误差做了严格控制的测试，是一个系统化、科学化的施测过程。所谓“标准化”指测试全过程的标准化，形成了事前确定好的测试题目和答案，详细的答题说明，客观的评分记分系统、解释系统，以及测试的信度、效度和项目分析数据等相关资料。

#### 2. 投射测验

投射测验主要用于对人格、动机等内容的测量，采用一些暧昧的刺激，让测评对象在不受限制的条件下作出反应，通过对这些反应的分析来推断测评对象的内在心理特点。它基于这样一种假设：人们对外在事物的看法实际上反映出其内在的真实状态或特征。投射技术可以使测评对象不愿表现的个性特征、内在冲突和态度更容易地表达出来，在对人格结构、内容的深度分析上有独特的功能。但投射测验在计分和解释上相对缺乏客观标准，对测试结果的评价带有浓重的主观色彩，对评价人员的要求很高，且测验的信度和效度一般较低。

### （四）无领导小组讨论技术

无领导小组讨论是评价中心技术中经常采用的一种测评技术。其操作方式就是让一组测评对象（一般是 5 ~ 7 人）在既定的背景下围绕给定的问题展开讨论。讨论一般要持续 1 个小时左右。测评人员不参与测评对象的讨论，只观察和记录测评对象在讨论过程中的行为表现，并进行评分。

无领导小组讨论的目的主要是考察测评对象的组织协调能力、领导能力、人际交往的意识与技巧、对资料的利用能力、辩论说服能力以及非语言沟通能力等，同时也考察测评对象的自信心、进取心、责任感、灵活性以及团队精神等个性方面的特点及风格。

### （五）文件筐测验

文件筐测验又称为公文处理模拟测验，是一种对管理人员的潜在能力进行测量的有效方法。它根据测评对象在规定时间内（一般是 1 ~ 3 小时），对一系列的公文材料（如信函、办公室备忘录、待审批签发文件、统计资料和报表等）的处理情况，来考察测评对象的计划、组织、预测、决策和沟通等能力。

测评对象在测验中要按照测验的要求，模拟管理者角色进行公文处理，包括做笔记、安排会议或做其认为恰当的事情，一切就好像在真实的管理工作中。测验结束后，测评对象还要口头或者以书面形式解释这样处理公文的理由。测评人员再根据测评对象处理公文的顺序、质量、时间、理由等方面进行评分。

由于测评情境具有很高的仿真性，考察的内容范围广，较能反映测评对象的真实能力水平，被认为是最有效的评价技术之一。

人才测评服务案例

## 某纸业公司高管团队人才测评项目

### 一、项目概况

运用“五度模式”，即“人岗匹配度、团队融合度、业绩成长度、员工满意度、社会赞誉度”，对某纸业公司12名高管团队成员进行了全面的评估，以科学配置适合岗位的人员。

某纸业公司成立于2000年，主要从事文化类印刷用纸的制造、销售，并积极从事速生丰产林建设。主导产品为中高档新闻纸、颜料整饰纸、轻量涂布纸等。2015年，为了进一步扩大公司的产能和规模，公司准备上一个40万吨的新纸机项目，需要融资12亿元人民币。

新项目的上马，不仅扩大了生产规模，而且引入了新的技术、新的生产管理流程，对企业的经营和管理提出了更高的要求，现有的管理团队能够胜任新的要求吗？公司高层心里没有底，投资方心里也没有底。因此，专业测评机构对现有管理团队的客观、科学评估，就成了这个项目推进的关键点之一。

### 二、解决方案

#### 1. 使用专业测评题目，全面评估

某人力资源服务机构使用专门用于测评企业领导团队能力素质的“五度”模型——即“人岗匹配度、团队融合度、业绩成长度、员工满意度、社会赞誉度”——对12名高管团队成员进行了全面的评估，这项评估不仅涉及高管团队的个人素质和经营管理能力，而且包括成员之间的互补性、匹配性、角色分布，以及企业战略和员工满意度。

#### 2. 出具测评报告，分析团队优劣势

某纸业公司认为，测评报告从专业角度展现了其领导团队的能力素质

以及团队成员间、成员和职位间的匹配度与融合度，客观公正地指出了领导团队的优势与不足，还提供了极具参考价值的建议。这份报告帮助了某纸业公司员工、领导团队、投资者从人力资源的角度，更客观、更充分地认识了企业的实力和可持续发展潜力。

# 第三篇

# 灵活用工外包服务

灵活用工外包服务，是一种为企业提供弹性用工模式的新兴解决方案。灵活用工，是传统固定用工模式的补充，被广泛应用于制造业、电子商务、餐饮服务、物流服务等领域，职位从前台服务人员到项目总监都有涉及。

随着经济的发展和企业经营模式的变化，灵活用工方式也日益多样化。在上海外服发布的《2017灵活用工业务现状与趋势报告》中，提出对“灵活”一词的更丰富的理解——灵活用工包含以非全日制用工为代表的时间上的灵活、以劳务派遣为代表的雇佣形式上的灵活，以及以业务外包为代表的服务形态上的灵活。

本篇主要介绍传统业态的“灵活用工”，包括劳务派遣、劳务承揽、劳动力外包、业务外包，而新业态下形成的各种“平台型用工”作为新的灵活用工形式，将在第五篇介绍。

# 第一章　劳务派遣

劳务派遣，起源于美国，发展于欧洲、日本，在中国成就了最大的劳务派遣市场。

中国大量出现劳务派遣用工形式约始于20世纪90年代末和21世纪初，尤其是2008年《劳动合同法》实施后，劳务派遣作为一种合法的灵活用工形式，被广大企业采用。目前，我国劳务派遣涉及建筑、餐饮、制造、金融、电子、运输、传媒、通信、邮政、电力、石化、物流、物业、旅游等许多领域。

近年来，许多国家机关、事业单位为解决编制有限、人才引进、提升效率、节约人工成本等问题，也开始大量使用劳务派遣方式。

## 一、劳务派遣概述

### （一）劳务派遣定义

劳务派遣，是指劳务派遣单位以经营方式将招用的劳动者派遣至其他用工单位使用，由后者直接对劳动者的劳动过程进行管理的一种用工形式。

依据劳务派遣的定义，劳务派遣注重的是劳动关系的构建和管理。劳务派遣单位通过劳动关系的构建获得劳动者的劳动力派遣权，派遣劳动者到用工单位以其劳动能力提供“活劳动”服务（亦称劳务服务），劳动者劳务服务的过程和结果由用工单位管理，劳务派遣单位按提供的人数从用工单位获得经营收入。

### （二）劳务派遣服务内容

劳务派遣服务内容可用以下“公式”表示。

*劳务派遣=劳动力管理+劳动关系管理+劳动法律风险=（新招聘或原员工劳动关系转移+上岗培训+入职管理+签订劳动合同+试用期考察+工资计发+社保公积金管理+技能提升培训+员工关怀+工伤管理+劳动合同终止、*

解除 + 离职管理）+ 劳动法律风险防控

其服务内容，即可看作劳务派遣的运作模式。

## （三）劳务派遣类型

一般来说，劳务派遣有两种类型：固定期限劳务派遣和临时性劳务派遣。

### 1. 固定期限劳务派遣

固定期限劳务派遣即《劳动合同法》第五十八条第二款规定的，“劳务派遣单位应当与被派遣劳动者订立二年以上的固定期限劳动合同，按月支付劳动报酬。”

其形式主要包括：转移劳动关系劳务派遣、招聘式常态型劳务派遣、风险责任式劳务派遣（见表 3—1）。

表 3—1　固定期限劳务派遣三种模式

| 模式 | 定义 | 核心价值 | 特点 |
| --- | --- | --- | --- |
| 转移劳动关系劳务派遣 | 转移劳动关系劳务派遣，是指用工单位已招聘的人员与劳务派遣单位签订劳动合同，然后由劳务派遣单位以人力资源管理软件系统为载体，进行从入职手续办理至离职期间的整个人力资源管理工作。劳务派遣单位主要承担员工劳动关系管理服务，并且按照法律法规承担用人单位责任，从而为客户提供灵活用工服务 | 以劳动关系为核心，解决用工单位规范合法用工问题，从用工机制上保障用工单位用工的灵活性，控制用工成本，解决劳动纠纷、人事烦琐事务的困扰 | 1. 转移劳动关系劳务派遣的服务重点是劳动关系，是员工入职后的全方位人力资源管理<br>2. 转移劳动关系劳务派遣服务模式简单、传统，劳务派遣单位一般只承担用工单位的劳动法律风险，不承担经济责任与风险 |
| 招聘式常态型劳务派遣 | 招聘式常态型劳务派遣，是指从员工招聘、入职、上岗培训、试用期管理、转正、签订劳动合同至离职手续办理整个人力资源管理活动，不但囊括了转移劳动关系劳务派遣的所有服务内容，还为用工单位提供包括员工招聘选拔、宿舍管理、文体娱乐管理、文化管理和健康保障管理等全方位服务 | 及时为用工单位提供丰富优质的劳动力资源，减少不必要的工作，把好员工招聘入职第一关，并且能够及时进行补员，大大地节省了用工单位的招聘时间、招聘成本、人工成本和管理成本 | 1. 招聘式常态型劳务派遣的重点，是由劳务派遣单位提供从员工招聘选拔、入职手续办理至离职的全方位人力资源管理<br>2. 与转移劳动关系劳务派遣的区别，主要在于确保招聘，但不能为了招聘而招聘，还要降低员工流失风险 |

续表

| 模式 | 定义 | 核心价值 | 特点 |
|---|---|---|---|
| 风险责任式劳务派遣 | 风险责任式劳务派遣，亦称人力资源服务岗位外包，是指劳务派遣单位为用工单位承担部分或全部用工风险和责任，囊括了招聘式常态型劳务派遣的所有服务内容，并承担由此引发的劳动法律、安全事故和计划生育等风险和责任。或者是用工单位所需岗位员工的招聘、培训等部分事务进行外包，劳务派遣单位承担责任和风险。风险责任式劳务派遣，分为部分风险责任式劳务派遣和全部风险责任式劳务派遣，通过这两种方式，用工单位可将用工风险责任部分或全部转移给人力资源服务机构 | 将用工单位的用工风险与责任部分或全部转移到劳务派遣单位，降低用工单位的用工风险和用工责任，从而提升用工单位自身发展的稳健性和高效性，降低用工单位的成本 | 1. 风险责任式劳务派遣的重点是劳务派遣单位承担全部或部分风险与责任<br>2. 风险责任式劳务派遣服务模式，是在原事务性劳务派遣服务的基础上，附加各项用工风险责任的费用，捆绑成为更全面更深层次的责任承担式人力资源服务产品 |

#### 2. 临时性劳务派遣

临时性劳务派遣亦称劳务输出式派遣或工时制劳务派遣。这种形式的劳务派遣，主要为制造业季节性临时用工。这种派遣有以下四个特点：派遣的劳动者要形成批量；要有组织地派遣，派专人与用工单位协同对劳动者进行集中管理；在每个用工单位每批量劳动者工作时间不得超过 6 个月，以 1～2 个月工作时间为最佳，创造的收益最高；费用结算以每个工时为计价单位，与用工单位进行计价结算。

### （四）劳务派遣特征

劳务派遣是我国企业基本用工形式的补充，它最大的特征就是劳动者的雇佣和使用是分离的，实施派遣的工作岗位只能是临时性、辅助性或者替代性的岗位。

#### 1. 劳务派遣具备劳动力的雇佣和使用分离的特征

劳务派遣的最显著特征就是劳动力的雇佣和使用分离，不仅可以节省用工单位劳动力的使用和管理成本，更重要的是有利于用工单位灵活用工，并且可以减少劳动关系风险。

2. 劳务派遣具备临时性、辅助性的特征

劳务派遣和以往任何形式的劳动生产都不同，它是一种特殊的生产组织形式。随着市场需求日益复杂多变，用工单位仅靠自身现有的员工结构与配置难以迅速作出反应，而劳务派遣正好可以满足其临时性、辅助性的用工需求。

3. 劳务派遣具备可替代性的特征

用工单位的员工也可能由于自身因素暂时不能从事单位所指派的工作，而这种工作往往是可替代的。面对这种临时性的用工需求，用工单位从控制生产成本的角度出发，往往不会调整自身的劳动力资源结构，而是选择从劳动力市场临时雇佣所需人员。

## （五）劳务派遣核心价值

1. 降低成本，提高经营效益

劳务派遣一方面可大幅降低用工单位常规性人力资源管理的成本，另一方面可以帮助用工单位克服规模经济的弱点、优化成本，提高盈利能力。

2. 简化管理，专注核心业务发展

利用劳务派遣单位的专业化管理和配套服务，用工单位对劳动力只管使用和使用中的工作考核，剩下的一切管理工作，包括人员招聘、薪酬和社保事务处理、福利管理、档案管理以及劳动争议处理等，全部由劳务派遣单位负责。用工单位可从复杂、烦琐的事务性管理工作中解放出来，致力于战略性人力资源管理工作，专注于用工单位核心业务的发展，集中精力参与日益剧烈的市场竞争。

3. 减少劳动争议，化解人力资源管理风险

在我国相关法律法规和政策的指导下，用工单位与劳务派遣单位签订派遣服务协议，劳务派遣单位与派遣员工签订劳动合同。这样，可帮助用工单位根据市场情况适时调整员工规模，能在最大程度上规范用工形式，减少劳动争议，化解人力资源管理风险，给用工单位减轻了压力。同时，增强用工单位面对风险时的组织应变能力和人力资源管理的弹性。

4. 提高员工满意度，提升劳动效率

劳务派遣单位把派遣员工当成客户来对待，可提供招聘、体检、上岗培训、

居住证办理、职业教育、技能提升培训、薪酬福利发放、社会保险及商业保险办理、劳动关系管理、员工沟通与激励、员工心理健康、文体活动等一站式专业化服务，这有利于持续提升员工的满意度和积极性，从而有效提高劳动效率。

实施劳务派遣，用工单位可专注于核心竞争力提升。目前已有越来越多的用人单位正在使用或开始尝试这种新型的人力资源服务方式。

## 二、劳务派遣操作流程

劳务派遣由洽谈及签约、招聘管理、入职管理、劳动关系管理、绩效及薪酬管理等流程组成，如图 3—1 所示。

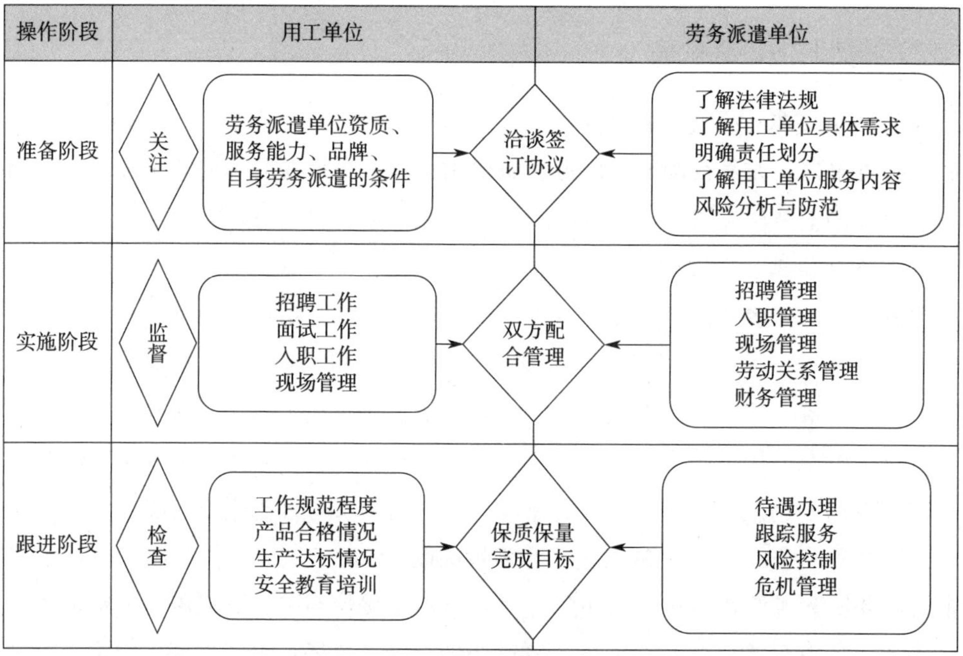


图 3—1　劳务派遣操作流程图

### （一）用工单位评估劳务派遣单位及可行性

#### 1. 了解劳务派遣单位的经营资质和承担风险的能力

用工单位在选择与劳派遣单位合作时，首先应了解该劳务派遣单位是否具有劳务派遣相应资质，以及法定代表人和总裁（总经理）的背景、公司诚信度、在行业的地位、品牌等。其次，应了解劳务派遣单位的服务能力。一是互联网信息技术服务能力。现在，网络信息技术已被广泛应用于企业与客户（供应商）之间、企业与员工之间的信息交流，用工单位应充分了解劳务派遣单位的网络信息技术服务能力，以便进行更充分的信息沟通与交流，节省更多交易费用和代理成本，更显著地提高效率。二是专业服务能力。这主要出自经济方面的考虑，在某一专业生产或服务领域内，只有当技术成熟或比较成熟，并形成一定规模，才可能使生产或服务成本有效降低，也只有当成本降低到用工单位可接受的范围内时，交易才可能形成。

2. 评估实行劳务派遣用工的条件是否成熟

企业实行劳务派遣用工，是一次人力资源管理的“变革”。一是从有形的角度来说，可能要涉及企业流程重组或者是组织结构的重建，以适应新的生产或管理模式；二是从无形的角度来说，涉及用工理念的变革，包括企业的宗旨、企业的文化、员工的行为准则等等；三是要判断使用劳务派遣用工，是否能提升企业核心竞争力。尤其在确定采用劳务派遣用工时，很重要的一点就是确定哪些岗位可以实施劳务派遣用工，哪些岗位不可以。企业要根据目前国家的法规政策规定，以及劳务派遣市场上的技术和代理成本，结合自身的生产经营情况包括财务状况，来判断是否采用劳务派遣。

## （二）用工单位进行“成本与业务发展收益”计算

用工单位采用劳务派遣用工的第一需求，也是最直接的需求，是降低成本，包括人力成本、管理成本和法律风险成本，而其中最直接、最突显的是人工成本；第二需求是提高劳动生产率；第三需求是提升核心竞争力；第四需求是增强企业对环境的应变能力。

因此，用工单位首先关注的是降低直接成本，尤其是人工成本。许多用工单位都会使用一种简单的计算方法：计算现有工作人员完成工作的成本（包括薪酬、福利等），再将此成本与该人员使用派遣方式的成本进行比较。

但是薪酬福利等成本只是整个成本收益计算的一个因素，还要考虑其他问题，包括使用派遣的员工完成工作的满意度、派遣员工的认同感、用工单位的现状，以及如何带来最高的回报率和最小的组织混乱等。

各个用工单位的实际情况不同，使用劳务派遣能给用工单位带来多大的成本优势以及成本收益差只能根据用工单位的实际情况加以计算。

用工单位在做决定时，应该考虑清楚以下几类问题。

第一，该劳务派遣单位能提供你的员工所习惯的那种水平的服务吗？所有的职能工作都会得到适当的处理吗？与员工的沟通会是令人满意的吗？该劳务派遣单位会同意雇佣你的员工、为他们提供福利、保证实现顺利过渡吗？会需要解聘一些员工吗？

第二，现有的人力资源工作人员了解企业的制度、程序和员工，但该劳务派遣单位会以同样的时间和精力去为员工提供良好的服务吗？

第三，由于不需要购置实施相应的人力资源管理职能所需的计算机硬件，并且不必做升级更新，确实会省钱。但是该劳务派遣单位具备你所需要和期望的技术水平吗？

第四，该劳务派遣单位会像你以及你的雇员那样用心地遵守法规政策吗？

第五，如果需要的话，该劳务派遣单位会配备语音应答系统吗？这种系统是适用的吗？你的员工会欢迎这种解决问题的方式吗？

### （三）用工单位对劳务派遣方案进行充分评估

一般来说，用工单位评估一个劳务派遣方案主要有以下两种方法。

**1. 成本比较法**

成本比较法，是比较实现各种方案的成本费用等，选择其最小值为最优方案的方法，包括投资差额法、成本差额法、经济价值系数法和年计算费用法等。

（1）投资差额法，即将所比较方案的投资额中共同的部分去掉，仅对有差异的部分进行比较的方法。

（2）成本差额法，即在进行不同方案的成本费用比较时，仅就成本费用中有差额的部分进行比较。

（3）经济价值系数法，是比较各方案经济价值系数的大小，选择最优方案的方法。这里，经济价值系数指的是新旧方案的成本变化率。计算公式如下：

$$Y=(C0-C)/C0$$

式中：$Y$——经济价值系数；

$C0$——原方案成本；

$C$——新方案成本。

显然，应选择经济价值系数大的方案，但是如果计算结果出现负值，则意味着新方案与原方案相比，没有增加经济价值，则新方案不可取。

（4）年计算费用法，是利用标准投资效果系数对投资进行换算，使它们能够与经常性费用相加，二者相加所得到的数值就是年计算费用。计算公式如下：

$$Z=C+EA\times I$$

式中：$Z$——年计算费用；

$C$——年产生成本；

$EA$——标准投资效果系数；

$I$——投资总额。

2. 优缺点列举法

这是一种通过列出并调查核实各方案的优缺点，最后以调查结果为选择方案依据的方法。列举优缺点时，会从各个角度对多方面因素加以考虑。把优点较多、缺点较少且影响不大，并最有现实可能性的方案作为选定方案。

## （四）劳务派遣单位提供服务

1. 洽谈及签约

劳务派遣单位根据用工单位提出的用工情况，包括所需岗位、人员的条件及数量、期限、工资标准、工作环境及劳动保护条件等，提供服务方案；用工单位与劳务派遣单位协商一致后，签订《劳务派遣协议书》，约定具体服务事项、服务内容、双方的权利及义务、派遣员工劳动保护等有关内容。

2. 招聘管理

（1）员工招聘。

用工单位使用劳务派遣可以自行招聘，也可以委托劳务派遣单位进行招聘。目前，由劳务派遣单位承担劳务派遣员工招聘，已成为用工单位选拔合格劳务员工和节省招聘成本的一项重要举措，同时为劳务派遣单位构建一支真正意义上的劳务派遣员工队伍提供了条件。用工单位首先根据工作实际需要，向劳务派遣单位明确所用劳务员工的标准和条件、用工时间、岗位职责和工资福利待遇。劳务派遣单位的招聘部门根据用工单位提供的各类人员任职要求，发布招聘广告，通过多个渠道选择招聘对象，经初步面试筛选后，将人员名单交用工单位。劳务派遣单位根据双方的约定，协商确定招聘的渠道、面试方式和甄选流程，展开外部招聘工作。同时，劳务派遣单位对其内部人才库进行搜索，寻找初步符合标准的候选人。然后用工单位与劳务派遣单位联合对预选的人员进行测试或面试，确定是否录用。符合用工单位需求的派遣人员确定后，由劳务派遣单位负责调档、背景调查及胜任能力测评、安排体检等工作，并与用工单位共同进行上岗前的培训。经培训达到要求后，由劳务派遣单位协助用工单位完成劳务派遣员工入职。

（2）员工接收。

面对不断变化的市场、法律环境，以及企业业务调整等导致的岗位变动等，用工单位可将原已招聘录用且还需要继续使用的员工，在符合相关法律规定的情况下，转移至劳务派遣单位，再由劳务派遣单位与这部分员工签订劳动合同，派遣至用工单位工作。

【应用实例】

## 广州某劳务派遣公司用工对接<br>情景模拟培训方案（节选）

### 一、培训背景

广州某劳务派遣公司与广州某通信公司签订了劳务派遣协议，服务类型为风险责任全包派遣，由广州某劳务派遣公司承担员工解除或终止劳动合同、工伤及生育等相关法律责任和风险。目前，需与广州某通信公司接洽落实相关服务细节，并组织召开员工见面会，做好入职管理工作。

### 二、培训素材

场景一：市场部人员与客服部人员接洽，需要针对《劳务派遣用工单位具体情况交接表》的情况作出确认，了解服务的基本要求以及市场部人员对用工单位的全部认知。

（角色分配情况：市场部人员若干名、客服部人员若干名）

场景二：客服部人员必须了解市场部人员在用工单位洽谈业务时未沟通的具体问题，如：企业与员工签订劳动合同和缴纳社保的情况、员工工作年限如何计算、工时制度、加班工资如何计算等，以避免日后发生争议。

（角色分配情况：市场部人员若干名、客服部人员若干名、客户企业相关人员若干名）

场景三：按照用工单位的要求，做好员工见面会的前期准备工作及制作员工接收方案。

（角色分配情况：客服部人员若干名、客户企业相关人员若干名）

场景四：除了召开员工见面会、签订劳动合同、解答员工疑问，还需要做哪些工作，由参与培训人员自由发挥。

（角色分配情况：客服部人员若干名、客户企业相关人员若干名、派遣员工若干名）

## 三、培训方式

先将培训的人员适当分成若干小组，每组人数控制在20人以内。由各小组派代表来抽取不同场景的模拟训练材料。由培训指导人员向全体人员宣读抽签结果及场次安排，介绍具体场景演练内容和要求。

根据实际情景模拟需要，各小组自主安排人员扮演场景中的各个角色，形成情景模拟工作研讨小组。各小组按场景的要求准备相关资料，必须按要求编写形成初步的文书，并融入场景中。

按抽签顺序安排各小组进行情景模拟演练，其他小组在旁观摩。其中，在主持人的安排下，演练过程中可安排现场人员自由提问。各组情景模拟培训演练完毕，由部门领导点评总结。

最后，于一个培训周期后，由培训组织部门总结本次的培训效果，形成书面报告。

## 四、情景模拟脚本

劳务派遣公司客服专员（以下简称客服专员）：李经理，您好，我是广州某劳务派遣公司客服部的 ××，以后由我们小组负责为您公司提供服务，希望我们日后合作愉快。

客户企业：我也很高兴认识您，合作愉快，也希望你们能为我们的劳动用工提供宝贵的意见。

客服专员：一定。通过这次拜访，我想大致了解一下这次转移给我们的员工，或新招聘员工工作地点和岗位的分布情况是怎样的？

客户企业：好的，目前我们公司的人员以广州总部为中心，辐射到全省各地，人员分布大致如下：……，具体的转移人员名单我们这边先整理一下，稍后提供给您。

客服专员：不知道贵司打算从什么时候开始这批人员的转移工作呢？

客户企业：我们预计在这两天完成转移人员名单的确认和整理工作，下周五之前由分公司的负责人与相关的员工做前期的沟通疏导工作，估计从 12 月 1 日起开始，争取在半个月内完成员工的转移工作，同时希望你们能在本周内将转移接收的方案给我们，不知你们是否能及时提供？

客服专员：方案提供是没有问题的，但我们还需要对一些情况进行了解。请问这些员工主要的岗位和工作时间是怎样的？

客户企业：这些员工都是各地的客服和后勤人员，实行标准工时制，轮班工作，每周根据排班情况安排休息两天。如果需要加班，我们需由员工向所在部门提交申请。获批后，将按照法律规定安排补休或计算加班费。

现在我们把这 1 000 人转移给你们，而且员工分布较散，你们打算怎样操作？集团的要求是在 12 月 15 日前就要全面完成员工的转移工作，你们如何能保证呢？

客服专员：虽然这次你们转移给我们的人员分布在各个地区，但我们在各地都设有分公司或子公司，广州地区以外的员工接收工作可由分公司或子公司的同事协助与广州同步进行。

客户企业：具体怎么操作呢？

客服专员：我们会在各地分别与转移人员召开员工见面会介绍我们公司，对社保政策等进行宣讲，以及在现场解答员工们对劳动用工方面的疑问并签订劳动合同。希望通过这样的方式达到使员工顺利转移的目的。当然我们也希望贵公司各地的领导能出席我们的员工见面会，使员工更清晰我们之间的三方关系。不知李经理对此是否认同？

客户企业：嗯，你们的想法很好，至于怎么配合，我还需要先看一下你们的接收方案。

客服专员：另外我还想了解一下在这批转移的名单中有否仍在“三期”（孕、产、哺乳）、医疗期或者是工伤医疗期内的员工？这些员工受劳动法律法规的保护，因此在“三期”或医疗期期满前暂不宜转移。

客户企业：对这个问题我们倒没有留意，到时候我让同事在整理名单时注意一下，谢谢您的提醒。

由于社保是分散在员工的工作地缴纳，但我们总部也需要清楚你们是否会按要求每月为员工正常缴纳社保，你们对此如何保证？

客服专员：李经理，这一点您可以放心。我们公司有先进的人力资源管理系统，每月会将各地社保局或地税局确认的社保台账数据导入到系统中，您只需登录到我们专门为贵司开设的账户，便能进行查询。

客户企业：不错，这样对于员工的社保管理就方便多了。

客服专员：是的。李经理我们下面来谈一下劳动合同的细节吧？

客户企业：好的。

……

客户企业：员工转移后，是否也存在签订两次固定期限劳动合同后，需要签订无固定期限劳动合同的情况？

客服专员：即使签订了无固定期限劳动合同，但如果符合相关的规定也是可以与员工解除或终止合同的，不会有太大的影响，且相关风险也是由我们公司来承担的。

客户企业：或者这个问题我们日后有时间再具体讨论吧！

客服专员：另外想了解一下，贵司对派遣员工的年休假有哪些规定？

客户企业：派遣员工按国家法律规定享受年休假，当符合条件时，我们会作出适当安排，或者直接向你们提出申请。

客服专员：员工在转移后是否需要转岗？若岗位发生调整，工资福利待遇是否改变？

客户企业：是否转为派遣员工不是我们进行转岗的依据，但在日常的用工过程中我们会根据工作需要对人员进行相应的调整，并实行易岗易薪。所以在劳动合同中我们也要对此进行约定。

客服专员：贵司对于我们的服务工作还有哪些要求呢？

客户企业：由于我们是知名企业，所以我们对企业的社会形象非常重视。希望你们对于员工的工伤及生育等工作能够及时处理。

客服专员：我们在日后的服务中会加倍注意的。但有的时候可能会出现突发的情况，也希望贵司能予以配合第一时间进行处理，若员工发生工伤第一时间送往医院进行治疗。

客户企业：这个你们可以放心，毕竟员工是在我们这里工作的，我们也会对其给予相应的保障。

客服专员：有李经理您的大力支持，我们就放心了。

客户企业：我们公司及员工的主要情况就是这样，他们都是具有大专以上学历的人员，法律意识比较强，所以这对你们的管理提出了更高的要求。

客服专员：好的，很感谢李经理对我们工作的支持！我们会抓紧时间完成员工接收方案，在本周五前提供给你们，到时候我们再就具体的问题进行沟通。

## 五、培训要点

该案例是风险责任全包劳务派遣，因此在与客户企业谈业务时，要重点了解客户过往的用工细节情况，如劳动合同签订情况、社会保险缴纳情况以及员工工作年限如何解决等一系列问题，避免日后发生争议。在员工见面会部分，重点应向员工做好三方关系的解释工作，并明确三方在劳务派遣过程中所充当的角色。另外由于本项目中接收的员工分散在不同地区，因此必须做好各分公司、子公司属地服务的协调、配合。要对此项工作做好周密的计划，形成一套可行的实施方案，并将其运用到员工接收工作中。

在员工见面会召开前，接收小组要对各地区的社会保险政策有所了解，并对员工普遍关心的问题做好准备，使员工见面会能顺利召开，并有效地对员工提出的问题予以解答。

### 3. 劳务派遣员工培训

培训是劳务派遣员工进入用工单位开展各项工作之前的重要准备工作，能为工作开展和员工职业发展打下良好的基础。劳务派遣单位对每位派遣员工应提供定期或不定期的上岗前或在岗的相关培训。开展上岗前培训，一是要使派遣员工在入职用工单位前就认同劳务派遣单位，在劳动合同期间要接受劳务派遣单位工作派遣；二是要使派遣员工掌握上岗的基本知识，更快适应新岗位。开展在岗技能提升培训，是为了使派遣员工在工作中不断提升素质，提高技能，达到用工单位要求。鉴于培训的重要性，劳务派遣单位应建立一整套派遣员工培训体系，内容包括培训原则、培训制度、培训内容、培训流程、培训考核标准、考证等。

（1）派遣员工培训形式为岗前集中培训、在岗分批培训。

（2）派遣员工培训内容如下。

岗前培训：劳务派遣单位及用工单位的规章制度、职业操守教育，思想品德、党工团章程教育，就业心态调整、职业发展规划指导，劳动法律法规等教育，工作态度及行为规范教育，生活、礼仪教育，防火、防盗、防毒等治安教育，商业保密责任教育，安全生产知识培训及考证，用工单位生产岗位技能、岗位理论知识培训（与用工单位联合）。

在岗培训：员工在岗操作再培训（与用工单位联合），员工安全生产再培训，员工岗位知识提升培训（由用工单位负责师资和教材），员工工作态度再教育、政治思想教育、党工团组织生活。

（3）派遣员工考证。派遣员工经培训后，统一参加劳务派遣单位上岗考试，考试合格后，发放证书，安排人员入职。

（4）派遣员工培训流程如图 3—2 所示。

劳务派遣单位还可按用工单位的要求，拟定员工培训服务期协议，与派遣员工签订协议。

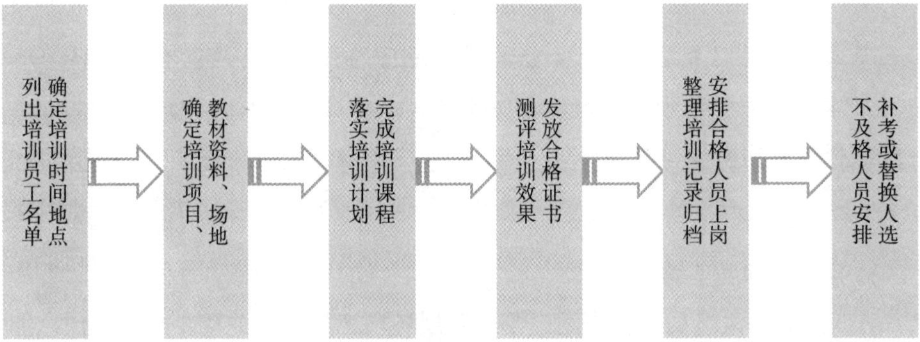


图 3—2　派遣员工培训流程

4. 劳务派遣员工劳动合同管理

劳动者与劳务派遣单位确立劳动关系，明确双方劳动权利和义务，签订劳动合同。

（1）劳动合同订立流程。

劳务派遣单位与员工签订劳动合同，一般按照如下流程，如图 3—3 所示。

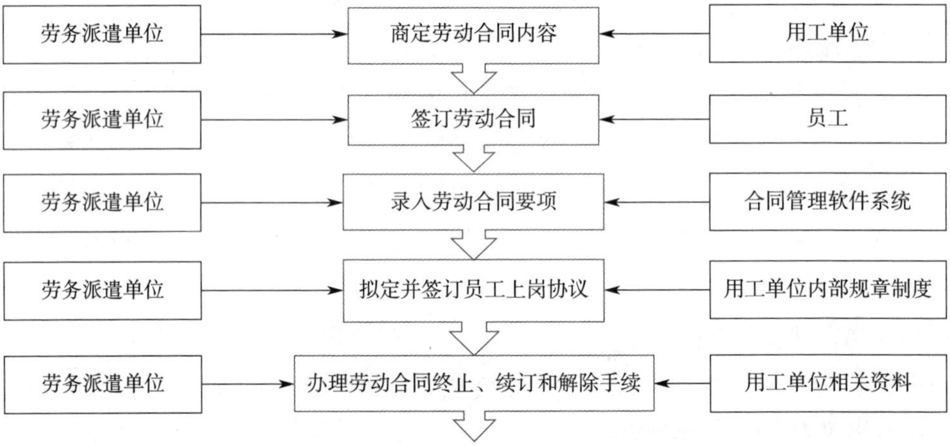


图 3—3　劳动合同签订管理操作流程图

经用工单位确认接收后，由劳务派遣单位直接与员工签订劳动合同。劳动合同期限、岗位职责、薪酬福利等内容要与劳务派遣协议一致，符合用工单位需求与实际情况。劳动合同的终止、续订和解除，均由劳务派遣单位依照用工单位的要求办理相关手续，减少用工单位事务性人力资源管理工作。

为方便用工单位了解员工的劳动合同管理情况，劳务派遣单位应建立完善的员工劳动合同管理软件系统，随时将相关信息提供给用工单位。

依据用工单位的内部规章制度，劳务派遣单位负责拟定员工上岗协议，并办理员工与用工单位签订该协议的手续，使用工单位、劳务派遣单位、员工三方权利义务得以确认。

（2）劳动合同订立原则。

劳动合同的订立需要遵循一定的原则。《劳动合同法》第三条规定：订立劳动合同，应当遵循合法、公平、平等自愿、协商一致、诚实信用的原则。

应当说，劳务派遣的方式更多的是企业的选择而不是劳动者的选择，因此，被派遣劳动者的权益极易受到侵犯，订立公平、合理、合法的劳动合同是保障派遣员工权益、规范劳务派遣行为的一个重要手段。

（3）订立劳动合同的主体条件。

劳动合同双方分别是劳务派遣单位和被派遣的劳动者。

《劳动合同法》规定，劳务派遣单位应当依照有关规定设立，注册资本不得少于人民币 200 万元。这样规定也是为了提高劳务派遣单位承担风险的能力，从而更好地保护劳动者的权益。

一般而言，劳动合同中的劳动者的条件主要包括劳动能力条件、年龄条件和意愿条件。

①劳动能力条件。劳动能力是指劳动者凭借自己的智力或体力完成某项工作的能力，各类劳动者的劳动能力差别很大，脑力劳动者与体力劳动者、男性劳动者与女性劳动者的劳动能力都是有区别的。订立劳动合同时，应根据工作内容，与有相应劳动能力的劳动者订立，这样才能保证劳动合同的履行。

②年龄条件。劳动者订立劳动合同必须达到一定的年龄。《劳动法》规定，禁止用人单位招用未满 16 周岁的未成年人，否则将承担相应的法律责任。但某些特殊的行业则不受此限制，该类特殊行业国家有明文规定。《劳动法》还规定，用人单位不得雇佣未满 18 周岁的劳动者从事过重、有毒、有害的劳动或危险作业。

③意愿条件。劳动者有从事劳动的意愿。

（4）劳动合同内容。

劳务派遣单位和被派遣劳动者订立的劳动合同，除了应该包含《劳动合同法》对一般劳动合同所规定的必要内容以外，还应当注明被派遣劳动者的用工单位以及派遣期限、工作岗位等情况。

（5）签订劳动合同的注意事项。

劳务派遣单位与被派遣劳动者在签订劳动合同时，还要注意劳动合同约定的劳动条件不得低于派遣服务协议约定的标准。

派遣员工劳动合同到期前，劳务派遣单位征询用工单位意见，用工单位决定继续使用的，则派遣单位与派遣员工继续签订劳动合同，否则可按法律规定终止合同。对于提前终止派遣服务协议的，按协议条款处理。

### 5. 劳务派遣员工试用

试用期是指用工单位对派遣员工的思想品德、工作态度、工作能力、身体情况等进行进一步考察的时间期限。在劳动合同中约定试用期，一方面可以维护用工单位的利益，给用工单位考察劳动者是否与录用要求相一致的时间，避免用工单位遭受不必要的损失；另一方面，可以维护劳动者的利益，使其有时间考察了解用工单位的工作内容、劳动条件、劳动报酬等。在劳动合同中约定试用期，既是订立劳动合同双方当事人的权利与义务，同时为劳动合同其他条款的履行提供了更多保障。

### 6. 劳务派遣员工日常管理

（1）入职管理。

派遣员工入职前，由劳务派遣单位培训专员联合用工单位，以座谈会的形式向员工介绍用工单位或劳务派遣单位情况、社保缴纳流程、薪酬福利、日常员工管理等详细的入职信息。

由劳务派遣单位客服专员协同用工单位人事专员办理派遣员工的入职手续，派发派遣员工劳动手册；并组织派遣员工进行工作职责、规章制度、安全教育、派遣管理规范及流程等培训，让派遣员工全面了解工作的相关情况。

（2）离职管理。

派遣员工如主动离职，需提前一个月向劳务派遣单位及用工单位提出离职申请。劳务派遣单位客服专员与离职员工进行面谈，督导其填写《离职员工回馈问卷表》，履行保密义务，进行工作移交。派遣员工完成个人工作交接与结清相关款项，由用工单位出具签字确认的离职批准书后，劳务派遣单位为派遣员工办理正式的离职手续。

员工被用工单位辞退，用工单位需提前通知劳务派遣单位，劳务派遣单位将视派遣员工是否有严重违反企业规章制度等可解除劳动合同的情形，对派遣员工进行辞退或再安置。

（3）奖惩管理。

劳务派遣单位对派遣员工实行奖惩分明的管理措施，以派遣员工具体的工作事实为依据，及时实行赏罚，并记录到个人档案。

派遣员工奖罚标准首先以用工单位制度为标准，在与用工单位制度不冲突的情况下，派遣员工将同时接受劳务派遣单位关于外派员工的奖惩管理规定。

（4）员工活动管理。

劳务派遣单位建有党工团组织的，派遣员工入职后填写《党、工、团履历表》，劳务派遣单位党工团组织应接收派遣员工的组织关系。劳务派遣单位党工团组织定期开展活动，如民主生活会、评先评优活动、劳动竞赛、特困户家访等，以丰富派遣员工文化生活，增强其对企业的归属感。

劳务派遣单位与用工单位每年可联合举办几次派遣员工文体活动，同时用工单位党工团组织在开展活动时，也可吸纳派遣员工参与活动，有关派遣员工参加活动的费用由劳务派遣单位与用工单位协商解决。

（5）再就业安置管理。

一是用工单位增减员时，按劳务派遣协议约定，提前通知劳务派遣单位办理。

二是派遣员工在派遣期内减员的，符合以下条件，可进行再安置：在用工单位工作期满的派遣员工，不适合现有工作岗位且不进行调岗的派遣员工。以下人员不再进行安置：主动解除劳动合同的派遣员工，按照劳动合同法相关规定被辞退的派遣员工。

三是派遣员工劳动合同期满，可自愿与劳务派遣单位续签劳动合同，继续被派到相关单位工作。

（6）档案及证明。

员工档案管理系统为每位派遣员工建立个人档案，可为派遣人员出具结婚、生育、升学等方面的证明和代办需由单位办理的各项证明文件。

**7. 劳动法规政策咨询及劳动争议处理服务**

劳务派遣单位可以为用工单位提供人力资源保障最新政策、法规等的咨询服务。当派遣员工与用工单位发生涉及劳动关系方面的争议时，用工单位应及时通知劳务派遣单位客服专员，劳务派遣单位劳动法专家赶赴用工单位，并协助用工单位的人力资源部门进行调解。调解不成，进入劳动争议仲裁程序时，劳务派遣单位也可为用工单位提供法律咨询服务。

8. 突发事故处理

当派遣员工在工作时间发生突发事故，劳务派遣单位客服专员将迅速逐级向有关部门汇报，同时由劳务派遣单位员工关系部、劳动法专家与用工单位共同处理。

（1）派遣员工工伤事故处理。

当派遣员工发生工伤事故或在非工作时间发生意外事故时，用工单位应及时处理并第一时间通知劳务派遣单位客服专员，劳务派遣单位客服专员将在第一时间到达现场，了解事态状况，安抚员工情绪，进行应急处理。如属工伤，通知社保专员申报，并接管办理派遣员工的治疗、护理、工伤认定、理赔等事宜，如图3—4所示。

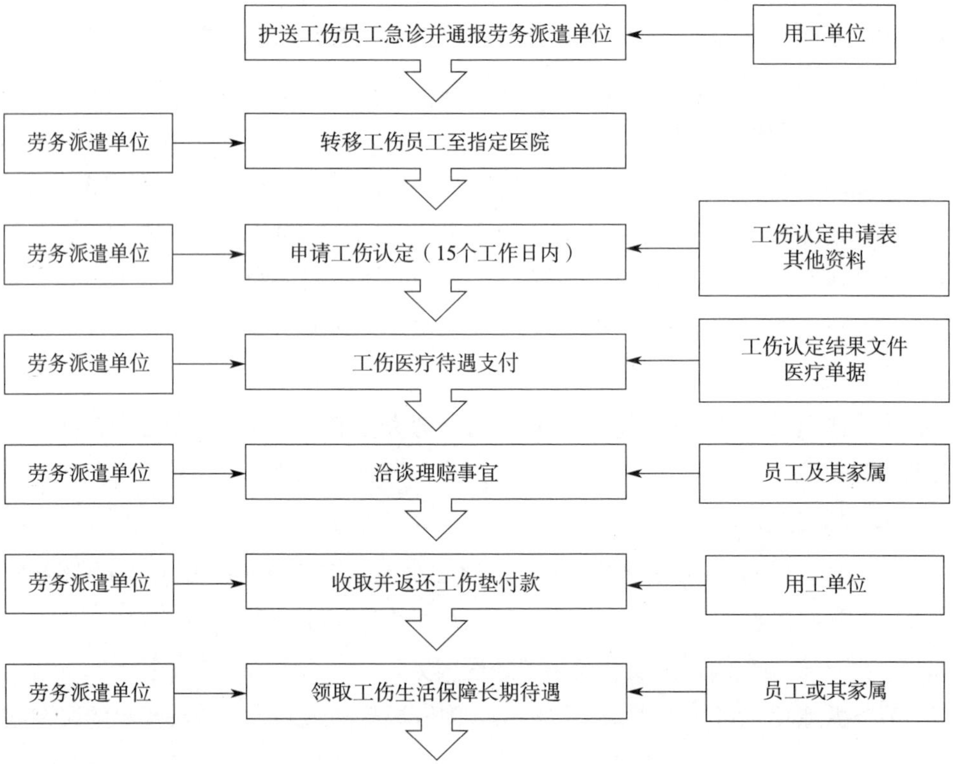


图3—4　工伤事故处理流程图

（2）商业保险（医疗、死亡）的购买及理赔事宜。

劳务派遣单位根据用工单位的需求，为员工购买商业保险，全面负责保险的申报、购买、索赔、协调工作。

### 9. 设置专职部门和驻场专员跟踪服务

劳务派遣单位与用工单位签订劳务派遣协议后，即由劳务派遣单位客户服务中心派出客服专员进行全程的跟踪服务。

为方便与用工单位联系和对派遣员工进行管理，如果派遣人数达到 200 人以上，劳务派遣单位可设置驻场专员提供现场管理服务。驻场专员每周至少在用工单位工作 3 天，按用工单位的流程对派遣员工进行管理，处理如签订劳动合同、制作员工花名册、动态管理人员、办理员工入离职手续、计发工资、日常员工咨询等具体事务，以使沟通更方便、服务更到位。

【应用实例】

## 广州某劳务派遣公司客服专员具体服务要求和时限

根据客户服务中心的工作流程与标准，结合不同阶段的特点，制定具体服务要求和时限如下。

### 1. 接收阶段

（1）劳务派遣协议签订 2 天内，客服专员必须与客户单位的相关主管见面，掌握客户单位相关主管、业务经办人的联系方式，便于有问题发生时能够及时沟通。

（2）召开员工见面会，客服专员须向客户单位有关管理人员和派遣员工通报公司及个人详细的联络方式。

（3）了解客户单位的性质、规模、用工特点等信息，据此建立客户单位的服务档案。

（4）客服专员应和客户单位的业务经办人员约定员工资料交接方式、业务沟通的内容和时间要求，约定和派遣员工见面的方式和每月的次数等。

2. 与派遣员工签订劳动合同阶段

（1）劳务派遣协议签订 1 周内，客服专员要上门与员工签订劳动合同，说明签订劳动合同的注意事项，并让派遣员工明确与公司的关系。

（2）除特殊情况外，客服专员应在半个月内办理完毕员工资料的接收、劳动合同的签订等事务。

（3）在客户单位同意的情况下，客服专员需要选取员工代表。

（4）牢记劳务派遣协议规定的时间（特别是缴纳社会保险的时间），提前 3 天把工资和社会保险确认单制好，然后进入运作流程。

3. 后续跟踪服务阶段

（1）客服专员必须掌握员工疾病住院、家庭发生重大变故的情况，并能去电慰问了解情况。如果确有员工请求协助解决相关问题，客服专员要立即向部门经理报告请示。

（2）客服专员须知道客户单位的员工生育情况，了解客户在员工生育问题上需要公司提供何种服务。

（3）遇到员工正常分娩，须通过电话或上门探访至少一次；员工违反计划生育政策，客服专员要会同客户全程参与处理，并将处理情况向部门经理报告。

（4）遇到员工发生工伤，客服专员要第一时间去医院慰问。要参与工伤事故调查，协助处理善后事宜，跟进工伤鉴定、搜集医疗账单等工作，积极办理理赔事宜。

（5）客户单位需要招聘人员时，客服专员应及时将信息通报招聘专员，并直接督促招聘专员按时按需完成招聘任务。

（6）客服专员必须按约定的时间向客户提交工资确认单、社会保险确认单。

（7）客服专员应每周一次电话询问客户单位增减员情况，并按工作流程书面通知内勤。

（8）客服专员必须按时追收服务费和其他费用。

（9）客服专员必须在社保缴纳完毕和工资发放完毕 48 小时内告知客户

主管情况或者存在的问题。

（10）确保员工工资的及时发放，若出现客户单位款项不能及时到位的情况，客服专员要立即了解原因，商讨解决办法。需要公司解决的问题立即向经理报告，并将意见转告客户单位。

（11）客服专员有责任了解用工单位在人员管理、劳动争议、社会保险、员工培训等方面的困难，主动提出解决办法。

### 10. 生育保险待遇办理

派遣员工按相关法律规定享受孕期、产期、哺乳期待遇，一些地区外地户口派遣员工未办理生育保险的，其产假期间的工资、福利由劳务派遣单位依法支付。已办理生育保险的，由劳务派遣单位办理相关申报手续，并返还之前由用工单位垫付的费用。

【应用实例】

## 广州某劳务派遣公司生育保险待遇办理流程情景模拟培训方案（节选）

### 一、培训目的与要求

1. 掌握生育保险待遇办理流程。
2. 熟悉有关生育保险的政策及法律规定。
3. 懂得应对生育保险待遇的申领办理要求。
4. 懂得常见涉及员工生育保险相关问题的解答与处理。

### 二、培训方式[①]（略）

① 参考 114 页【应用实例】广州某劳务派遣公司用工对接情景模拟培训方案（节选）。

## 三、培训素材

广州某劳务派遣公司派驻到A公司工作的员工曾某，女，35岁，2008年11月入职，公司自入职当月起为其缴纳各项社保，现任职食品包装工，广州本地城镇户口。曾某于2010年1月5日致电劳务派遣公司客服专员，告知已怀孕3个月，预产期在2010年的6月30日。

场景一：解答员工关于生育保险待遇办理的相关疑问，并收集相关资料办理定点医院手续。

（角色分配情况：外派员工1人，客服专员1人，社保专员1人）

场景二：对于员工提出其为高龄产妇且妊娠反应强烈，要求提前休产假等问题的处理。

（角色分配情况：外派员工1人，客服专员1人，客户企业负责人1人）

场景三：员工自2010年5月25日起，在未办理任何请假手续的情况下，没有返回单位上班。客户企业及劳务派遣公司致电询问时，员工均表示因临盆在即，身体不适，需留在家中安胎，不宜上班，并强烈要求提前休产假。面对上述情况，我们应当如何处理？

（角色分配情况：外派员工1人，员工家属若干，客服专员若干，客户企业负责人1人，其他相关人员自定）

场景四：请按流程标准要求，对员工产后相关事宜进行处理。

（角色分配情况：外派员工1人，客服专员1人，客户企业负责人1人，社保专员1人）

## 四、情景模拟脚本

### 1. 场景一

劳务派遣公司客服专员（以下简称客服专员）：曾小姐，由于你现在怀孕3个多月，按规定到怀孕满16周就要办理定点医院，因此你必须提交一些资料。包括：《计划生育服务证》（原件）、《广州市孕产妇保健系统管理手册》原件或医院诊断怀孕周数及预产期证明的原件、小一寸近期照片1张、《生育保险选择定点医院申请表》。经过审核以后，生育保险经办机构就会开具一个《广州市企业职工生育保险就医确认凭证》，那么你就可以在定点医院就医了。

员工：好的，我会提交以上资料。不过我有些问题想咨询。

客服专员：好的，请问。

员工：我什么时候可以休孕妇假？是不是有个保胎假？

客服专员：在正常情况下，女职工生育按有关规定享受下列产假：正常产假 98 天（含产前假 15 天）；难产的，增加 15 天。关于保胎假，广州目前没有相关的规定，不过你确实需要休息的话，在医生的建议下，经 A 公司和我司共同审批，可以适当请病假。

员工：不是说哺乳假有一年吗？

客服专员：哺乳假是指你的小孩出生不满 1 周岁，单位安排每天两次、每次 30 分钟的哺乳（含人工喂养）时间。要是多胞胎生育的，每多哺乳一个婴儿，每次哺乳时间增加 30 分钟。这两次哺乳时间可以合并使用。也就是说，从你产后上班后开始计算，大概还有 7 个多月的哺乳假。

员工：原来是这样，那么报销又如何办理？听说产假期间的工资会降低？

客服专员：你办理了定点医院后，当你需要住院生产或者门诊检查的时候，带着《就医确认凭证》以及身份证件，医院就会帮你记账，后续进行报销。而产假期间的工资待遇按照生育保险相关规定计算，一般情况下是不低于生产前的工资待遇的。以后有任何问题都可以打我们的办公电话进行咨询。

员工：好的，谢谢！

客服专员将相关资料提交给社保专员，并要求其尽快前往生育保险经办机构办理相关手续。

**2. 场景二**

客户企业：曾小姐，这位是劳务派遣公司的王专员。这个月你都请了病假，因此我们代表公司来看望一下你。

客服专员：曾小姐，你好！听说你最近都没有上班，身体不舒服，没有什么事吧?

员工：其实我也想上班，现在请病假，拿的是病假工资，我也想收入高一些。但是我已经 35 岁，才生第一胎，怀孕 5 个月了，妊娠反应还没有好转，我是怕有个什么万一，这样我怎么能安心工作?

客服专员：你的情况我们也理解。医生开出的医嘱我们可以看一下吗？医生开具的是建议休息，但是公司同样都有相关的制度，现在你已经休息了三个月了，公司一直十分体谅你。我们看到你现在的状况很好，要不回来公司上班吧，可能跟同事多沟通交流，压力也没有那么大。

客户企业：对啊，其实除了你，我们公司还有几位正在怀孕的女职工，她们都在岗位上工作，大家可以多交流。当然，公司是不会强制你的，要是你真的不舒服，也是可以请假的。

员工：我也想回，但是我就是怕在上班的途中会太辛苦。

客户企业：这样吧，我们对你的排班表进行调整，尽量错开上下班高峰期，早上你也可以请你的先生陪你走一段路。要是没有太大问题，今天是星期三，从下个星期一就开始重新上班，可以吗?

员工：那好吧，我尝试一下。

客服专员：那这几天你就好好地休息，调整一下身体和心理，要对自己有信心。我们也不打扰你休息了，再见!

**3. 场景三**

客户企业：王专员，上次我们去探望的要求复工的那位孕妇，从 5 月 25 日起就没有上班了。她现在是属于三期，不能解除劳动合同，我们真的非常困扰，应该怎么样处理?

客服专员：上次那名女职工的复工情况怎么样？5 月 25 日前，她有没有向管理人员提出请假的要求?

客户企业：那名女职工回来后还是能够正常地上下班的，中间也有请假，一个月三四次吧。25 日之前，她是有提出过想提早休产前假。但是公司考虑到对其他女职工的不良影响，所以未批准。25 日后，她就没有来上班了。

客服专员：其实员工没有经过请假手续离岗是旷工，在公司办理完催促上班通知手续后，到了一定的天数可以以严重违反企业规章制度为由解除劳动合同。但是员工临盆在即，这个日期距离她的产前休假还有一两周，这样解除合同，员工就不能享受生育待遇了。不如这样，由我们跟员工先进行沟通，向她分析问题的严重性，劝其回岗。要是她真的是不舒服，或者有流产迹象等，我们就要求其请事假吧，这样的操作方法，请问贵司这边的意见是什么？

客户企业：这名员工的情况比较特殊，是高龄产妇。我们公司对于这件事的处理是相当宽松的，到现在员工的病假都有 4 个多月了。你说得对，她现在都快生了，我们也不想做出不近人情的处理，要是她能请事假，那就让她补充好手续吧。

客服专员：好的，我们今天就约见一下那位员工吧。

（约见员工）

客服专员：你好，曾小姐。前几天我们都通过电话，了解了你的情况。

员工：不好意思，我这个情况太特殊了，其他人都没有我这么辛苦的。上下班经常担惊受怕，我实在不敢再上班，但是又怕公司不再批假。

客服专员：我们十分体谅你的情况，这样吧，根据你在本单位工作年限，你的病假有 3 个月。到目前为止，公司已经给了 4 个多月的病假，希望你也能体谅公司，要是其他怀孕的员工都像你这样，人人都觉得怀孕可以不上班，反正公司允许请病假，造成的影响就不太好了。其实，你这样没有经过公司批准休假擅自离岗的行为，按规定是可以正式通知你上班，你再不上班就作旷工行为处理的，这是严重违法规章制度的行为，可以与你解除劳动合同，到时社会保险缴纳也会停止。你将不能享受生育保险的待遇，这个后果会很严重，你也跟你的家人商量一下，或者你自己也要好好地考虑。

员工：公司不批假，我可以接受。但我一定要生完才回去，现在上班真的没有办法。工资那里，我也可以不要，请你们帮我一下。

客服专员：那么你考虑一下向公司申请事假吧。公司会继续为你缴纳社会保险，个人部分先由公司垫付，产后再向你补收该部分。你考虑考虑，要是没有问题，就提交事假申请吧。

员工：现在只有这个办法了。我是真的很想要这份工作的。

**4. 场景四**

客服专员：你好，曾小姐，恭喜你喜得贵子，身体恢复得好吗？按规定，公司要为你进行生育待遇的申领。现在想跟你确认一下需准备的资料：《就业失业手册》《生育服务证》《出生证》。你是剖宫产的，还需要提供医院开具的疾病诊断证明书。

员工：好的，我已经准备好了。请问一下，我可以享受什么待遇？

客服专员：你可以享受生育津贴、一次性分娩营养补助费。办理报销的手续后，社保基金会把这些费用划入我们的社保账户，我们就会通知你的。

## 五、培训要点

该案例的重点主要放在“三期”员工的考勤及日常劳动关系管理上，尤其是员工因妊娠反应较剧烈缺勤后的处理是该案例的关键。在此案例中，除了应按相应的法律规定进行办理外，也要提及“人性化”的管理。但是在休假的问题上，企业仍然要注意证据的收集工作，尤其在员工连续多天没有上班，且没有办理任何请假手续的情况下，还是应当发出催上班通知，通知员工返回单位上班或办理相应的请假手续。

在案例中，要提醒培训人员注意以下三个重点。

一是“三期”（孕期、产期、哺乳期）人员是劳动合同管理过程中的一个特殊群体，因此对相关事宜（尤其是劳动关系）的处理应加倍谨慎。

二是注意对生育保险待遇申领流程中时限的把握，避免出现因超过办理时限而导致员工不能正常享受生育保险待遇的情况。

三是要对生育假期及生育待遇、女职工劳动保护等规定有所认识，并能合理运用。

六、思考题

以上案例中，假如员工旷工行为严重，客户企业亦不允许该名员工请事假，并要求劳务派遣公司立即做出处理，应当如何应对?

## 三、劳务派遣风险控制及危机管理

从风险角度看，劳务派遣服务存在的价值即是对用工单位人力资源管理风险的转移与承接，这里的风险不仅包括了劳动关系管理带来的法律风险，更包括了人才使用与管理的成本费用等经济风险。因此，劳务派遣单位的竞争力在于对经济及法律等风险的化解能力。

### （一）劳务派遣用工风险

1. 法律风险

（1）经济补偿金。

（2）因工伤亡待遇。

（3）双倍工资——额外赔偿（未签合同、未休年休假、加班工资、代通知金）。

（4）社会保险的滞纳金。

（5）医疗期与病假待遇。

（6）女职工产假与生育费用。

2. 社会风险

（1）员工投诉、举报和发生群体事件的风险。

（2）社会危机事件，如形象、信誉危机。

3. 合规风险

劳动监察、社保稽查部门的检查。

### （二）业务流程中的风险与防范

根据劳务派遣服务的过程，本书将提供劳务派遣服务的业务分成三个阶段：服务协议签订前、服务协议执行中、服务协议终止后。总体看，劳务派遣单位提供劳务派遣服务的运营风险伴随着服务的始终（见图 3—5），需要有相应的防范对策。

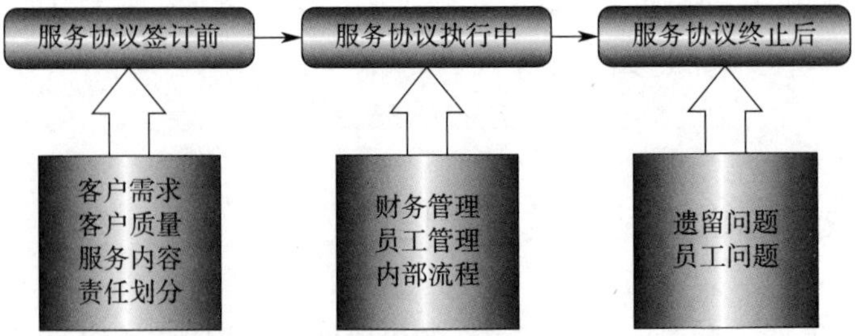


图 3—5　劳务派遣服务业务流程潜在风险

1. 服务协议签订前

（1）潜在风险。

此时，劳务派遣单位尚处在与用工单位前期洽谈、明确客户需求后签署派遣服务协议的阶段，派遣服务的潜在风险主要来源于以下四个方面。第一，用工单位本身的财务抗风险能力、法律意识以及人才使用理念等。第二，劳务派遣单位自身服务能力与用工单位需求是否匹配。第三，双方能否就遵守法律法规达成共识，在协议中对派遣服务全流程明确双方权利义务。第四，客户质量不高造成的持续运营风险、协议约定不完善造成的法律争议风险等。可以说签约前的风险是造成劳务派遣服务运营管理风险的源头，也是风险管控龙头。

（2）防范措施。

①细化客户需求。用工单位的需求是劳务派遣单位提供劳务派遣服务、开展业务活动的前提，对需求的细致分析是派遣服务质量及经济效益的保证。需求分析是指对用工单位派遣需求的范围、特征、数量、期限等进行详细确认，其中，受业务特征的影响，分析重点在于对需求合法性的考察上。比如根据法律规定，劳务派遣用工只能在临时性、辅助性或替代性岗位上实施。因此对用工单位其他方面的用工需求，需要深度分析这一需求是否符合相关法律规定。

②全面评估用工单位资质。劳务派遣单位还需要对用工单位的其他经济特征进行评估，以确定用工单位的“客户质量”，从而为后续的服务执行提供保证。评估的内容主要包括两个方面。

一是支付能力。在劳务派遣服务中，涉及大量资金往来，如果没有良好的支付能力，劳务派遣服务的正常运营将会受到影响，派遣员工的利益也无法得到保护，劳动争议等法律风险将不断滋生。

二是管理特质。每个企业都有自己的运营管理特质，比如是注重合法性的稳健型，还是偏好风险性的投机型，是奉行“员工是上帝”的员工型，还是追求市场认可的顾客型等。企业运营管理特质是企业内部管理一贯行为做法的体现，必将影响派遣服务过程中其与劳务派遣单位之间的合作。从风险防范角度看，在劳动关系管理方面存有很多争议与问题的企业，例如从不依法支付员工加班费，其未来发生劳动争议、做出违法行为的可能性非常大。

③规范劳务派遣协议。劳务派遣协议是明确劳务派遣责权利的法律依据。《劳动合同法》第五十九条明确规定，劳务派遣单位派遣劳动者应当与接受以劳务派遣形式用工的单位订立劳务派遣协议。劳务派遣协议应当约定派遣岗位和人员数量、派遣期限、劳动报酬和社会保险费的数额与支付方式以及违反协议的责任等。这些约定不仅能指导派遣服务的执行，还将为服务过程中发生的问题提供解决的依据。劳务派遣单位与用工单位双方还应就劳务派遣服务的终止条件、终止后的遗留问题解决方式及责任划分进行约定，避免在劳务派遣服务结束后，因遗留问题造成派遣员工群体争议风险；还应对款项的支付方式予以明确，为劳务派遣单位的运营管理提供资金屏障。

### 2. 服务协议执行中

（1）潜在风险。

服务协议签订后，劳务派遣服务开始执行，这一过程中的风险主要潜伏在派遣员工管理、内部执行流程、财务管理等方面。

①派遣员工管理。派遣服务实际是将用工单位人力资源管理的一部分职能外包，因此所有外包职能中涉及的相关法律法规要求和管理要求也就转移到了劳务派遣单位，包括员工的招聘选拔、入职管理、日常管理及突发事件管理三部分，各个环节均存在潜在的法律风险及经济风险。劳务派遣单位应着重防范内部人员操作不规范或失误导致的法律风险，以及用工单位违反流程约定导致劳务派遣单位被动违法违规的风险。

员工的招聘选拔包括招聘渠道与招聘资源的建设、招聘信息的发布、简历的筛选、人员的初步面试推荐、确定人选等过程，其中蕴含的风险主要是在配置过程中，因员工基本素质能力与企业需求不匹配导致的效率损失以及带来的经济成本风险。

入职管理包含了岗前培训、准备用工单位所需材料、签订劳动合同等一系列过程。其中的风险主要存在于劳动合同签订是否及时、派遣员工基本材料搜集是否全面真实、入职前规章制度等内容的告知是否有效等方面。

派遣员工入职后，日常管理成为派遣服务的重点内容。日常管理是劳务派遣单位与派遣员工、用工单位关联最紧密的环节，法律风险较为突出，重点强调的是劳务派遣单位与用工单位在员工考勤、工资发放、绩效考核、违纪行为处理等环节中对流程的严格遵守，以及对突发事件的处理能力。流程的破坏往往导致责任的推诿和争议的发生。

②内部执行流程。为了实现规模化效应，劳务派遣单位必须建立高效的内部操作流程体系。劳务派遣单位的内部流程设计是决定服务效率的关键，是决定劳务派遣单位人均劳动产出比率的重要因素，决定着其行业扩展及规模化发展的能力。劳务派遣单位开展派遣业务需要沟通的关系包括外部的人力资源社会保障部门、税务部门等政府职能部门，同时还要协调用工单位、派遣员工以及内部的上下游部门，管理的复杂程度决定了内部流程设计的难度。

③财务管理。按照派遣协议的约定，派遣员工的工资、福利、社保、公积金以及服务费等均由用工单位给付，对于管理着几万乃至几十万派遣员工的劳务派遣单位来说，各项资金的安全性、准确性和给付的及时性等均可成为财务管理中的风险因素，其中首先防范的就是现金流回笼率低和资金垫付的风险。因此，劳务派遣单位的财务管理存在较大的运营风险，充足的流动资金是确保安全、持续经营的前提。

④商业秘密风险。劳务派遣的出现，在给企业带来显性和潜在收益的同时，也对企业的日常管理提出巨大挑战。由于人是整个生产要素中最活跃的一种因素，因此很多企业都把培养核心竞争力定位于人身上，并在实践工作中，采取不同的激励和约束机制，通过培养员工对企业的认同感，来激发员工的潜能。而在劳务派遣模式下，用人一般都是短期的，在这种情况下，如何重新构建人才在企业核心竞争力培育中的作用是一个很重要的问题。而且这些派遣员工具有很强的流动性，如何防范这些员工流动带来的竞争风险和商业秘密风险，如何使派遣员工完成本职工作而又不侵犯本单位知识产权和经济利益也是一个很现实的问题。

（2）防范措施。

①拓展人才获取渠道，提高招聘配置效率。劳务派遣单位要建立畅通、稳定的专业人力资源供应渠道和基地，及时、有效地满足用工单位的派遣需求，从而降低经营风险。

②完善派遣员工培训体系。对派遣员工的岗前培训是关系派遣服务质量的关键一环。有针对性的职业培训，能帮助员工快速上岗，迅速满足用工单位的劳动力需求，提高派遣服务的质量。此外，劳务派遣单位还要加强对派遣员工归属感、文化认同感的培养，如对其日常生活给予帮助、关照，举办生日会，协助解决居住、交通等问题，提供技能发展培训、派遣企业的文化认可培训等。建立派遣单位与派遣员工间、派遣员工与用工单位之间的良好关系，营造和谐的劳动环境，减少劳动争议隐患。

③培养专业人员，优化内部流程，建立信息管理平台。劳务派遣单位降低内部管理流程风险的关键，在于任用具有专业处理能力的员工，同时完善内部流程。在职能的划分上，根据自身人员、机构和服务的客户行业类型进行分析，对于多行业派遣的派遣单位来说，可以采用“行业 + 职能”式的矩阵式结构，分配部门职责，配备专业人员，保证招聘培训、劳动关系管理、员工日常管理等环节的高效衔接。同时，在现代企业管理中，科学信息技术的应用能提高系统化管理的效率，人力资源数据信息管理平台是劳务派遣单位的必备工具。

④稳健开展资本运营管理。劳务派遣单位的财务管理应以资金管理为中心，建立监督约束机制，实行财务预算控制制度，有步骤地使财务管理从目前的被动应付转变为超前控制，使一切经济活动都围绕财务目标的实现而展开。同时，财务部门应增强对资金运营的调控能力，采取有效的制约手段，健全内部责任制，细化核算目标，对应收欠款及时进行催收，保证运营的稳定。

⑤完善信息沟通机制。劳务派遣单位要搭建包含派遣员工、用工单位、劳务派遣单位三方的信息沟通平台，实现“一手托两家”的机制，密切与用工单位的信息交换，即时把握用工单位的经营变化和管理变革；同时，建立派遣员工访谈机制，化解小矛盾，为解决较复杂的矛盾和争议搜集证据和解决方法，妥善化解矛盾。

⑥签订商业秘密保护协议。派遣单位与用工单位之间应进行充分的沟通，做好防范工作。派遣单位应该做好派遣员工的教育思想工作，用工单位也可以与派

遣员工另外签订商业秘密保护协议，或由派遣单位与派遣员工在劳动合同中进行约定。

3. 服务协议终止后

服务协议终止造成的风险主要是服务终止造成的合同期员工的劳动关系解除问题及经济补偿和法律责任，此时极易发生群体性争议，或因操作不当可能导致用工单位将责任转移到派遣单位等。要规避此类风险，劳务派遣单位应该在与用工单位的服务协议中事先约定清楚。

4. 风险产生后的处理程序

主要包括以下几点：劳务派遣单位分析风险产生的原因，从本质上剖析问题；与用工单位进行积极协调；与员工进行积极协调；确定最优的处理方案；两手准备，做好风险转化为危机的预防。

## （三）突发事件危机管理

1. 危机管理相关概念

（1）危机事件定义。

危机事件指任何可能危及组织及社会的最高目标和基本利益、管理者无法预料但又必须在极短时间内紧急回应和处理的突发性事件。

（2）危机事件一般特征。

破坏性——对组织或社会的生存和发展构成威胁。突发性、不确定性——出乎决策者意料之外。紧迫性——应对和处理行为具有很强的时间限制。公众性——影响公众的利益，舆论高度关注。

（3）危机管理定义。

危机管理就是组织及社会为应对各种危机情境所进行的规划决策、动态调整、化解处理及人员培训等活动过程，其目的在于消除或降低危机所带来的威胁和损失。通常可将危机管理分为两大部分：危机爆发前的预测、预防管理和危机爆发后的应急善后管理。

危机管理是一个动态的过程，包括了危机前的预警管理、危机中的应急处置以及危机后的善后处理，是全方位、全过程的管理行为。危机管理的任务包括：处理事故、控制事态、协调关系、重塑形象。

2. 企业危机管理基本原则

（1）制度化原则。

危机发生的具体时间、实际规模、具体态势和影响深度，是难以完全预测的。这种突发事件往往在很短时间内对企业或品牌会产生恶劣影响。因此，企业内部应该有危机管理和灾难恢复方面的业务流程和组织机构。这些机制在业务正常时不起作用，但是危机发生时会及时启动并有效运转，对危机的处理发挥重要作用。国际上一些大公司在危机发生时往往能够应付自如，关键之一是制度化的危机处理机制，在发生危机时可以快速启动，井然有序地开展工作。因此，企业应建立危机管理制度、组织管理机制和培训制度，逐步提高对危机的快速反应能力。

（2）诚信形象原则。

企业的诚信形象是企业的生命线。危机的发生必然会给企业诚信形象带来损失，甚至危及企业的生存。矫正形象、塑造形象是企业危机管理的基本思路。在危机管理的全过程中，企业要努力减少对企业诚信形象的影响，争取公众的谅解和信任。

（3）信息应用原则。

在信息时代，企业只有持续获得准确、及时、新鲜的信息资料，才能保证自己的生存和发展。在危机处理时，信息系统有助于诊断危机原因、及时汇总和传达相关信息，并有助于企业各部门统一口径，协调工作，及时采取补救的措施。

（4）预防原则。

防患于未然永远是危机管理最基本和最重要的要求。危机管理的重点应放在危机发生前的预防上，预防与控制是成本最低、最有效的方法。为此，建立一套规范、全面的危机管理预警系统是必要的。现实中，危机的发生具有多种前兆，几乎所有的危机都是可以通过预防来化解的。

（5）企业领导重视与参与原则。

企业高层的直接参与和领导是有效解决危机的重要措施。

（6）快速反应原则。

危机的解决，速度是关键。危机降临时，企业应当冷静下来，采取有效的措施，隔离危机，并在第一时间查出原因，找准危机的根源，以迅速消除公众的疑虑。同时，企业必须以最快的速度启动危机应变计划，并立刻制定相应的对策。

（7）创新性原则。

危机处理既要充分借鉴成功的处理经验，也要根据危机的实际情况，借助新技术、新信息和新思维，进行大胆创新。企业危机具有意外性、破坏性、紧迫性的特点，更需要企业采取超常规的手段处理危机。

（8）沟通原则。

沟通是危机管理的中心内容。与员工、媒体、相关企业和机构、股东、政府部门等利益相关者的沟通是企业不可或缺的工作。沟通对危机带来的负面影响有最好的化解作用。

### 3. 企业危机管理的对策

对企业危机实践进行总结，不难发现危机管理对策主要包括如下几个方面。

（1）做好危机预防工作。

危机产生的原因是多种多样的，不排除偶然的原因，多数危机的产生有一个变化的过程。如果企业管理人员有敏锐的洞察力，根据日常收集到的各方面信息，能够及时采取有效的防范措施，完全可以避免危机的发生或使危机造成的损害和影响尽可能减到最小。

一是树立强烈的危机意识。企业应该树立危机观念，营造危机氛围，使企业的员工面对激烈的市场竞争，充满危机感，将危机的预防作为日常工作的组成部分。首先，对员工进行危机管理教育，使员工认识到危机的预防有赖于全体员工的共同努力。在企业生产经营中，时刻把与公众的沟通放在首位，与社会各界保持良好的关系，消除危机隐患。其次，开展危机管理培训。危机管理培训的目的与危机管理教育不同，它不仅在于进一步强化员工的危机意识，更重要的是让员工掌握危机管理知识，提高危机处理技能和面对危机的心理素质，从而提高整个企业的危机管理水平。

二是建立危机预警系统。预防危机必须建立高度灵敏、准确的预警系统。信息监测是预警的核心，随时搜集各方面的信息，及时加以分析和处理，把隐患消灭在萌芽状态。预防危机需要重点做好以下信息的收集与监测：随时收集公众对产品、服务的反馈信息，对可能引起危机的各种因素和表现进行严密的监测；掌握行业信息，研究和调整企业的发展战略和经营方针；研究竞争对手的现状，进行实力对比，做到知己知彼；对监测到的信息进行鉴别、分类和分析，对未来可能发生的危机类型及其危害程度做出预测，并在必要时发出危机警报。

三是建立危机管理机构。这是企业危机管理有效进行的组织保证，这不仅是处理危机时必不可少的组织环节，而且在日常危机管理中也是非常重要的。危机发生之前，企业建立起危机管理机构，制定危机处理工作程序，明确主管领导和成员职责。危机管理机构的具体组织形式，可以是独立的专职机构，也可以是一个跨部门的管理小组，还可以在企业战略管理部门设置专职人员。企业可以根据自身的规模以及可能发生的危机的性质和概率灵活决定。

四是制定危机管理计划。企业应该根据可能发生的不同类型的危机制订一整套危机管理计划，明确怎样防止危机爆发、一旦危机爆发如何迅速反应等。事先拟定的危机管理计划应该囊括企业多方面的应急预案，要重点体现对危机传播途径的预计和解决办法。

（2）进行危机确认。

危机管理人员要善于捕捉危机发生前的信息，在出现危机征兆时，尽快确认危机的类型，为有效地控制危机做好前期工作。

（3）危机处理。

一是有效地实施危机控制。危机发生后，危机管理机构快速调查事件原因，尽可能把真实的、完整的情况公布于众，各部门保证信息的一致性，避免公众的各种无端猜疑。配合有关调查小组的调查，并做好应对有关部门和媒体的解释工作以及事故善后处理工作。速度是危机控制阶段的关键，决策要快速，行动要果断，力度要到位。

二是迅速拿出解决方案。企业以最快的速度启动危机处理计划。每次危机各不相同，应该针对具体问题，随时修正危机处理对策。主动、真诚、快速反应、公众利益至上是企业面对危机最好的策略。企业应该掌握宣传报道的主动权，召开新闻发布会，向公众告知危机发生的具体情况、企业解决问题的措施等内容，发布的信息应该具体、准确，随时接受媒体和有关公众的询问。还可以利用权威机构对解决危机的作用，处理危机时，最好邀请权威人士辅助调查，以赢取公众的信任，这往往对企业危机的处理能够起到决定性的作用。

（4）危机的善后工作。

危机的善后工作主要是消除危机遗留问题和影响。危机发生后，企业形象受到了影响，公众对企业会非常敏感，要靠一系列危机善后工作来挽回。

一是进行危机总结、评估。对危机管理工作进行全面的评价，包括预警系统的组织和工作程序、危机处理计划、危机决策等各方面，要详尽地列出危机管理工作中存在的各种问题。

二是对问题进行整改。多数危机的爆发与企业管理不善有关，通过总结评估提出改正措施，责成有关部门逐项落实，完善危机管理。

三是寻找机会。危机给企业制造了另外一种环境，企业管理者要善于利用危机探索经营的新路子，进行重大改革。这样危机可能会给企业带来转机。

总之，危机并不等同于企业失败，危机之中往往孕育着新的机会。危机管理是一门艺术，是企业发展战略中的一项长期规划。企业在不断谋求技术、市场、管理和组织制度等一系列创新的同时，应将危机管理创新放到重要的位置上。一个企业在危机管理上的成败显示出其整体素质和综合实力。

### （四）应急预案制定与实施

应急预案领导小组负责对应急预案实施全过程进行监督。各专门工作组在具体实施应急预案的过程中，要保持沟通协调，并及时向应急预案领导小组组长汇报有关情况。

## 四、企业运用劳务派遣服务策略

### （一）更好地遵守《劳动合同法》及相关法律规定，减少劳动法律风险

随着《劳动合同法》和《就业促进法》的颁布实施，中国的劳动用工标准进一步提高，企业通过选择劳务派遣用工形式，将一些临时性、可替代性和辅助性岗位外包出去，由专业的劳务派遣公司负责处理，可以降低相关法律风险。

### （二）利用互联网技术，解决烦琐事务，专注于人力资本的开发

随着市场经济的深入发展和互联网知识经济时代的到来，企业的内部和外部环境都发生了巨大的变化，这些变化给企业带来了很大的挑战，要求企业具备非常强的灵活性和对环境变化的应变能力。然而，传统的刚性人力资源管理对所有员工采用统一模式进行管理，已经越来越不适应企业发展的需要。企业必须找到有效降低人工成本和激励员工的最有效的方式，以保持自己的核心竞

争力。在这种背景下，结构性人力资源管理模式应运而生。结构性人力资源管理模式，亦称柔性人力资源管理，主要是基于企业发展战略，强调“以员工能力为中心”，按照员工的专业知识、技能水平和绩效能力，实行梯级配置的灵活多变的管理方式。

柔性人力资源管理按照员工对用人单位的重要性和其工作性质，将员工划分为三类，如图 3—6 所示。

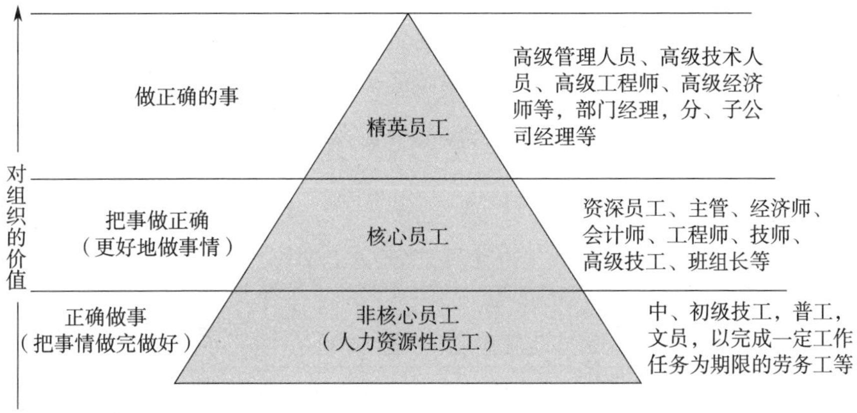


图 3—6 结构性人力资源管理模型

把员工分成不同的类别，有利于企业根据员工类别进行管理，这样可最大化地降低人工成本，增加企业的灵活性。

精英员工对企业来说至关重要，企业主要通过高薪酬、高福利的激励方式来实行管理，以保证精英队伍的稳定性。另外，还应给予较多的参与、培训和晋升机会。核心员工属企业内部管理、技术操作层面和岗位上的员工，这部分员工是企业管理和技术骨干，对企业的产品质量和服务质量起着至关重要的作用。其基本工资和绩效工资应低于精英员工，可以适时激励和短期激励为主。可适当进行培训，使其具备技能上的柔性。可给予其较多的参与机会，为企业献计献策，这同时也是对其的一种精神激励。福利计划可给予固定的、基本的内容。非核心员工岗位技术能力要求较低，以按标准工作或以辅助性工作为主要职能。只需要给予较低的基本工资和绩效工资，参与管理、培训和晋升机会较少，福利较低。这部分员工比较适合使用劳务派遣的方式。

## （三）运用公式，科学测算出人工成本和管理成本

从表 3—2 人工成本构成分析可以看到，在企业人力资源管理中，精英人才的雇佣人工成本最高，维护和管理成本也最高，也是企业最舍得下本钱去构建和发展的高层管理团队和技术团队，一般俗称人才管理；其次是核心员工团队，是企业产品品质的保障，也是企业愿意投入较高人工成本去打造的团队；再次是非核心员工团队，这支团队的组成人员技术含量较低，可替代性较强，这部分人员一般都分布在临时性、辅助性岗位，对这部分人员企业投入的人工成本一般都偏低，而且人工成本受市场劳动力价格影响较大，因此这部分人员是企业人力资源外包的主要对象（包括劳务派遣、劳动力外包派遣、劳务项目承揽、生产线作业外包、业务外包等）。

表 3—2　结构性员工管理人工成本分析表

| | 基本工资 | 绩效工资 | 长期激励 | 参与机会 | 培训机会 | 福利 | 雇用形式 |
|---|---|---|---|---|---|---|---|
| 精英人才 | 高 | 高 | 多 | 多 | 多 | 自助式 | 长期雇用 |
| 核心员工 | 较低 | 较高 | 少 | 较多 | 适当 | 固定 / 基本 | 长期雇用 |
| 非核心员工 | 低 | 较低 | 无 | 少 | 少 | 低 | 随时辞退 |
| 外部员工 | 无 / 很高 | 较高 | 很少或无 | 无 | 无 | 无 | 长期 / 短期雇用，随时辞退 |

劳务派遣案例

### 某劳务派遣公司劳动关系突发事件应急预案

随着劳动保障法律法规的进一步健全和完善，劳动者的权益意识也进一步提升，由此引发了大量的劳资纠纷，尤其是集体劳动争议案件大幅增多。为及时处理突发的集体劳动争议、重大工伤事故、理赔等涉及面广、影响大、案情复杂的劳动争议案件，更好地做好客户服务工作，构建和谐劳动关系，维护公司与派遣员工双方的合法权益，根据《劳动法》《劳动合

同法》等相关法律的规定，制定本预案。

## 一、指导思想与工作原则

本应急预案的制定是为了及时解决在客户服务工作中发生的派遣员工与客户单位之间的重大争议，遵循合法、公正、及时、教育疏导、着重调解的原则，依法保护当事人的合法权益，促进劳动关系的和谐稳定。

坚持以下工作原则："谁主管、谁负责"的原则；快速反应、及时果断处置的原则；疏导教育、耐心劝离的原则；维护客户和员工合法权益的原则。

## 二、预案的适用范围

凡是客户单位发生的复杂的伤亡事故，5人以上的群体性事件，以及案情复杂、涉及面广、影响大的以下劳动争议：

因确认劳动关系发生的争议；因订立、履行、变更、解除和终止劳动合同发生的争议；因除名、辞退和辞职、离职发生的争议；因工作时间、休息休假、社会保险、福利、培训以及劳动保护发生的争议；因劳动报酬、工伤医疗费、经济补偿或者赔偿金等发生的争议；涉及劳动关系需做好处置工作的群体性事件。

## 三、组织领导与分工

客户服务部门要成立预防和处置突发性事件工作小组。工作小组的主要任务是，负责处置突发性事件的组织决策、综合协调及处理等工作。涉及外派员工的群体性事件发生后，还应立即成立指挥联络组及现场控制组，指挥联络组由客户服务部门分管领导任总指挥，现场控制组处置群体性事件，由客服部门以及员工关系部共同实施。

指挥联络组由客服中心分管领导组成。其主要职责是按照指挥部的统一部署和安排，通知相关人员迅速到位，传达领导指示，沟通各方，掌控事件的发展，进行总体部署。

现场控制组由客服经理、客服专员、员工关系部人员组成。其主要职责是：迅速找到群体性突发事件的代表性人物，仔细听取反映的问题、意见和要求，宣传劳动法规政策，分析引发事件的原因，尽快形成疏导的具体意见，做好说明、解释工作，引导员工通过协商解决矛盾，教育员工要顾全大局，不能脱离政策规定和实际情况提过高的要求等。

## 四、事件处理程序

### 1. 逐级报告制度

（1）客户专员向经理报告。当客服专员获悉重大群体性事件或其苗头信息时，应立即口头向本部门经理报告，必要时，可以直接向员工关系部报告。同时做好情况登记、密切跟进的工作，符合条件的启动本应急预案。

（2）部门经理向员工关系部报告。收到客户专员提供的信息和资料后，部门经理认为符合启动本应急预案条件的，应于1小时内将情况书面告知员工关系部和中心领导。

报告内容包括：

①事件发生单位概况；

②事件发生的时间、地点以及事发现场情况；

③事件原因、性质及简要经过；

④事件已经涉及或者可能涉及的人数（包括不确定的人数）；

⑤派遣员工或家属的要求；

⑥目前状况与不良后果；

⑦客户单位的反应与态度等。

事件报告后发生新情况的，应当及时补报。同时密切联系客户单位相关人员，协同进行处理。

（3）员工关系部收到客服专员或客服经理的事件报告后，出具处理的措施及意见，发送经营管理总部质控部。

### 2. 成立事件处理小组

员工关系部是本应急预案的执行主体。收到突发事件部门的书面通知后，经审核确认符合启动本应急预案条件的，应于2小时内书面请示中心领导，经中心领导同意后，立即启动本应急预案。由相关部门经理、专员各1人，员工关系部专员1～2人，以及客户单位相关人员2～3人组成现场控制组。涉及群体性事件的还要立即组建指挥联络组。

事件处理小组在事件调查工作中应遵守事故调查纪律，保守事故调查的秘密。未经事件处理小组组长允许，小组成员不得擅自发布有关事件的信息。

### 3. 调查研究与协商解决

事件的调查处理应坚持“以事实为依据、以法律为准绳”的原则，及时、准确地查清事发经过和原因，把握事态的发展动向，确定事件处理的基本方针和对策，向客户单位提出整改建议，通过对话协商解决争议。

（1）尽快掌控情况，防止事态扩大。

①前往事发现场处理，主动疏导。事件处理小组应立即到达现场，对客户单位、员工采取分别座谈、个别谈话等方式调查了解情况，并认真详细地做好记录。对发生的群体性事件要特别重视，做好劝阻、疏导工作，讲明政策规定，争取理解支持，稳定员工情绪，要求员工选定代表，将群体性事件变为代表事件。

②耐心听取双方的意见与要求。在与客户单位、员工沟通交谈时，应耐心听取对方的倾诉与陈述，冷静听取他们的意见，并做好记录。

③找出问题的症结。与客户单位共同分析事件的发生原因与因果关系，找出问题的症结所在。

（2）注重调解，协商解决争议。

①宣传劳动政策法规。向客户单位与员工宣传相关的劳动政策法规，使客户与员工知法守法，充分利用劳动政策法规的权威性，协商解决存在的问题。

②提出相关建议。对客户单位与派遣员工存在的意见与分歧，提出处理对策、措施建议。

③协商处理争议。针对客户单位确定的案件处理对策，开展全员或个别员工的座谈协商工作，尽快将客户单位拟采取的措施告知员工，争取员

工的支持和谅解。

## 五、事件后续工作

### 1. 制作调解协议书

经事件处理小组调解，客户与员工达成和解协议的，由双方当事人签名或者盖章后制作调解协议书。调解协议书经调解员签名并加盖调解组织（企业调解委员会）印章后生效，对双方当事人具有约束力，当事人应当履行。

### 2. 法律救济

对发生的劳动争议，客户与员工不愿协商、协商不成或者达成和解协议后不履行的，可以申请调解；不愿调解、调解不成或者达成调解协议后不履行的，双方可以向劳动争议仲裁委员会申请仲裁；对仲裁裁决不服的，可以依法向人民法院提起诉讼。

### 3. 做好总结

突发事件处理后，事件处理小组应认真做好总结，从事件的各方面评估消除危机的有关措施，并写出翔实、准确的事件处理报告，以指导今后的工作。

# 第二章　劳动力外包

不少企业员工管理难度大、流动率高，给企业运营造成了困扰，企业采用劳动力外包服务，既能摆脱人员流动的烦恼，实现业务峰谷间的用工调度，最大限度地提升工作效率，又能进行风险控制，把企业的运营风险、用工风险降到最低。

## 一、劳动力外包概述

### （一）劳动力外包定义

劳动力外包是一种以用工单位岗位为标的的外包服务，指的是用工单位根据业务内容的多少，将部分业务或职能工作外包给第三方人力资源服务机构，由其自行安排人员、调配资源，按照用工单位的要求完成相应的业务或职能工作。

### （二）劳动力外包服务内容

劳动力外包的服务内容主要包括，为用工单位提供服务期限、人岗匹配、员工管理（在职、离职管理）、员工绩效管理、风险控制等综合性保障，让企业真正实现灵活用工。外包后，用工单位往往不再需要对外包岗位人员进行人事事务管理和劳动关系管理，只需支付相应的服务费用。

### （三）劳动力外包类型

劳动力外包主要包括全风险外包、半风险外包、临时外包三种类型。

#### 1. 全风险劳动力外包

全风险劳动力外包指针对用工单位指定的岗位，提供岗位存续期内全过程、全风险的外包服务，包括人员招聘、入职培训、劳动关系管理、薪酬福利管理、劳动纠纷处理、工伤赔付、劳动关系终止补偿及岗位补充再招聘等服务内容。

2. 半风险劳动力外包

半风险劳动力外包是针对用工单位指定的岗位，提供专业的人员招聘、入职培训、劳动关系管理、薪酬福利管理、岗位补充再招聘等服务，并向用工单位提供劳动纠纷处理、工伤和劳动关系解除或终止补偿等事务的专业意见。

3. 临时劳动力外包

临时劳动力外包是针对用工单位中一些人员流动性比较大或者临时性的岗位，或者某些特定时段或场合临时性用工需求，提供以月、周、天、小时等作为计价单位的全风险劳动力外包服务，满足用工的弹性需求。

## （四）劳动力外包特征

1. 偏向于后台业务

在新经济时代，市场瞬息万变，企业生存的基本准则就是能及时获取终端信息，随市而变。为了把握终端市场，把准市场脉搏，许多企业对前台业务都是亲力亲为，强化服务，而将后台业务即离市场较远的业务外包出去。

2. 偏向于简单重复的日常业务

随着消费升级及互联网的发展，产品的生命周期缩短、品种增加、批量减小，顾客对产品的交货周期、价格和质量的要求也越来越高。在这种背景下，满足个性化需求已成为企业经营的重中之重。为此，企业要将简单、重复的业务外包出去，实现数字化、软件化。

3. 偏向于非核心业务

企业核心业务必须由企业自身完成，对于那些非现场的或者以网络为平台的业务，可实施外包。

## （五）劳动力外包核心价值

1. 实现用工单位灵活用工

劳动力外包为用工单位在人员结构、用工规模、管理模式、服务时间以及劳动工时方面提供了极大的弹性。用工单位可以在增加业务时较便捷地增加人员，在业务减少时减少人员，能够很好地平衡业务变动对人力资源的需求变化，尤其是在临时性、辅助性的岗位上，可根据业务的周期、人员需求进行及时增减。用工机制的灵活性可以确保人尽其用，最终促进效率的稳步提升。

**2. 为用工单位节约成本，提高效益**

通过成本测算，与用工单位自己聘用相比，采取劳动力外包可以节约很大一部分成本，这一点对用工单位来讲非常具有吸引力。另外，基础岗位的招聘、管理外包出去后，用工单位人力资源工作者减少了事务性工作时间，可以将更多的精力投入到能使组织有效增值的管理活动中。

**3. 有利于用工单位降低用工风险**

在我国相关法律、法规和相关政策的指导和规范下，由人力资源服务机构与外包员工签订劳动合同，用工单位与劳动力外包人员是一种有偿使用关系，没有劳动关系，这样就避免了劳动争议风险。例如若劳动力外包人员对日常考核有不同意见，可以通过人力资源服务机构统一协调处理，不再占用用工单位的管理精力。

## 二、劳动力外包服务流程

劳动力外包服务开展要遵循相应的规范和流程，如图 3—7 所示。

| 操作阶段 | 用工单位 | 人力资源服务机构 |
| --- | --- | --- |
| 准备阶段 | 评估劳动力外包预算<br>确定选择人力资源服务机构的方案<br>将具体需求告知人力资源服务机构 | 熟悉用工单位基本情况、业务流程、工作特点<br>根据获取的信息，制定服务方案<br>控制风险，拟定协议 |
| 实施阶段 | 配合人力资源服务机构<br>做好入职培训<br>履行合同中的义务 | 开展人员招聘<br>人员岗前培训<br>在职管理 |
| 跟进阶段 | 监督人力资源服务机构服务实施情况<br>监督人力资源服务机构是否按合同履行义务<br>验收实施成果 | 控制履行义务过程中的用工风险<br>维护关系，履行合同中的义务<br>做好员工管理及关系维护 |

**图 3—7　劳动力外包服务流程图**

## （一）分析企业需求

人力资源服务机构在了解用工单位意向后，基于用工单位提出的岗位需求，对用工单位的基本情况、业务流程、工作特点以及岗位职责等方面做初步分析，必要时进行实地考察和调研。

### 1. 熟悉用工单位基本情况

人力资源服务机构在与用工单位沟通之前，需要对用工单位经营情况、信誉情况、用工情况等基本情况进行全面了解。

### 2. 掌握劳动力外包岗位业务流程

了解用工单位基本情况之后，人力资源服务机构需要对劳动力外包岗位的业务流程进行了解，如工序的难易程度、作业环境、注意事项、作业过程中存在的风险、作业过程中涉及的成本支出等。

### 3. 掌握劳动力外包岗位工作特点

劳动力外包的其中一项服务为人员招聘。对工作特点进行了解，便于后期人员招聘时，进行工作介绍和说明。

### 4. 了解劳动力外包岗位职责

人力资源服务机构需要了解劳动力外包岗位的职责，便于进行职责划分，明确各方责任与义务。

## （二）制定服务方案

在详细了解和确认用工单位的需求后，进一步沟通用工单位对用工灵活性、风险等方面的期望，确定劳动力外包服务的内容，最后制定最贴近用工单位需求的服务方案。

制定服务方案主要内容包括：人力资源服务机构介绍、劳动力外包项目背景、劳动力外包岗位工作职责及流程、人员输送流程、人力资源服务机构与用工单位双方合作管理模式、相关成功案例等。

## （三）洽谈方案

人力资源服务机构与用工单位共同讨论、修订服务方案，根据劳动力外包项目的规模大小，制作工作流程、操作手册等文件，确认服务价格和具体实施时间表。

在洽谈环节，需要以用工单位的意见为主要参考，在服务价格方面，需要综合考虑岗位的风险、工作难易度、工作时间长短等因素。

### （四）签订协议

人力资源服务机构与用工单位达成合作意向后，进行合作协议洽谈，明确双方权利与义务，分清法律责任，签订合作协议。在签订协议时，需由专门的法务人员把关，控制风险。

### （五）实施方案，提供服务

在签订合作协议后，人力资源服务机构与用工单位严格履行协议。人力资源服务机构开展人员招聘、人员匹配、人员岗前培训和在职管理等一系列服务。

## 三、劳动力外包业务要点

### （一）做背景调查，了解用工单位实际情况

#### 1. 实地访谈

人力资源服务机构通过实地调研，考察用工单位的实际情况，获取真实信息，评估劳动力外包的风险。

#### 2. 通过第三方了解用工单位信用情况

为防止在合作过程中，出现支付费用延迟或其他信用问题，通过第三方了解用工单位的信用情况，如以前合作的企业、内部员工等。

### （二）科学报价

#### 1. 了解同性质岗位劳动力外包价格

在报价之前，对同性质岗位劳动力外包的价格进行了解，在报价之前先有个参考标准。如遇到公开招标的情况，不至于让报价高出或低于市场价太多。

### 2. 结合实际进行报价

了解同性质岗位劳动力外包价格，只用于参考，具体定价需根据实际运营成本、工种风险、福利费用、工作时间长短等确定。

报价原则是将显性成本和隐性成本均罗列出来，成本计算尽量细化。

## （三）防范风险

人力资源服务机构将负责劳动力外包岗位的招聘、培训、薪酬设计与核算发放、个税申报、社保缴纳与理赔、绩效设计与奖惩执行、各类人事事务等工作，并且管理劳动关系、处理劳动纠纷以及承担劳动用工可能带来的法律风险等也可能由人力资源服务机构承担，因此需要做足风险防控。

**劳动力外包案例**

# 南京江宁某电信运营商<br>客户服务中心劳动力外包项目

### 一、项目背景

南京江宁某电信运营商（以下简称某电信运营商）计划筹建微博（微博客服）、即时通信（在线客服、QQ 客服）等互联网客服渠道，建设 7×16 小时人工服务平台。为规避用工风险、有效控制业务成本、提升服务质量，该电信运营商将客户服务中心客服人员劳动力外包业务委托给某人力资源集团，按业务情况计量付费。

### 二、用工单位与岗位分析

某电信运营商与外包岗位具有如下几个特点：客户服务体系质量不高，客服人员跟客户沟通困难，成交量不高；员工流动性大，招聘难；高强度的工作压力，导致客服有时候不能很愉快地与客户交流；内部各部门协调不够，没有具体的流程标准。

## 三、解决方案

某人力资源集团以劳动力外包形式承接了客户服务中心全体客服人员，在现场管理中以某电信运营商的HR管理软件为手段，通过排班、考勤、质检、培训、评价等现场管理系统，结合专业的人力资源服务，有效提升管理效能和劳动生产率。

首先，建立服务平台，并在此基础上招聘培训了126名员工，通过互联网客服系统向互联网访客与用户提供业务咨询、查询、受理、投诉服务。

其次，建立新员工培训上岗流程。流程如图3—8所示。

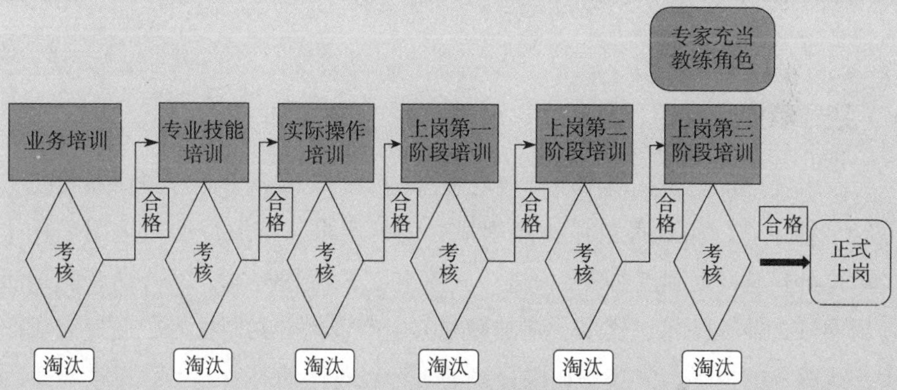


图3—8　员工培训上岗流程图

最后，某人力资源集团派人员深入外包现场，对客户服务中心进行管理。

## 四、项目成果

一是某人力资源集团与某电信运营商协作建立了统一的互联网业务管理平台，有效整合了各种业务资源。

二是培训考试网络化、阅卷自动化，大大减少了事务性工作。

三是新员工培训上岗制度确保了客户服务的质量。

四是由某人力资源集团承担委托业务完成过程中涉及劳动用工的全部法律风险，降低了某电信运营商用工风险。

五是实现了经营成本的有效控制。

# 第三章　劳务承揽

《中华人民共和国合同法》（以下简称《合同法》）中对承揽做出了相关规定。劳务承揽是以劳动力为核心价值、以劳务承揽为服务形式、以劳务服务为服务内容、以信息化精益劳动力管理为手段的一种改良型业务外包模式。

## 一、劳务承揽概述

### （一）劳务承揽定义

劳务承揽，是指委托单位将非核心业务的生产、经营、服务等活动委托（外包）给承揽单位，由承揽单位按照承揽合同的要求，组织劳动力运用委托（外包）单位的厂房（场地）、设备设施、技术和工艺流程标准，以劳动者的“活劳动”为内核，辅以技术、资本、基础设施等生产资料的共同投入，通过完成产品的生产或服务的提供，来获得相应报酬的一种经营活动。

简单地说，劳务承揽，是基于劳动力“活劳动”为内核的民事契约关系，是一种业务外包商业模式；核心是通过对劳动力的精益化管理和对劳动者劳动能力的经营，去完成承揽的业务。

### （二）劳务承揽服务内容

劳务承揽的服务内容，不仅包括劳动生产的全过程，还包括劳动生产过程的管理服务。其主要服务内容有以下三项。

#### 1. 现场管理

现场管理包括：考勤、智能排班、交接班、劳动者工作活动巡查、安全巡查、设备巡查、班组会议、统计分析等。

#### 2. 劳动力的人力资源管理

劳动力的人力资源管理包括：招聘、培训、员工劳动能力的激励经营（人单合一)、薪资计发、社保和公积金缴纳、员工关爱活动等。

#### 3. 后勤保障管理

后勤保障管理包括：部分原材料采购、劳保用品采购与管理、员工宿舍管理、员工文化娱乐活动管理等。

### (三) 劳务承揽类型

从企业价值链的角度来看，企业的具体业务存在于不同的部门，各部门职能(包括直接职能和辅助职能)有所不同。由此衍生出不同类型的劳务承揽服务，见表 3—3。

表 3—3　基于职能的劳务承揽活动及衍生产业

| 企业职能分类 | | 劳务承揽内容 | 相关衍生产业 |
|---|---|---|---|
| 直接职能 | 研发、设计 | 研发、设计、实验 | 创新研发媒介、技术服务 |
| | 加工、制造 | 制造承揽、流程承揽 | “三来一补” |
| | 营销、市场拓展 | 公关、策划、电子商务 | 广告传媒、网络营销 |
| | 物流、配送 | 配送服务、第三方物流 | 仓储、物流 |
| | 售后、维护 | 客服中心、安装、维修 | 产品维护、客户服务 |
| 辅助职能 | 财务、会计 | 财务、会计职能活动 | 金融服务、财务代理 |
| | 人力资源管理 | 招聘、培训 | 人力资源服务 |
| | 后勤服务 | 餐饮、保洁、保安 | 托管、物业服务 |
| | 信息技术、系统平台 | 信息开发、平台设计 | 软件开发、计算机服务 |

### (四) 劳务承揽特征

在通常意义上，劳务承揽属于人力资源服务产业的业务范畴，主要具有以下特征。

#### 1. 承揽单位为单一雇主

承揽单位与从事承揽业务的劳动者之间是劳动关系，承揽单位承担用人单位责任。

#### 2. 劳务承揽的核心是劳务服务

劳务承揽是以劳动力“活劳动”的劳务服务为核心的经营管理模式。在劳务承揽实践中，承揽单位与委托单位建立信任关系，通过培养并提升劳动者在劳务服务中的专业技能，降低用工成本、提高用工效率，从而获得相应的收益。

3. 劳务承揽需要生产要素投入

《合同法》第二百五十三条规定，承揽单位需要投入必要的生产要素。劳务承揽以投入劳动力“活劳动”以及管理、技术等为主，同时还要投入信息化系统管理工具、生产工具、资本、基础设施设备等生产要素，这些生产要素的投入是劳务承揽项目能够顺利实施的重要保证。

4. 劳务承揽需要承担管理责任

从劳务承揽的实践来看，承揽单位全权负责委托业务的管理和协调。根据《合同法》相关规定，委托单位根据承揽合同的规定，在承揽合同执行期间承担部分监督管理工作。

5. 劳务承揽交易依据为工作量

劳务承揽以最终产出的工作量为依据。《合同法》第二百五十二条规定：“承揽合同的内容包括承揽的标的、数量、质量、报酬、承揽方式、材料的提供、履行期限、验收标准和方法等条款。”在劳务承揽中，通常是以业务项目的最终价值来结算，即通过承揽合同约定业务成果的质量和数量要求。

## （五）劳务承揽核心价值

1. 提高企业用工灵活性

劳务承揽能有效控制企业员工数量，增强企业用工编制的灵活性，缓解编制、成本、管理等在短时期内给企业造成的极大压力，帮助企业享有用工体制灵活多样带来的好处。

2. 有效帮助企业控制用工成本，提高经营效益

劳务承揽在优化企业用工成本方面最主要的价值是改变企业的成本结构。如果企业的人工成本构成是“低固定成本，高变动成本”，就能有效控制“固定成本”变为“沉没成本”（如员工出工不出力、上班没业绩），那么企业的经营风险就会大大降低。所以，控制和降低企业的固定成本（沉没成本）是成本控制的“重中之重”。

同时，企业将部分业务委托给承揽单位，经过资源再配置，降低直接、间接成本。且委托具有一定的灵活性，企业根据情况随时决定是否继续进行，而不用

像自己承担该业务时那样需要考虑可能引起的成本以及后续的管理成本。

另外，在企业经营的财务结果上，企业人工成本优化为多种用工成本支出，如劳务承揽业务费用可不进入人工成本项支出，使人工成本处于可控状态。

3. 化解人力资源风险

在劳务承揽中，企业通过承揽协议将业务委托给承揽单位来完成，在一定程度上是进一步延伸了自己的产业链条，能有效减少来自外部的影响，提高企业对业务领域周期性循环的缓冲力，直接分解了企业风险。

《最高人民法院关于审理人身损害赔偿案件适用法律若干问题的解释》第十条规定："承揽人在完成工作过程中对第三人造成损害或者造成自身损害的，定作人不承担赔偿责任。但定作人对定作、指示或者选任有过失的，应当承担相应的赔偿责任"。因此，在委托业务完成的过程中，企业并不与从事该项业务的具体责任人建立法律关系，仅仅需要支付相应的业务费用，由承揽单位独立承担委托业务完成过程中涉及劳动用工的全部法律风险，在最大程度上降低了企业的法律风险。

4. 提高劳动生产率

面对激烈的竞争环境，"大而全"或"小而全"的资源配置方式不仅会造成资源的配置不均衡，也会造成相应的浪费，不利于企业形成竞争优势和打造核心竞争力。通过劳务承揽，企业可将劳动力短缺、经营效率不高的非核心业务委托给承揽单位，将资源整合到更具价值的业务上，提高自身专业能力，在特定业务范围内提升生产效率。

## 二、劳务承揽操作流程

劳务承揽服务操作流程如图 3—9 所示。

### （一）委托单位业务委托运行流程

劳务承揽是一个长期过程，其周期开始于委托单位的委托决策发起，结束于工作结果（产品或服务）的验收。

1. 劳务承揽委托决策提出

劳务承揽形态，包括部分劳务承揽、整体劳务承揽和综合劳务承揽。不同的

| 操作阶段 | 委托单位 | | 承揽单位 |
|---|---|---|---|
| 准备阶段 | 1.提出委托决策<br>2.选择适宜的委托项目和模式<br>3.甄选有资质的承揽单位（公开招标）<br>4.结合市场信息，评定承揽单位 | 业务委托 | 1.受邀投标（根据委托企业招标邀请，迅速组织对投标项目进行调研，包括工作地点、工作环境、工作条件、每月工作量、原人均工作量、服务单价，以及安全状况、工伤事故发生率、设备运行情况等）<br>2.签订协议（协商沟通承揽项目的具体合作事宜） |
| 实施阶段 | 1.配合承揽单位执行现场管理<br>2.配合承揽单位执行相关培训<br>3.监督承揽单位履行其职责 | 组织开展 | 1.承揽单位应按项目要求招聘配置好员工队伍<br>2.组织项目经理和班组长深入项目现场考察<br>3.制定项目现场管理制度<br>4.制定人力资源管理制度<br>5.组织培训会议<br>6.制定结算制度 |
| 跟进阶段 | 1.与承揽单位保持联系<br>2.在开展业务过程中遇到问题，及时与承揽单位沟通<br>3.接受承揽单位信息反馈<br>4.对结果进行验收和评价 | 检验结果 | 1.根据劳务承揽合同约定，检验工作质量是否达标<br>2.在验收过程中发现问题，及时反馈，查明原因<br>3.与委托单位进行阶段性结算 |

图 3—9　劳务承揽服务操作流程图

形态有不同的特点和应用范围，以适合不同委托单位对劳动力服务的差异化需求。委托单位对市场和自身需求进行分析，考虑需要承揽单位的什么资源以及期待的结果。在不影响商业持续性的前提下，选择适宜的委托项目和模式，并就此制定较为翔实的劳务承揽委托方案。

委托单位要根据年度计划、经营范围、管理制度，结合劳动力情况制定实施方案。

一要建立和完善劳务承揽管理制度。根据劳动力需求、各类业务与核心主业的关联度、业务的控制程度、管理成本、外部市场成熟度等因素，建立评估评价体系，确定适度的委托业务范围。并根据对生产经营的影响程度对委托业务实施分类管理，突出管理重点。同时，明确劳务委托的执行方式、条件、程序、实施等相关内容。

二要严格按照劳务承揽管理制度制定实施方案，避免高价值的核心业务流失和外泄，同时确保方案的完整性。

三要根据年度计划对实施方案的重要方面进行评估和复核，包括承揽企业的选择方案，委托业务的成本、效益、风险、期限、方式、管理、控制等，确保方案的可行性。

四要认真听取外部专业人员对劳务承揽的意见，修正、完善实施方案。

五要按照规定的权限和程序来审核批准业务委托的实施方案。建立和完善劳务承揽的审核批准制度，明确批准的方式、权限、程序、责任和相关控制措施，规定各级人员在授权范围内进行审批，不得超越权限审批。

六要对业务委托进行可行性研究，建立风险管控机制。

2. 承揽单位评估和选择

在所有决策准备工作完成后，委托单位开始从市场上寻找可以提供产品生产或服务的潜在承揽单位，并向部分潜在目标承揽单位发出委托需求信息请求。如果这一方式不理想，则可实行邀请投标方式。委托项目模式不同，选择承揽单位的侧重点也不尽相同。在选择承揽单位时，委托单位不仅要对其资质、客户群体、专业背景、财务状况、专业水平、行业知名度、企业文化兼容性、服务质量、管理成本、类似经验等方面进行综合了解，更为重要的是要衡量承揽单位能否为委托业务活动找到合适、充沛、多样的劳动力资源，以及劳动力管理的专业能力。

3. 劳务承揽协议签订

在选出合适的承揽单位后，双方开始商谈承揽合同。此时委托单位需要全面对承揽单位的条件和方案做出回应，并在征求法律专家意见后签署劳务承揽合同。劳务承揽合同应当尽可能选择正式的法律文本，合同中涉及承揽项目预期效果、实施计划、阶段考核、信息安全、损失赔偿等方面的条款应当明确、详细，明确责任承担。

在合同的内容和范围方面，明确承揽单位提供的劳务产品和服务的类型、数量和成本，以及明确界定流程环节、作业方式、作业时间、费用等细节。在合同的权利和义务方面，明确委托单位在委托期间所具有的过程监督权，即有权督促承揽单位改进业务流程和方法；承揽单位有责任按照合同约定的方式，告知业务实施的进度和现状，并就存在的问题与委托单位进行有效沟通。在服务和标准方面，应当约定承揽单位最低的服务标准、要求，以及未能达标的补救措施。在保密事项上，具体规定对涉及委托单位机密的业务和事项，承揽单位的责任和义务。在费用结算标准上，合理确定业务价格，严控成本。严格约定违约责任及责任界定、解决方式等。

4. 劳务承揽过程监督管理

为了确保劳务承揽合同的有效执行，需要承揽双方协商采取适当的管理措施，定期地对项目执行情况进行检查、反馈和沟通，发现问题及时采取相应的措施加以解决。

委托单位应做好以下各项工作。一是依据承揽合同条款，落实双方应投入的人力资源、资金、硬件和专有资产等。二是按照管理制度、工作流程和相关要求，制定劳务承揽实施的全过程管控措施，包括资产管理、信息管理、人力资源管理等机制的建立。三是做好与承揽单位的对接工作，通过文件转移、制定技术标准、培训学习等方式，确保承揽单位了解委托业务的工作流程和质量要求，从价值链的起点开始控制产品与服务的质量。四是梳理有关的工作流程，提出每个环节上的岗位职能分工、运营模式、管理机制、质量控制等要求，建立对接和监控机制，及时检查、收集和反馈委托业务实施过程的相关信息。五是在承揽单位制造产品或提供业务的过程中，密切关注承揽单位的实际工作、履约能力，采取动态管理，对承揽单位开展日常绩效评价和定期考核。一旦发现偏离合同目标的情况，即时要求承揽单位进行调整和改进。六是建立风险预防和危机处理机制，制定应急方案，避免风险，降低损失。如果承揽单位存在重大违约行为，并导致委托的业务无法履行，则及时终止合同，同时启动法律程序。七是加强对业务流程中商业信息资料的管理。

5. 劳务承揽完成

根据劳务承揽合同的约定，承揽单位需要在规定的时间向委托单位一次性交付产品或服务，或在一定期间内持续提供产品或服务。在此环节中，最终产品或服务需要经过评价验收，委托单位需要采取合适的质量评价体系对工作成果进行检验。验收过程中若发现异常，委托单位应与承揽单位协商采取补救措施，或依法索赔。当完成交易后，承揽双方退出或进入下一轮劳务承揽活动。

## （二）承揽单位承揽业务运行流程

劳务承揽业务是一个长期过程，其周期开始于委托企业的投标邀请，结束于工作结果（产品或服务）的提交。

1. 承揽业务投标准备

承揽单位接受委托企业投标邀请后，首先，需对承揽业务进行调研，包括工作地点、工作环境、工作条件、每月计划工作量、原人均工作量、服务单价，以及安全状况、工伤事故发生率、设备运行情况等；其次，根据投标邀请函要求和调研掌握的情况，拟制投标书，包括对投标项目进行分析、承揽企业优势介绍、过往承揽案例介绍以及对承揽项目的具体实施方案等；再次，按邀标企业规定的时间，呈交标书；最后，制作述标 PPT，选择好述标人选。

若之前委托单位与承揽单位双方在劳务派遣合作中已建立信任关系，可由承揽单位向委托单位提交一份劳务派遣转型为劳务承揽的具体实施方案，双方在友好协商的基础上，以项目形式确定劳务承揽合作关系。

### 2. 劳务承揽协议签订

对于承揽单位来说，劳务承揽合同应当尽可能选择正式的法律文本，合同中涉及承揽项目任务、预期效果、实施计划、阶段考核、信息安全、损失赔偿等方面的条款应当准确、详细，明确责任承担。合同内容应当包括人力资源使用、具体项目、工作流程、方案报价、产品或服务质量监控指标、激励与约束条款、产品质量或服务水平（级别）等方面的内容，要有详细的双方责任和义务的说明，并明确承揽的项目能否再次分包。

劳务承揽合同的核心条款之一是项目报价，通常承揽单位报价有两种方法。

第一种方法：在不了解委托企业业务运营的情况下，可采取“劳动力外包 + 业务计件（量）”形式报价，即以原来这个岗位员工的“薪资 + 社保和公积金 + 每月需完成的工作量”作为基数，在此基础上每多完成一件（量）给予提成，按岗位人数和生产量计算报价。这种方式也称保低报价方法。

第二种方法：在熟悉委托企业业务运营的情况下，可直接以生产（服务）量按件（量）报价。但要注意的是，每月生产（服务）量要有一个平均值，即将淡旺季加权平均，得出月平均生产（服务）量和用人需求，再按此生产（服务）量计算出报价，与委托单位协商确定最终报价。

### 3. 劳务承揽项目人员的招聘配置

为了确保劳务承揽合同的有效执行，承揽单位员工招聘配置可按以下步骤进行。

第一，组织新招录员工进行上岗培训，淘汰不合格人员；第二，组建项目部，配置项目经理和班组长，并组织进行项目管理培训；第三，组织项目经理和班组长深入项目现场考察，了解、熟悉项目现场工作环境、工作条件和设备设施情况。

4. 组织编制承揽项目各项管理制度

主要包括三个方面的制度。

第一，项目现场管理制度，包括：考勤制度；交接班制度；排班制度；产品（服务）质量制度；环境清洁制度；安全制度；设备设施维护制度；会议制度，包括项目经理月度、周例会制度，以及班组长周例会和日晨会制等等。

第二，人力资源管理制度，包括：员工招聘、调配制度；劳动合同管理制度，包括合同签订、续签、终止、解除及待岗期间生活补助、经济补偿金等；薪资管理制度，包括基本薪资、津贴补贴、计件薪资、加班费、奖金、社保等；绩效考核制度，包括劳动纪律、评选先进工作者和明星等；员工培训制度等。

第三，后勤保障制度，包括：劳保用品制度、工作服制度、宿舍管理制度、文化活动制度等。

5. 组织开展承揽业务活动

（1）由项目经理、班组长组织员工进入工作现场，依据工作任务要求，将员工编成班或小组，或按岗位配置人员，并下达工作任务。班组长带领员按工作流程和相关要求，开展业务活动。班组长运用精益化劳动力管理软件系统，对每一个员工的劳动过程进行动态精益管理，包括出勤、排班、交接班、生产或服务过程巡查、安全巡查、设备使用与维护巡查、工作场所清洁与整理巡查，以及生产的产品或服务数量、质量的适时记录和拍照入档。

（2）班组长召开班后会或晨会，小结当日生产或服务情况，表扬先进，检讨问题，并下达次日工作任务。班组长组织召开班组周例会，小结一周工作情况，检讨问题，评选周先进工作者。项目经理组织召开班组长周例会，小结一周工作情况，检讨问题，下达次周各班组工作任务，并评选周先进班组。项目经理组织召开班组长月度会议，总结一个月的工作情况，检讨问题，下达次月各班组工作任务，并评选月度先进班组和先进生产者。

（3）由项目经理与委托单位进行对接，沟通协调业务活动开展中出现的问题，以及时获得委托单位的支持，并做好与委托单位月度生产成果或阶段服务的验收结算。

6. 建立“人单合一”经营机制

依据不同业务类型，测算出提成单价，以班、以组或以个人为单位，按每日、每周或每月完成的产量进行结算，让每个员工收入可视化，激发员工的工作热情，提升人均效益，实现劳动力效益最大化。

7. 劳务承揽完成

在此环节中，承揽单位应主动配合委托单位的评价验收，并依据评价验收结果做好两件事。

一是针对评价验收中发现的问题，制定改进措施，改进工作方法，优化工作流程和管理，不断提高员工劳动生产率。二是依据评价验收结果与委托单位进行阶段性费用结算，以便开展下一阶段的工作。

## 三、劳务承揽常用方法与工具

先进的方法和工具，在一定程度上能提高劳务承揽业务的效益。一方面承揽单位可以更好地管理员工，简化工作流程，加强对生产过程各环节的监控；另一方面，也可以提高对作业现场的管控，减少因员工操作不当带来的损失。

### （一）采用精益生产管理系统

运用精益生产管理系统对劳动生产过程进行管控，覆盖从考勤、排班、加班、交接班到巡检等各个环节，减少内部耗损，减少无效劳动和浪费。

### （二）运用互联网，实现快速招聘

某些承揽业务需要大量的员工，传统的招聘形式已无法满足某些大批量用工的需求，需要借助互联网，进行线上招聘，可以在短时间内迅速招聘到所需员工。

### （三）运用项目分析方法

劳务承揽项目的盈利不同于劳务派遣，它并不开始于合同的签订，而是开始于项目的良性运转。

1. 项目调研

在项目调研过程中，需要了解企业为什么要外包，企业中哪些部门和人员是项目的利益相关者，他们关注的需求是什么等。

### 2. 项目用工现场观察和访谈

需要了解项目目前的工艺流程是怎么样的、各个环节的工作内容是什么、各个环节谁负责，并对现场进行分析，确定怎么样才能让项目质量达标等。

### 3. 项目方案制定

首先要判断什么样的员工可以完成这个项目、完成这个项目需要多少人；其次，遇到旺季或突发性增员才能完成项目目标的情况时，采用什么策略才能迅速招到合适的员工。

## （四）采用科学的薪酬策略

通过科学的薪酬策略，吸引劳动者，激励劳动者，结合排班规则，实现劳动力精益化管理。但在制定薪酬策略之前，需要掌握类似技术难度、工作强度岗位的薪酬情况、员工需求情况、现行的薪酬策略激励效果情况等。

**劳务承揽案例**

## S 公司生产线外包项目

S 公司是一家国有大型钢铁企业。为实现企业用工模式转型，提升员工招聘及劳动管理效率，控制成本，S 公司于 2011 年与 YX 人力公司开始生产线劳务承揽合作。

### 一、劳务承揽模式

在实施劳务承揽之前，S 公司面临以下几项挑战：招聘难、留人难；劳动效率低；用工风险大；工作规范要求高；劳动场地宽，生产监管难。

实施生产线劳务承揽项目后，由 S 公司提供原材料、产品标准、下达生产计划；YX 人力公司组建团队（230 人），进行项目管理，完成生产计划，承担运行初期亏损带来的财务风险、劳动争议带来的法律风险、不合格产品带来的成本风险，以及分流员工、工伤带来的经济风险。

双方劳务承揽合作模式如图 3—10 所示。

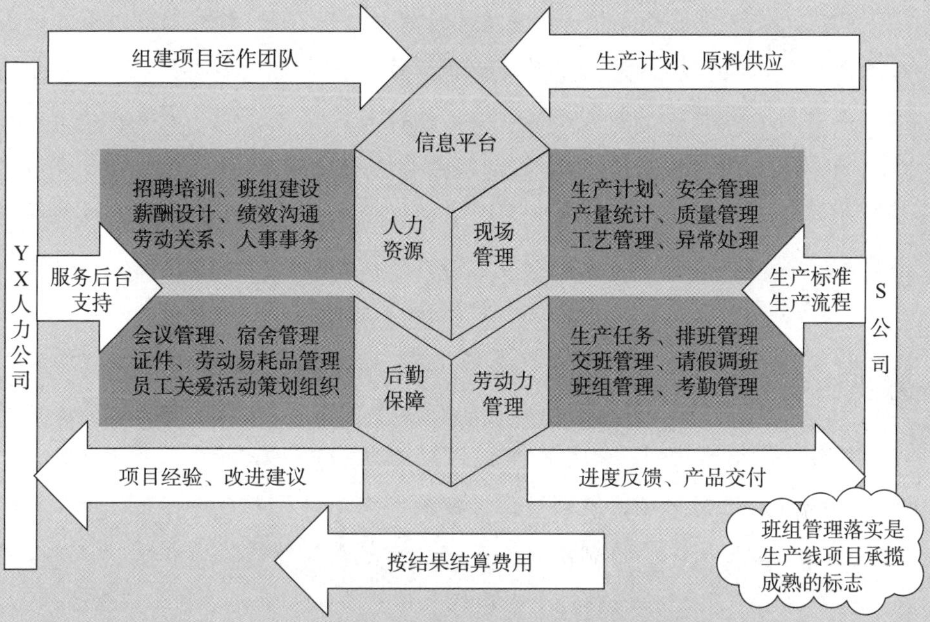


图 3—10　S 公司与 YX 人力公司劳务承揽合作模式

## 二、劳务承揽实施过程

### 1. 问题与难点分析

生产线外包项目与劳务派遣最明显的区别是必须有个“导入期”，必须解决以下四方面的问题：一是需要核算出完成一个单位工作量大概需要的时间与费用；二是让项目员工先成为基本熟练工，再做报价会更准确；三是根据项目的特点，物色既懂管理又懂得实际生产的特殊人才；四是项目团队与 S 公司的生产线上游、下游、质检部、仓库等关联部门全面衔接。

如果项目出了问题而又不能够有效解决，承揽单位就应果断退出。

### 2. 实施要点

在项目初期，亟须解决的就是招聘问题。首先，由于该类承揽项目员工劳动强度较大且收入又不高，员工来源多为厂区附近居民，所以使用“现有员工推荐或直接由班组长带人来”为主、“招聘部招人”为辅的招聘策略。当然使用该策略要求现场管理员在员工中有极高的威信。

其次，要做好储备。该项目负责人介绍说：“我们平时就做好准备，一方面是储备人员资料，另一方面，招聘工作不要停下来，对于那些需求量大的人员，公司要不断加大招聘力度，保持人员流动，而不是项目接下来才突击去做摆摊做招聘。”基于这一招聘思想，YX 人力公司承揽的 S 公司项目中有不少 3–4 个人的外包项目，甚至还有 1 个人的外包项目。这些项目虽小，但是人均利润还是非常可观的，如其中的一个 4 个人的小工段外包项目，每月能为 YX 公司创造超过 2 000 元的收入。

随着项目的深入，最大的难点仍然是“管理”。为解决项目管理的难题，项目负责人的做法是：在最初的人员班底中设立更多的管理层，设立“班组长”管理岗位。在团队中，项目现场主管“主外”，任务是和 S 公司的各个部门进行衔接，做好计划、协调、沟通以及成本的控制；班组长“主内”，要带好团队，控制生产，直接负责基层工作的现场管理。在 S 公司生产线外包项目中，还实行了对班组长这一层级人员的培训、安全会议、项目进度会议制度以及相关的奖惩制度，因为班组长的用心程度直接决定着项目的利润空间。

## 三、劳务承揽项目成果

实施劳务承揽一段时间后，S 公司经营成本总体下降 10%，人均产能提升 25%，用工风险责任转移，实现可视化现场管理，极大简化了用工管理工作。

# 第四章　业务外包

业务外包是一种新的经营策略，即企业把内部的一部分业务外包给外部专门机构。实际上，业务外包就是企业重新定位，重新配置现有资源，将资源集中于相对具有优势的领域，塑造和发挥自己的独特性，使自身难以被其他企业模仿或替代，打造绝对竞争优势，获得持续性发展。

## 一、业务外包概述

### （一）业务外包定义

业务外包也称资源外包、资源外置，是指企业整合利用外部的专业化资源，降低成本，提高效率，充分发挥自身核心竞争力，增强对环境的迅速应变能力的一种管理模式。

简单来说，业务外包是指企业利用外部专业化资源来完成传统上一贯由内部人员和资源完成的业务的一种战略安排。

### （二）业务外包服务内容

业务外包的服务内容基本上涵盖了各种服务外包所能涉及的业务流程，是从始端生产到终端销售的全过程。具体的服务内容需根据业务外包的具体类型而定。例如，生产外包是提供从原材料、生产设备、人员招聘、劳动管理到排班安排等服务内容的保质保量的服务过程。

### （三）业务外包主要类型

业务外包按不同划分标准，可分为不同类型。

1. 按服务内容分类

（1）生产性外包。

企业将核心产品或核心产品中的核心部件，或生产过程中核心业务以外的业务，全部外包出去，通过这种“业务外包”来改变用工方式。这种业务外包大致可分为三大类。

生产加工性外包，是指对技术含量低、需要加工生产（如冷作、焊接、涂料、五金）等不涉及核心技术的普通生产线工作实施外包，企业与承包方签署承揽合同，将某项加工工作外包给承包方。

生产服务性外包，是指对生产辅助服务性业务（如运输、包装、打磨、油漆）等辅助性工作实施外包，企业与承包方签订承揽合同。

生活服务性外包，是指对低价值的生活服务岗位（如保洁、保安、物业）等实施外包，企业与承包方签订承揽合同。

这三种外包直接促使企业的劳动用工转变为服务外包用工。

（2）服务性外包。

服务性外包目前主要分为三大类，即信息技术外包、业务流程外包、知识流程外包。由于信息技术、金融、医药等领域的技术或管理高端人才的用人成本高，一般企业很难负担起一个高端人才团队。对于不是常年需要这些高端人才服务的企业来说，将这批业务外包出去，能有效降低用工成本。

①信息技术外包。信息技术外包是我国目前服务外包的主要类型，占到整个服务外包业务量的 60% 以上。它已从提供应用程序开发、测试业务等服务向提供解决方案等高价值服务转变，主要有两类服务。

一是云计算外包。服务外包企业与用户和合作伙伴一起实现价值的协同创造，从而促使共生关系的建立，提升效率。“云外包”又带来“云创造”，在“众包”概念的基础上，使企业与个人和其他公司等外部机构合作创造新的商业服务，获得更高价值。

二是电子商务外包。电子商务外包服务领域已经涉及咨询、策划技术、产品编辑、运营、物流、支付、平台建设等多个环节。从目前看，企业数量剧增，带来了电子商务外包需求的增长。

②业务流程外包。业务流程外包发展速度较快，据相关统计，我国业务流程外包业务主要集中在金融服务外包、人力资源外包、呼叫中心外包等领域。其

中，呼叫中心外包是我国业务流程外包中最成熟的服务领域。此外，随着大健康产业的发展，医疗服务外包成为近年来涌现出来的新业态，发展潜力巨大。

金融服务外包。我国金融服务外包仍处于发展的初步阶段，银行、保险、证券等机构正在大力发展金融衍生品、资产管理等业务，这为我国金融服务外包发展提供了广阔的空间。

现在金融服务外包已经从法律事务外包、审计实务外包、人力资源管理事务外包，逐步扩展到信用卡、抵押货款、现金押运、币种清分和网上银行等金融业务的部分操作环节外包，甚至最核心的会计系统和会计业务也开始外包。

呼叫中心外包。目前我国呼叫中心业务主要来自国内市场，发包商将竞争重点放在低价上，市场竞争相当激烈。

有三大因素推动着呼叫中心外包服务的成长。一是随着外资企业的进入，一些先进的技术和成熟管理经验也被带进来，在整体上推动了我国呼叫中心运行管理水平的提升。二是通信技术的发展，使得呼叫中心的服务渠道发生了转变，从过去的单一模式逐步转变为融合模式，多种联络方式得到综合运用。同时技术也实现了呼叫中心对于分布式地理条件的支持，解决了人力成本等难题，SIP（Session Initiation Protocol，会话初始协议）技术的发展或催生家庭座席的服务形式。目前部分呼叫中心外包已开始朝二、三线城市发展。三是新兴产业的出现，尤其是电子商务的发展，也为呼叫中心外包带来巨大的发展机遇。无论是售前、售后服务环节，还是核心销售环节，呼叫中心都不可或缺。

人力资源外包。人力资源外包近年来发展迅猛，行业专家预计 2017-2022 年 6 年内，中国人力资源服务行业年均复合增长率为 15%～20%。人力资源外包解决方案业务线已经成形，即以流程和数据处理为核心的派遣、咨询、薪资、绩效管理解决方案；以“人”和“人的成长与发展”为产品的人才开发管理解决方案；提供福利制度和福利管理的福利解决方案。

物流与供应链管理服务外包。物流企业运营过程中可能剥离出大量的人力资源管理、财务、法务、客户服务、流程设计和优化以及数据处理等业务流程，释放出大量的服务外包需求。目前我国供应链管理业迅速发展，但是供应链管理服务外包企业还比较少。物流与供应链管理服务外包人才的培养是当务之急。

③知识流程外包。我国知识流程外包业务尚处于起步阶段。许多发包企业正在由业务流程外包向知识流程外包转型升级，国外的知识流程外包企业纷纷在中

国设点，全球的知识流程外包行业正在经历新一轮整合、扩张与发展。我国知识流程外包业务发展较快的有三个领域。

医药研发外包。据不完全统计，我国医药研发外包企业数量约占全球的 5%。成本及人才优势雄厚的科研基础、政府的大力支持、技术竞争优势吸引许多跨国医药企业和医药研发机构加速向中国转移，由此催生了一大批优秀的医药研发外包企业，我国已成为全球重要的医药研发外包目的地。

动漫研发外包。近年来，在中央及地方各级政府的大力支持下，我国的动漫服务外包产业迅速发展，企业数量急剧增长，产业链不断延伸。日本是全球动漫强国，迫于不断上升的人力成本等压力，已将 90% 的动漫绘制工作外包。而中国凭借素质较高、成本较低的动漫绘制人才以及毗邻位置，已成为日本最重要的外包目的地。

工业设计外包。依托快速发展的制造业、建筑业以及其他垂直行业，工业设计外包不仅获得较高的认知度和接受度，而且自身已经成为不容忽视的一大产业。

**2. 按业务活动完整性分类**

根据业务活动的完整性，可将业务外包分为部分外包和整体外包。

部分外包指企业根据需要将业务各组成部分分别外包给不同的服务供应商。如企业的人力资源业务外包，企业根据需要将劳动关系、员工聘用、培训等分别外包给不同的服务供应商。一般来说，部分外包涉及的是企业辅助性活动。当企业的业务量突然增大，现有流程和资源不能完全跟上业务的快速扩张时，企业可以通过部分外包，利用外部资源，不仅获得规模经济优势，提高工作效率，而且还可以尽快满足业务活动的弹性需求。

整体外包是企业将业务的所有流程，包括计划、安排、执行以及分析全部外包，由外部服务商管理整个业务流程，并根据企业的需要进行调整。整体外包强调长期合作，长期合作关系将在很大程度上抑制机会主义行为，从而使交易费用降到最低。

**3. 按合作伙伴间的组织形式分类**

根据合作伙伴间的组织形式可以将业务外包分为无中介的外包和利用中介服务的外包。

在无中介的外包模式中，企业和服务供应商可以借助于互联网进行合作。

如美国思科公司（CISCO）将80%的产品生产和配送业务通过其“生产在线”网站实行外包，获得思科授权的服务供应商可以进入思科数据库，得到承包的信息。

在有中介的外包模式中，企业和服务供应商并不直接接触，双方与中介服务组织签订契约，由其匹配交易信息，并收取佣金。这种利用中介服务组织的外包模式可以大大降低企业和服务供应商的搜索成本，提高交易的效率。

## （四）业务外包特征

一是偏向于后台业务，把远离市场的业务外包出去。二是偏向于机械性业务，企业将机械性、重复性的业务通过数字化、软件化外包出去。三是偏向于非现场业务，对于那些非现场的或者以网络为平台的业务实施外包。

## （五）业务外包核心价值

对于企业来说，业务外包既可以使企业专注发展核心业务，提高资源利用率，还可以降低企业风险。

### 1. 业务外包能够使企业专注于核心业务

企业实施业务外包，可以将非核心业务转移出去，借助外部资源来弥补自己的短板，从而把主要精力放在企业的核心业务上，夯实自己的核心竞争力。

### 2. 业务外包能提高企业资源利用率

业务外包最大限度地发挥了企业有限资源的作用，加快了企业对外部环境的反应速度，强化了企业的柔性和敏捷性，提高了企业的竞争能力。

业务外包是现代虚拟企业[①]经营采取的主要方式。确定企业的核心竞争优势，并把企业内部的智能和资源集中到那些具有核心优势的活动上，将其他企业活动外包给专业公司。虚拟企业中的每一个团队，都位于自己价值链的“战略环节”，追求自己核心业务的发展，而把非核心业务外包出去。如波音是世界上最大的飞机制造公司，却只生产座舱和翼尖；耐克是全球最大的运动鞋制造公司，却从未生产过一双鞋。业务外包不仅使得企业不同产品的生产成本降低、生产效

① 虚拟企业，也称企业动态联盟，是指某一企业经过市场的调查研究后，完成某一产品的概念设计，然后组织其他具有某些设计制造优势的企业组成经营动态组织，快速完成产品的设计加工，抢占市场。

率提高，还可以推动企业顺应市场需求变化，降低风险，从而营造企业高度弹性化运行的竞争优势。

**3. 业务外包可降低企业风险**

有效的外包可以节省企业的资金，将一部分风险转移到服务供应商，从而提升企业的抗风险能力。

## 二、业务外包操作流程

业务外包的操作流程和前一章所述劳务承揽业务并没有本质区别，主要的不同是业务外包比劳务承揽在经营资质、固定资产购置上有更多限制，业务外包的实操过程涉及成本核算，如图 3—11 所示。

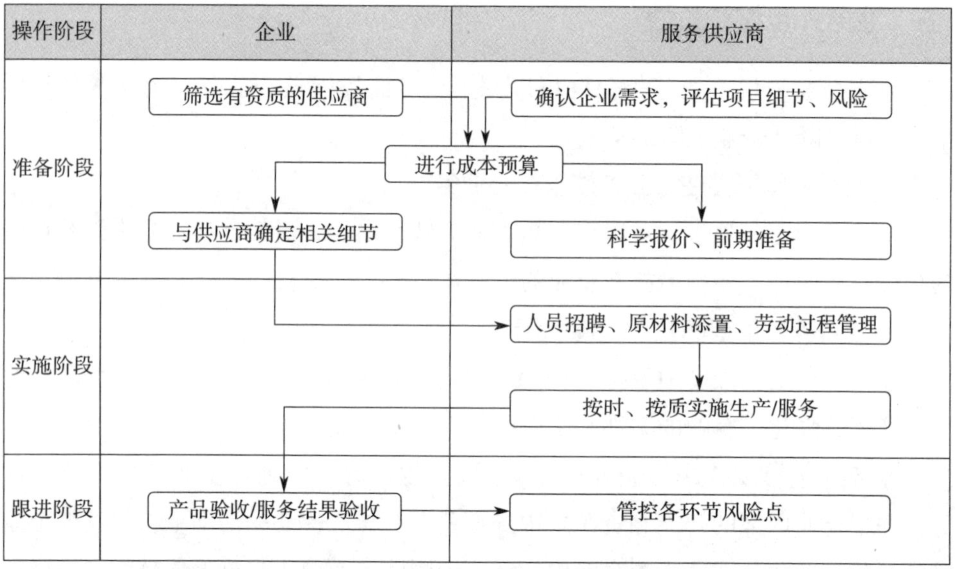


图 3—11　业务外包操作流程图

### （一）业务外包成本核算

服务供应商在与企业洽谈外包合作时，很多企业只是简单地说明希望通过外包项目控制的总体成本是多少，却不关心中间的具体细节。所以，进行外包洽谈时，服务供应商要将外包涉及的员工职能、人员编制和成本进行细分。特别是生产性业务外包的成本核算，只有通过细分才能得出较准确的项目成本预算，才能在此基础上正确报价。

1. 人员定编

人员定编，即把承包的任务转化为业务流程中各岗位人均劳动时间，从而确定每个岗位人数；又或者通过行业产量与人员类比确定岗位人数（该步骤多用于新的外包项目，通常的人员转移性外包不需要通过该步骤确定人数，因为客户方已经确定）。虽然还有各式各样的人员定编计算方法，但无论怎么变化，都不外乎是从工作任务总量到人均完成工作量的分解过程。

如果仍然无法确定外包项目的总产能、人均产能情况，就需到现场去拜访员工，进行实地调研，才能做到心中有数。

【应用实例】

## 制造业生产 / 包装人员定编方法

在某流水生产线的外包项目中，生产线上设备日产量为 30 000 件，在生产线某工序上生产 / 包装的人均产能为 20 件 / 小时，则人均日产能为 160 件。

$$\text{该工序（岗位）定编人数} = \frac{\text{每月总产能需求}}{\text{每月人均产能}}$$

$$= \frac{30\,000 \times 30}{160 \times 21.75^{①}}$$

$$\approx 259\text{（人）}$$

若考虑出勤率为 95%，那么定编人数为 273 人。

再考虑到人员流动、出勤率变化和新手效率低于熟练工等因素，报价时定编人数需适当提高数个甚至数十个百分点。

① 21.75 为月均工作日。

【应用实例】

## 物流业装卸、搬运人员定编方法

某公司预计装卸、搬运量为 100 万吨 / 年，按已有经验（或同行调查）装卸、搬运量为 80 万吨 / 年的公司需配置 240 人。

$$该岗位定编人数=\frac{计划任务总量}{标杆同行人均产能}=\frac{100}{\frac{80}{240}}=300（人）$$

2. 人均费用核算

人工成本主要包括：基本薪资、加班费、社会保险、福利费用、残疾人保障金、住房公积金、人员招聘费、体检费、服装费及劳保用品费、员工分流费、办公费、培训费、业务费、管理费（含现场管理等）、风险金、税费等。在核算的时候，需要具体到人，越具体，成本核算越精准。

【参考模板】

## 人均费用核算明细

基本薪资：当地该岗位的平均薪资，根据具体岗位确定。

加班费用：根据具体用工情况确定。

社会保险：用人单位负担的社保缴费有养老保险、医疗保险、失业保险、工伤保险、生育保险。

福利费用：按照行业惯例，根据企业经济实力，福利一般包括食宿补贴、员工休息室修建费用、节假日补贴、奖金、医疗保健等。

残疾人保障金：根据《残疾人就业保障金征收使用管理办法》，保障金按上年用人单位安排残疾人就业未达到规定比例的差额人数和本单位在职职工年平均工资之积计算缴纳。计算公式如下：

保障金年缴纳额 =( 上年用人单位在职职工人数 × 所在地省、自治区、直辖市人民政府规定的安排残疾人就业比例 – 上年用人单位实际安排的残疾人就业人数 ）× 上年用人单位在职职工年平均工资。

住房公积金：单位负责部分，参考同行同岗位情况。

人员招聘费：人员招聘费需要按月均摊到每个需要招聘的人员。例如，每招 1 人花费 300 元招聘费，再分摊到 12 个月则人均招聘成本为 25 元 / 月。

体检费：体检费需均摊到人，再均摊到月。

服装费及劳保用品费：包括服装、安全头盔、劳动工具等，可根据企业方自行提供情况做适当调整。

员工分流费：包括省内转岗交通费、岗位信息及人员转移交通费，需均摊到人，再均摊到月。

办公费：包括驻场管理员薪资、办公场地和办公设备租赁费用等。

员工培训费：员工培训主要包括企业文化、用工制度及劳动安全教育培训。可按岗位的培训时长、每年培训次数、每次收费计算出一年总费用。

业务费：主要包括项目管理交通费、员工关怀费用及公关费用等。

管理费（含现场管理）：参与此项目工作人员的薪资以及利润，一般按行业收费惯例。

风险金：含工伤、非工伤、生育、超时加班风险、经济补偿金等，风险的发生与上述所有项目都有关联，故按上述所有项目费用的 20% 计提。

税金：按上述所有项目费用总和的 6% 计提。

### 3. 按企业要求进行单位成本计算

若以“年”为单位报价，计算出定编人数及每年人均费用，再乘以总人数，根据企业具体情况加上年底奖金计算出一年的项目总费用。

若以“吨”为单位报价，那么就用项目总费用除以计划总吨数，计算出每吨的费用。

若以“件”为单位报价，那么就用项目总费用除以计划总件数计算出每件的费用。

## （二）业务外包过程管理

在开展业务外包时，外包双方应根据业务外包合同条款，落实双方应投入的人力、资源、硬件及专有资产等，把工作流程、模式、职能架构、项目实施计划等落实到位，对服务全过程进行有效管理。

### 1. 明确权利与义务

服务机构按照业务外包制度、工作流程和相关要求，制定业务外包管控措施，包括与企业方之间的资产管理、信息资料管理、人力资源管理、安全保密管理等机制，确保工作开展有章可循。

### 2. 从价值链起点控制质量

服务机构在与企业方对接时，可通过培训的方式，让员工充分了解企业方的工作流程和质量要求，从源头抓质量。

### 3. 建立沟通机制

外包双方建立顺畅的沟通机制，以便及时发现并有效解决业务外包过程中的问题。

### 4. 梳理相关工作流程

服务机构要梳理有关工作流程，明确每个环节上的岗位职责、运营模式、管理机制、质量等方面的要求。

## （三）管控各环节风险点

外包服务机构在制定业务外包实施方案时，需要结合企业方年度生产经营计划、业务外包管理制度以及业务外包范围，做好各环节风险点的管控。

### 1. 保质保量

业务外包第一要务是需要按照企业方质量标准，确保生产效率，做到保质保量。

### 2. 确保用工合规性

有些外包服务机构为了节省人员成本，会在社保、福利等方面玩“猫腻”，一旦与员工出现劳动纠纷，特别是出现工伤事故，将会面临赔偿风险。

### 3. 确保员工安全

外包服务机构需加强员工的安全意识，特别是在生产性业务外包项目中，需把现场管理、作业安全等作为日常培训重点。

## 三、业务外包常用方法与工具

随着互联网、人工智能、物联网等技术的发展，外包服务供应商也开始尝试运用新技术，将其植入业务实施过程中。

### （一）运用垂直平台，进行人员招聘

一般业务外包，特别是信息技术业务外包，对人员的技术要求较高。这类技术性强的岗位，可通过专业性垂直平台进行招聘。

### （二）运用智能生产设备，提高生产效率

对于生产性业务外包来说，以往主要依赖于劳动力增加劳动时间或提高生产率，后逐步转向借助自动化技术提高生产率。现在，随着智能技术和设备的发展，不仅生产率得以提高，产品的质量缺陷也大幅度减少。

### （三）制订生产经营计划，控制成本风险

企业根据年度预算以及生产经营计划，对业务外包实施方案进行深入评估及复核，包括承包方的选择、外包业务的成本效益及风险、外包合同期限、外包方式、员工培训计划等。

**劳务派遣转型业务外包案例**

### 某三线城市环卫业务外包项目

#### 一、项目背景

某三线城市环卫工作按照以往政府部门管理城市环卫项目的模式，即政府环卫部门以劳务派遣的方式使用环卫工人，对这些人员进行组织管理。

该城市环卫部门在工作中面临着对环卫工人的管理工作占用大量的精力和时间，但效果却不理想的问题，管理体制改革势在必行。

## 二、项目思路

由政府环卫部门对民营服务机构进行招标，采用业务外包的方式把城市环卫外包给专业公司。

政府对城市环卫工作的外包服务供应商进行选择时，应寻求有一定实力的企业进行总承揽。与此同时，政府相关部门有必要在管理转型过程中对城市环卫工人做出妥善安排。因此，由对低端劳动力有丰富管理经验、有健全的项目管理规章制度、有城市环卫项目经验和相关经营资质的外包供应商提供承揽服务会是更好的选择。

## 三、项目实施要点

承揽城市环卫项目的公司要把原在职的环卫工人纳入自身的管理系统，变为其正式职工，依法进行劳动管理，严格按照国家相关劳动法规的要求，签订劳动合同，缴纳社会保险，在员工中建立健全工会制度及党团组织。

同时，帮助环卫工人不断提升劳动尊严，改善劳动环境，提高社会地位。因此，承揽公司必须有完善的员工管理体系及员工关爱制度等。例如，为露天工作的人员建立流动休息站，解决员工的避暑及补水问题。

还要推动实现城市环卫项目的信息化管理。运用环卫管理软件，对考勤、排班、保洁质量等实行即时监控，保洁车辆的调动采用信息化管理及路线监控，杜绝偷工怠工或盗油现象。

# 第四篇

# 人力资源管理事务外包服务

中小型企业受制于规模、成本、效益等诸多因素，多未设置专门的人力资源部或传统意义上的人事部门，人事管理漏洞较多。一些企业在发展过程中常会被各种人事问题困扰，一些问题甚至成了企业发展的瓶颈；一些企业不熟悉劳动和社会保障相关法规政策，频繁与员工发生劳动争议，影响了员工队伍的稳定与企业的发展；一些公司也会亡羊补牢，迅速招聘人员或由现有员工临时处理人力资源管理中碰到的问题，然而繁杂的处理流程却使企业疲于应付甚至不知从何做起。人力资源管理事务外包能使这一系列问题迎刃而解。人力资源管理事务外包服务，指的是用人单位将部分人力资源管理事务委托给人力资源服务机构代办，在简化工作的同时，尽可能避免劳动争议的发生，减少用工风险。

# 第一章　人事代理服务

人事代理服务是人力资源管理事务外包的一种形式，即企业根据自身发展需要将某项或多项人力资源管理工作或职能外包给专业的第三方代理。随着经济的发展，人事代理服务的服务对象和服务内容也发生了较大的变化。

## 一、人事代理服务概述

### （一）人事代理服务定义

人事代理主要是指各级公共就业和人才服务机构按照有关政策法规的要求，受个人或单位委托，提供人事档案管理、人事档案寄存、职称评定、人事调动等相关服务。服务对象是各类企事业单位以及各类人才。

### （二）人事代理服务特征

1. 政策导向性强

目前，人事代理服务机构一般隶属于人力资源社会保障部门，受国家人事政策和相关管理制度的影响较大。人事代理机构需时时关注人事政策，并熟练运用政策为企事业单位和人才服务。

2. 专业性强

人事代理机构具有丰富的人事管理经验和较强的专业能力，相比企事业单位自己承担相关人事管理工作具有更高的效率和专业性。

3. 资源丰富

人事代理机构具有专业的渠道和方法，能更有效地获取人力资源，处理各类人事事务；而单个企事业单位对于人力资源的需求是不稳定、不确定的，很容易造成资源的浪费或欠缺。

### （三）人事代理服务类型

根据我国目前人事代理服务的实际情况，以代理的具体内容为依据，人事代理主要有以下三类。

第一，与人事关系和档案管理有关的人事代理。这类代理包括为委托人接收人事关系，管理专业技术人才和管理人才的人事档案；为委托人保留身份、计算工龄、调整档案工资、接转党组织关系，代为办理集体户口落户手续、专业技术职务申报评审手续等。

第二，与人才中介有关的人事代理，即根据委托人的要求，代理人才招聘，提供人才供求信息，进行人才测评等。

第三，与企事业单位内部人事管理或个人职业发展相关的人事代理。这类代理主要包括接手企事业单位的人才资源开发规划、内部人事管理计划，制定人事管理规范，设计薪酬方案，筹划晋升通道，开具人事诊断处方，受个人委托进行职业生涯设计、职业测评等。

按委托人是单位或个人划分，还可以把人事代理分为单位人事代理和个人人事代理两类。按代理形式划分，可以把人事代理分为单项代理和全权代理。

### （四）人事代理服务内容

人事代理服务主要包括以下内容：提供人事政策法规咨询；协助制定人才规划；建立新型人事管理制度；负责推荐、招聘、引进各类人才，办理聘用合同、签证及合同期满后解聘、续聘等手续；办理各类专业技术人员、管理人员及其他人员的调动手续；负责接转人事行政关系和党团关系，进行户口和人事档案管理；办理社会保险业务；承办专业技术人员职称考试、评审、推荐；负责工龄和技术审核、工资调整、大中专生转正定级；提供身份确认、出国政审、申办证照及各种以档案为依据的证明材料；负责人才岗前培训、上岗资格培训、知识更新培训等；提供人才信息服务和人才素质测评服务；承办与人事管理相关的其他业务。

### （五）人事代理服务核心价值

首先，人事代理使各类人才割断了以人事档案为核心的对企事业单位的依附关系，保证人才有充分择业的自由。

其次，人事代理提供的社会化服务有利于谋求人才效益、经济效益和社会效益，用人自主权和择业自主权得到充分尊重，人力资源配置更加合理。

最后，人事代理的集约型管理使企事业单位从繁杂的人事工作中解脱出来，更有利于实现人事管理的规范化和科学化，同时为企事业单位节省人力物力。

## 二、人事代理服务操作流程

人事代理服务流程如图 4—1 所示。

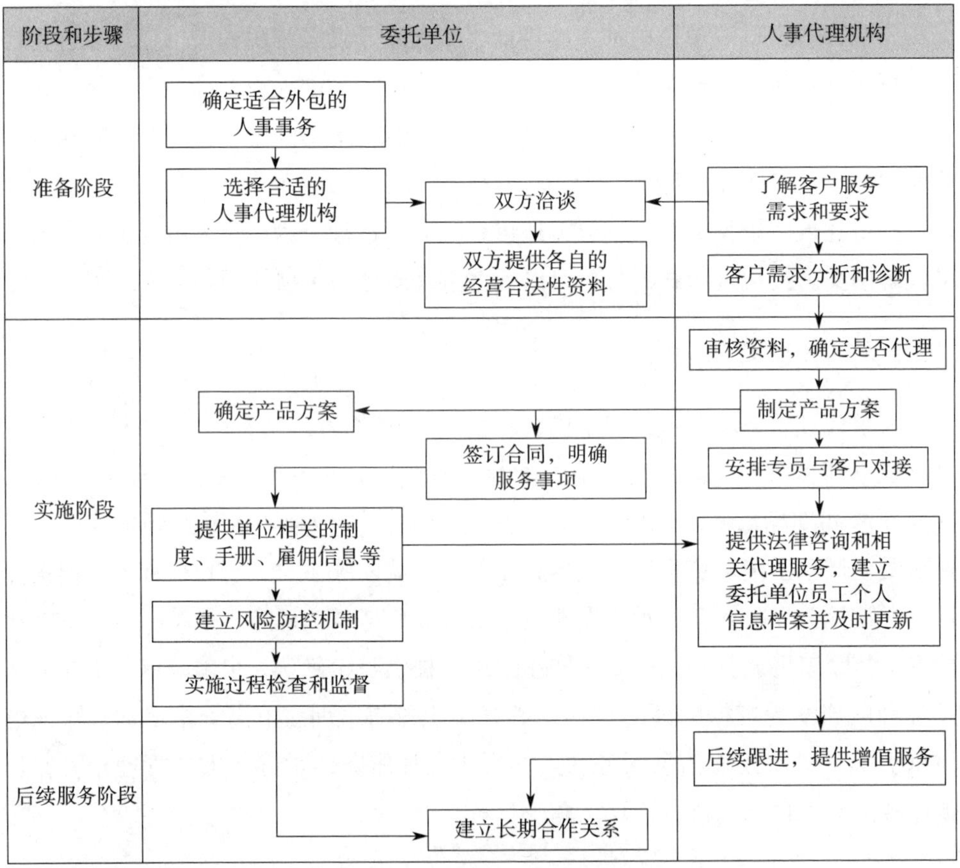


图 4—1　人事代理服务操作流程

## （一）确定适合外包的人事事务

企事业单位在进行人事代理决策时，首先需界定清楚哪些人事事务适合外包。企事业单位通常会考虑外包的安全性，一般核心业务与工作不适宜外包出去，岗位描述、招聘、培训、福利、劳动关系、人事信息系统等相关事务性工作可以考虑外包。

## （二）选择合适的人事代理机构

企事业单位在确定人事代理内容之后，要对人事代理机构进行甄选。一要考虑服务的价格，二要注重代理机构的信誉和服务质量，这关系到相关服务能否高效、高质地完成。对涉及单位机密、员工满意度、工作流程等敏感内容的人事事务工作，必须确认代理机构是否有相应的保密机制和能力。

## （三）双方洽谈

企事业单位委托的，双方要进行充分沟通、洽谈，代理机构应详细了解客户的服务需求和要求。个人委托的，个人和代理机构可通过线上线下两种方式建立联系，代理机构根据个人提出的需求，进行洽谈。

## （四）提供资料

单位委托的，单位应详细说明委托代理内容，双方相互提供营业执照、单位情况介绍等经营资料；个人委托的，个人应出具委托人事代理申请书和人才流动登记表。

## （五）资料审核

对于单位委托，代理机构需对委托单位基本情况、用人条件、委托项目进行审核，确定是否代理；对于个人委托，代理机构会调取委托人的人事档案，并对有关情况和委托项目进行审核，确定是否代理。其中，个人须持本人身份证，暂未就业的毕业生还需带上毕业证，有工作经历的还需提供原单位出具的辞职、辞退、解除合同、自动离职、除名等书面证明，经人事代理机构审核后开具调档函，待档案转至人事代理机构后，办理相关代理手续。

### （六）制定并确定服务方案

代理机构根据单位或个人的具体需求和要求，制定服务方案，并与单位或个人进行沟通、协商。

### （七）签订合同

双方明确具体的服务事项、服务内容、双方权利义务等相关条款，签订人事代理服务合同。

### （八）履行合同

人事代理机构安排专员，与委托单位确定的对接联系人进行沟通、配合，按照合同约定展开相关服务工作。委托单位委托人事代理机构办理签订劳动合同手续，需要向人事代理机构提供企事业单位规章制度、员工手册，以及工作岗位、薪酬、福利等一系列必要的雇佣信息。单位委托人事代理机构代办劳动合同解除、终止或续签等手续的，人事代理机构应提供法律咨询。委托单位委托人事代理机构管理员工信息的，人事代理机构应建立员工个人信息档案，并及时更新。委托单位也要注意人事事务外包的风险防范和控制，对外包实施过程进行定时检查和动态监督，建立起双赢的合作关系，保证高效、高质地完成外包工作。

【应用实例】

## 某人事代理公司档案管理流程

档案管理流程为：洽谈方案、与个人签订档案寄存协议或与单位签订人事档案管理合同、档案交接、入库编号、档案管理、档案查询、到期销毁，操作流程图如下。

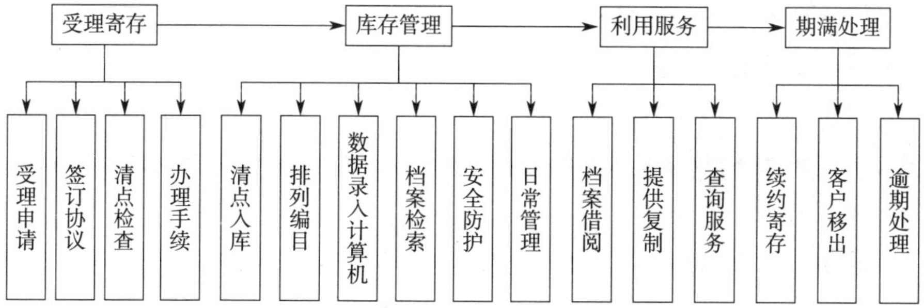


档案管理操作流程图

【应用实例】

## 职称评定流程（以广州市为例）

### 1. 认定条件

职称评定认定条件

| 学历 | 任职条件 | 资格级别 |
|---|---|---|
| 中专 | 从事本专业技术工作满 1 年 | 员级 |
| 大专 | 从事本专业技术工作满 3 年 | 助理级 |
| 本科 | 从事本专业技术工作满 1 年 | 助理级 |
| 硕士 | 从事本专业技术工作满 3 年 | 中级 |
| 博士 | 从事本专业技术工作满 3 个月 | 中级 |

### 2. 所需材料

（1）网上下载打印《广东省专业技术人员专业技术资格考核认定申报表》，并由单位签字盖章。其中助理级认定一式一份，中级认定一式两份（网上操作详情见流程图）。

（2）毕业证、身份证原件及复印件，中级认定还需学位证书原件及复印件。

（3）认定教师、会计、医师等专业技术资格者，还须提供相关执业资格证书原件及复印件。

（4）硕士学位认定中级职称者，除上述材料外，须提交取得硕士学位后工作期间发表的专业技术论文（在有 CN、ISSN 号的报刊发表，申报职称认定人为第一作者）。

（5）大 1 寸照片 1 张（与网上上传照片同版）。

（6）申报职称认定人员须提交在申报单位（即现工作单位）连续缴纳半年以上社保的凭证原件（即历史缴费明细单），并有社保部门（地税开具的无效）加盖的业务专用章。

### 3. 职称业务申报与管理系统个人操作流程

个人登录中国广州人事网 http://www.gzpi.gov.cn →业务直通车→职称业务申报与管理系统。

### 4. 职称业务申报与管理系统单位操作流程

单位登录中国广州人事网 http://www.gzpi.gov.cn →业务直通车→职称业务申报与管理系统，操作流程图如下。

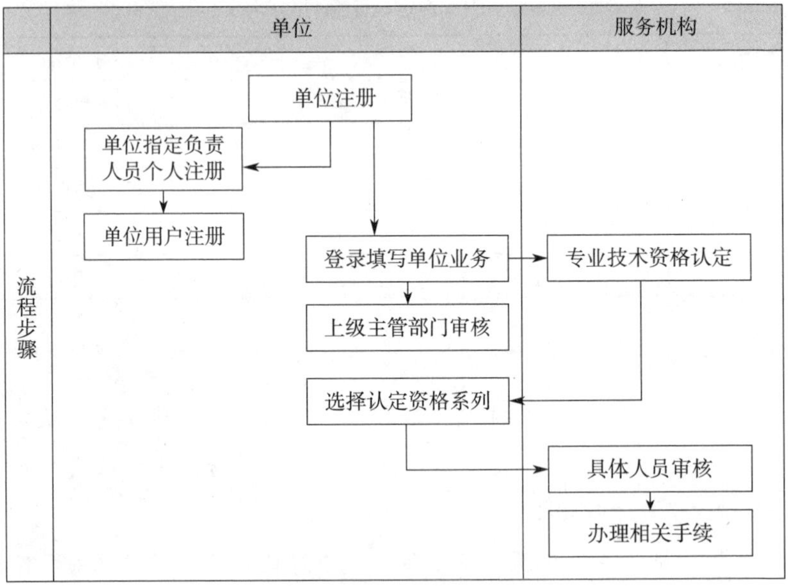


单位职称评定操作流程图

## 三、人事代理服务常用方法与工具

### （一）建设电子档案库

建立电子档案库，集中统一管理，自定义档案文件夹的名称、属性、档案编号等；建立电子化流程，支持档案借阅、在线检索、专题发布等；支持多种途径上传档案，档案资料批量入库；对入库流程和状态变迁制定相应的规范流程，保证档案的正确性和可用性；提供各种统计报表，便于对档案管理进行评估。同时，可设置档案库的权限、档案文件的属性，支持 OCR（Optical Character Recognition，光学字符识别）智能识别和转换。

### （二）运用信息化管理手段

人事代理的信息化，即利用计算机的信息存储与信息检索功能，将人事信息记录到计算机中，再通过一定的程序控制与业务分析进行管理。如南京某人才服务机构与软件设计公司合作，根据人事代理涉及人员特点和人事代理业务流程，研发了人事代理业务专用管理软件。此外，为提高人事代理业务的时效性，有些人才服务机构与当地电信部门合作，通过手机短信发布人事代理业务信息，及时将人事信息通知到人事代理涉及人员，比如人事考试信息（各类资格考试、公务员考试、职称外语考试等）、岗位需求信息等。

### （三）建立网络化管理渠道

人事代理的网络化管理，可实现人事代理业务的异地服务，在某地办理人事代理手续，在异地可获得同样的服务，从而破解人事代理的地域限制。异地人事代理、人才服务机构之间的人事代理互认将成为一种必然的趋势。这一趋势在长三角地区已经形成。同时，通过网络技术，个人和用人单位可随时随地了解最新的人才人事服务信息，并根据人才人事业务需求对信息进行分析与处理。

## 人事代理服务案例

### 某世界500强企业依托人事代理优化人力资源管理

从2004年开始，某世界500强企业委托人事代理机构为其在珠海地区提供劳务派遣、劳务外包、人事代理等多种服务，服务人数200余人。人事代理服务涉及签订劳动合同、办理社保和住房公积金、保管档案等内容。

通过人事代理服务，该企业人力资源管理得到优化，主要体现在以下四个方面。

一是降低员工的流失率。该企业原由内部人力资源管理部门直接跟进员工的各项人力资源事务性操作，由于人力资源事务性工作非常烦琐，占用时间较多，导致部门人员长期身陷事务性操作中，无法将精力集中到内部人力资源管理及员工关系管理工作上，基层员工流失率较高。由第三方服务机构提供人事事务代理服务后，该企业人力资源管理部门专注于人力资源管理及员工关系管理，及时了解及调整员工的需求，员工满意度提高。据其反馈，在实行人事事务代理的第二年，基层员工流失率已得到一定的控制。

二是人力资源投入得以优化。由第三方提供人事事务代理服务后，该企业人力资源部门可将相关资源投入到核心业务中，为企业创造更多的价值。

三是特殊事件处理专业化。在委托第三方提供人事事务代理服务之前，该企业发生一些特殊事件（如工伤等）后，需要不断咨询多个政府部门，总结分析后才能做出处理。现在发生特殊事件后，第三方服务机构能及时给予相应的处理指引，并协助处理相关事宜，大大提升了企业处理特殊事件的效率及专业性。

四是企业用工风险分散与转移。该企业分散了用工风险，劳动争议也大大减少。

# 第二章　社保代办服务

社保代办是社保代理服务的主要内容。随着各地相关政策的推出，社保代办逐渐受到社会关注，将成为未来企业办理社保和劳动者缴纳社保、享受社保待遇的方式之一。

## 一、社保代办服务概述

### （一）社保代办服务定义

社保代办服务是人力资源管理事务外包中的一种单项代理服务，指的是由具有相应资质的人力资源服务机构按照相关政策法规的要求，受单位或个人的委托，为委托人办理缴纳社会保险费等事务。

### （二）社保代办服务特征

1. 合规性

社保代办服务需要按照有关政策法规的要求，遵守监管规则和标准。

2. 烦琐性

社保代办服务的过程比较复杂、烦琐，代办人员需要对委托人提供的资料进行整理、制表、填表、审核、送社保局办理、查询办理情况、代领社保卡等。

### （三）社保代办服务类型

按照服务的对象不同，可将社保代办服务分为两类。

1. 个人社保代办服务

个人社保代办服务是指为以个人名义参加社会保险的个体劳动者、自由职业人员、失业人员、流动就业人员、自主创业人员等提供社保代办服务。个人与服务机构签订代理合同，提交相关资料，并按月支付给服务机构应由个人承担的社保费和服务费。个人可以在所在地社保局网站或者地税网站随时查询自己的社保缴纳情况。

### 2. 企业社保代办服务

企业社保代办服务是指服务机构受企业客户的委托，以客户单位的投保账号进行投保，为企业客户提供系统平台、员工投保、理赔报销等服务。

## （四）社保代办服务内容

社保代办服务的内容一般包括：社保年审、残联年审、社保费补缴、欠费滞纳金查询、社保证明开具等，退休申报、生育保险备案、工伤保险报销等，见表 4—1。

表 4—1　社保代办服务内容

| 服务种类 | 具体服务内容 | |
| --- | --- | --- |
| 社会保险标准化服务 | 企业信息填报 | 个人信息填报 |
| | 增员手续办理 | 减员手续办理 |
| | 汇缴手续办理 | 编录采集系统 |
| | 社会保障卡办理 | 医疗保险存折领取 |
| | 明细月报制送 | 医疗费用报销 |
| | 生育产检费用报销 | 生育津贴申领 |
| | 社会保险基数核定 | 社保政策咨询 |
| | 邮件电话信息确认 | 合并社保号 |
| | 代办养老保险转出 | 代办养老保险转入 |
| | 代办养老保险退休 | 代办医疗保险转入 |
| | 代办医疗保险退休 | 医疗保险转出凭证 |
| | 工伤备案 | 工伤认定 |
| | 劳动能力鉴定 | 工伤款项支付 |
| | 生育备案 | 生育理赔 |

## （五）社保代办服务核心价值

### 1. 规范操作，减少风险

社保代办服务可帮助企业实现社保管理的标准化和流程化，提高效率，并能有效降低企业法律风险，减少企业适应政策变更所耗费的精力。

**2. 简化手续，降低成本**

社保代办服务让企业人力资源工作人员足不出户就能完成社会保险缴纳等工作，减少人员和时间的投入，减少了大量的事务性工作。

**3. 提高效率，创造价值**

社保代办服务将企业人力资源部门从日常行政性工作中解脱出来，将更多时间和资源投入到培训、绩效评估、招聘等更重要的战略性工作中，从而提升企业在吸引、培养和运用人才方面的竞争力。

**4. 提升员工满意度**

社保代办服务方便了员工，能提升员工对企业人力资源管理的满意度，有利于构建和谐劳动关系。

## 二、社保代办服务操作流程

### （一）前期准备

一是服务机构判定哪些企业是真正的潜在客户，判别潜在客户是否有明确的需求而且自身有能力满足其需求。

二是进行客户企业需求分析。各类企业人事事务烦琐复杂，且一些企业人员流动性大，人力资源管理部门运营成本上升，疲于应付。在跨地区企业中，人事专员未必能及时了解各地区政策调整，造成员工社保不能及时申办。还有大部分中小型企业缺乏信息管理平台和技术，对员工社保的管理仍停留在纸质或 Excel 表格查询阶段，管理混乱，效率较低。以上这些企业社保工作的难点，正是企业的需求所在。

对于个人来说，办理社保及其相关事务时，对复杂烦琐的业务办理流程感到吃力，需要一个专业的服务机构协助。

三是收集潜在客户信息，以便和潜在客户沟通。服务机构通过各种途径（如公司网站、销售人员、同行等）搜集客户信息，并针对其需求编制方案。

四是制订首次客户接洽的计划。可围绕以下六个问题制订接洽计划。“我要接洽谁？”——了解客户名称、对接人员职位及其他相关信息。“我接洽的目标是什么？”——参照客户的需求信息，实事求是、明确地回答这个问题。“我必须认清哪些问题/需求，才是在推销机会给客户？”——了解客户的过去、现在障碍及未来计划。“双方有何共同的基础或接洽经验？”——知道如何打开话题。“我今天要得到什么承诺？”——确认自己要达成什么目标。“我的开场白？”——给客户接受此次洽谈的理由。

## （二）接洽

阶段一：服务机构销售人员寄送一封信函或电子邮件，以吸引潜在客户的兴趣（通过以往客户服务案例建立可信度）。

阶段二：后续进行电话跟进，密切关注客户动态和需求。

## （三）面谈

在面谈中，销售人员要利用倾听技巧、诚信态度和专业精神与客户建立和谐的关系。

在面谈中，最重要的一项工作是客户信息收集。

提问题是制定解决方案的关键。提问的流程为：客户现在面对哪些挑战？→客户的目标是什么？→客户现在遇到哪些障碍？→主要的购买动机或价值是什么？

提问必须尽量切入潜在客户所关心的利益，直接指向客户的主要购买动机。例如可以利用售前准备所搜集到的信息进行提问：“贵公司的分支机构遍布我省各市，这么多个市的员工社保缴纳和工资发放，你们是如何解决的？”还可以提问：“最近贵公司投建了一个大型工厂，需要大量的普工，这么大批量员工的社保工作你们准备如何推进？”

销售人员要认真听取客户的回答，认真做好记录。

## （四）商机分析

一般而言，最有效的分析方法就是把商机分为四类来处理。

第一类：现在。潜在客户有明确的需要，而且必须立刻加以处理。如客户接到大量订单，需要大批普工。

第二类：最近一段时期（半年内）。这类商机不是一种即刻需要，可需要是明确而且可预期的。如某公司与其他社保代办服务机构的合作到期了，2 个月后将进行公开招标。

第三类：较远的未来。这类需要必须解决，但不急迫。如某公司业务发展很快，预计未来将会寻求社保代办服务。

第四类：永远没有。不管现在或者未来，潜在客户都不可能需要服务机构提供的产品或服务。

一套有效的商机分析系统可帮助服务机构有计划地制定销售策略，而不是凭直觉做销售工作。弄清楚下面的问题能够帮助服务机构找出适当的潜在客户（项目可行性分析）：客户的需求够大，并值得投入相当的成本么？潜在客户具有必需的资源（财力）吗？对方是真正的决策者么？这一合作关系对双方都将是有利的吗？

### （五）方案设计及报价

根据面谈时搜集到的有效信息，服务机构制定适用于客户独特情况、符合客户购买动机的方案。解决方案可由事实（是什么）、一般益处（它能做什么）、个别益处（它能为个别客户做什么）、证据（案例、客户反馈、数据统计、模拟等）、服务项目组合报价、试探成交（请客户提出意见）6 个部分组成。

### （六）方案展示

进入方案洽谈阶段，双方研究、协商社保代办方案内容，并在符合相关政策法规的前提下修改、完善方案。销售人员要生动、活泼地解说和展示解决方案，辨别客户的购买和警告信号，在发现购买信号时，把握机会试探成交。

### （七）谈判

谈判的秘诀是：要展现热情；要运用维持良好人际关系的技巧；要保持理性，不要情绪化；要注意肢体语言的运用；要有说服力，不要企图迷惑、误导对方；保持一贯性。

销售人员在已经尽力而为的情况下，如果再多退一步，就会伤害到服务机构的现金流和获利能力时，应有技巧地果断退出谈判。

### （八）签约及履行

服务机构与委托人依法签订《社保代办协议》，明确双方权利、义务，分清法律责任。服务机构收集相关办理材料，履行合同。

社保缴纳代理流程及停、缴、退操作流程如图 4—2、图 4—3 所示。

### （九）后续服务追踪

售后服务的策略是：保持最新的有效数据库，建立畅通的沟通渠道，传达令客户感兴趣的信息，提供新产品信息。

成功的销售应该做好售后服务，而良好的售后服务不只是定期和客户联系，还包括在自己机构内部建立良好的协作关系。

## 三、社保代办服务新工具

当前，采取信息技术帮助企业和个人便捷缴纳社保，成为社保代办服务机构的新选择。社保代办信息化平台可为企业提供入职、社保、生日、司龄、圈群交流等一站式人力资源在线管理服务，为个人提供专业的社保、公积金代理服务。

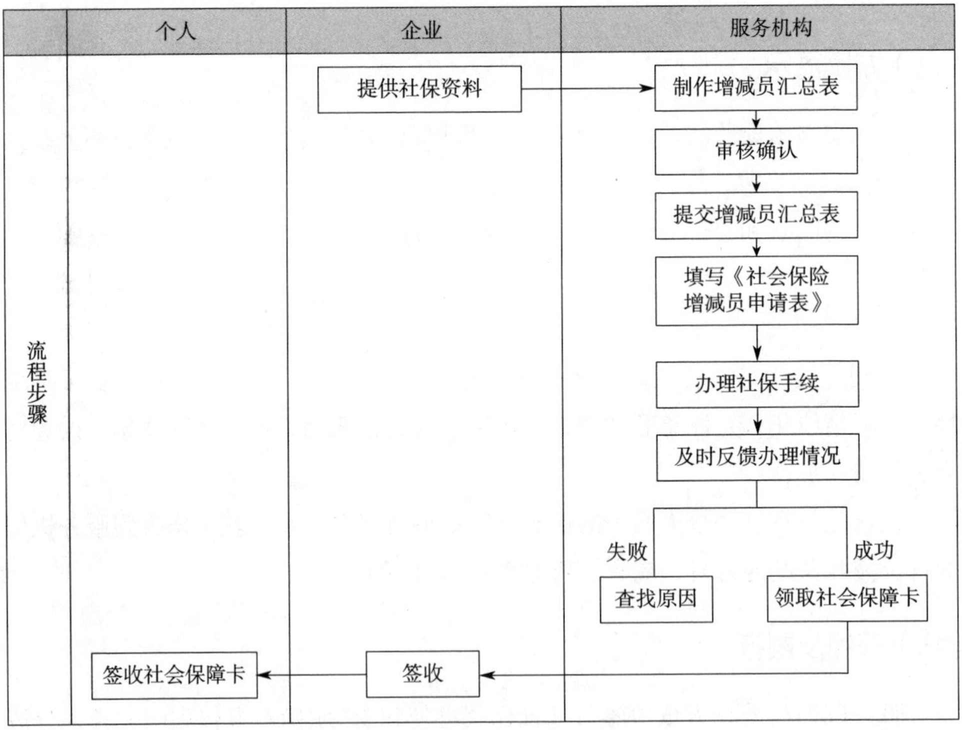


图 4—2　社保缴纳代理流程图

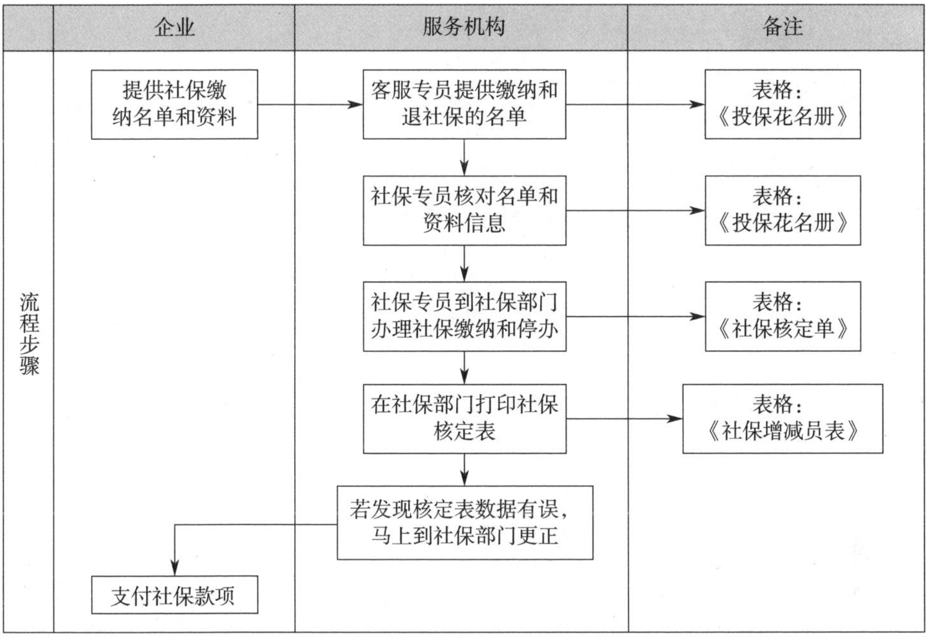


图 4—3　社保停、缴、退操作流程

## 社保代办服务案例

# 广州某人力资源公司推行社保代办服务标准化

表 4—2　社保代办服务标准表

| 服务内容 | 服务描述 | 服务人员 | 服务时限 | 服务结果 | 服务依据 |
|---|---|---|---|---|---|
| 1. 社保增员、减员 | 1.1　核实参保与停保名单，操作 OA 录入社保参保、停保的各项数据信息，提交社保增减员表格。（必填项目：员工姓名、身份证号码、户口性质、投保地、参保月份、停保月份、险种、基数、合同期限） | 客服专员 | 24 小时内 | 正确提交统一标准格式的社保增减员名单 | 《中华人民共和国社会保险法》（以下简称《社会保险法》） |

续表

| 服务内容 | 服务描述 | 服务人员 | 服务时限 | 服务结果 | 服务依据 |
|---|---|---|---|---|---|
| 1. 社保增员、减员 | 1.2　接收客服专员提交的社保增减员表格，录入社保增减员信息。（必填项目：员工的姓名、身份证号码、户口性质、投保地、参保月份、停保月份、险种、基数、合同期限） | 数据录入员 | 24 小时内 | 完成录入 | 《社会保险法》 |
| | 1.3　导出社保增减员报盘资料，并将报盘资料上传地税网。（或者将报盘材料打印出纸质版，携带资料到社保局前台办理） | 社保专员 | 24 小时内 | 正确受理增减员信息 | |
| | 1.4　将地税（社保局）反馈的增减员办理结果，操作系统确认反馈 | 社保专员 | 即日 | 操作系统确认 | |
| 2. 社保缴纳 | 2.1　在社保缴款前，需在地税网（社保网）复制社保核定单，并且将核定单交给数据核查员作缴款前核查。（无法在缴款前到社保局复制核定单的，必须将手工制作的台账发给数据核查员核查） | 社保专员 | 3 个工作日内 | 前往地税局（社保局）复制社保核定单资料 | |
| | 2.2　将社保核定单资料与系统数据进行核对，将不一致的信息反馈给社保专员纠正 | 数据核查员 | 2 个工作日内 | 完成核查 | |
| | 2.3　对核定单中有误的信息，携带资料到地税局（社保局）作更改。重新复制社保核定单，并且以核定单作为社保费请款依据 | 社保专员 | 2 个工作日内 | 完成请款 | |

续表

| 服务内容 | 服务描述 | 服务人员 | 服务时限 | 服务结果 | 服务依据 |
|---|---|---|---|---|---|
| 2. 社保缴纳 | 2.4　收到社保专员的社保核定单后，将社保款划出 | 财务人员 | 1个工作日 | 完成社保款划出 | 《社会保险法》 |
| 3. 社保投保后核查 | 3.1　缴款后，制作社保台账，并将台账上传至OA社保台账栏（必填项目：姓名、身份证号码、户口性质、各险种基数、各险种缴费金额、社保号、单位名称、单位社保号） | 社保专员 | 2个工作日内 | 制作当月社保台账 | |
| | 3.2　操作OA下载台账资料，并且将台账资料录入系统 | 数据核查员 | 1个工作日 | 将台账录入系统 | |
| | 3.3　OA反馈台账与系统不一致的信息 | 数据核查员 | 7个工作日 | 完成核查反馈工作 | |
| 4. 医保卡申领 | 4.1　到医保中心领取社会保障卡 | 社保专员 | 参保后2个月内 | 领取完成 | |
| | 4.2　做好电子版的医保卡签收表，并将表格资料上传OA存折卡类发放栏 | 社保专员 | 3个工作日内 | 完成上传 | |
| | 4.3　通知客服专员领取医保卡，并做好签收 | 社保专员 | 需时 | 领取并签收 | |
| 5. 异地就医办理 | 5.1　确认需办理异地就医名单，并收取员工资料 | 客服专员 | 需时 | 完成资料收集 | |
| | 5.2　接收客服专员提交的资料，审核资料无误后，携带资料到医保局办理异地就医申请 | 社保专员 | 3个工作日内 | 完成资料递交 | |
| | 5.3　办理后，将《异地就医记录册》交给员工，并告知员工相关事项 | 客服专员 | 需时 | 返还资料给员工 | |

续表

| 服务内容 | 服务描述 | 服务人员 | 服务时限 | 服务结果 | 服务依据 |
|---|---|---|---|---|---|
| 5. 异地就医办理 | 5.4　收集资料，申请有关医疗费用的零星报销手续 | 客服专员 | 需时 | 完成资料收集 | 《社会保险法》 |
| | 5.5　接收客服提交的零星报销资料，携带资料到医保局办理申请，并领取《医疗零报受理登记表》 | 社保专员 | 1个工作日内 | 递交申请 | |
| | 5.6　将办理情况反馈给客服专员 | 社保专员 | 1个工作日内 | 反馈办理结果并返还资料 | |
| | 5.7　通知员工报销情况，退回《异地就医记录册》。必须向员工说明医保局审核所需时间，且说明报销款划拨到员工个人医保卡内 | 客服专员 | 3个工作日内 | 返还资料给员工 | |
| 6. 养老保险转移 | 6.1　审核是否符合转移条件。符合条件的，根据当地要求向员工收取相应资料 | 客服专员 | 需时 | 完成资料收集 | 《城镇企业职工基本养老保险关系转移接续暂行办法》 |
| | 6.2　接收客服专员提交的资料，携带资料到社保局办理转移 | 社保专员 | 1个工作日内 | 反馈办理结果并返还资料 | |
| 7. 工伤待遇申报 | 7.1　工伤备案：必须向社保专员提交事故经过，办理工伤备案 | 客服专员 | 1周内 | 提交资料备案 | 《社会保险法》《工伤保险条例》 |
| | 7.2　提交工伤认定资料：按各地办理工伤认定所需资料的规定，向员工收取相关资料 | 客服专员 | 30天内 | 完成资料收取 | |
| | 7.3　接收客服专员提交的资料，携带资料到工伤处办理工伤事故申报 | 社保专员 | 即日 | 办理申请 | |

续表

| 服务内容 | 服务描述 | 服务人员 | 服务时限 | 服务结果 | 服务依据 |
|---|---|---|---|---|---|
| 7. 工伤待遇申报 | 7.4　到工伤处领取《工伤认定决定书》 | 社保专员 | 60天内 | 领取决定书 | 《社会保险法》《工伤保险条例》 |
| | 7.5　接收到社保专员的反馈后，与员工确认工伤认定结果 | 客服专员 | 即日 | 通知员工及客户认定情况 | |
| | 7.6　医疗期超过1个月的，就要提交有关资料进行劳动能力鉴定及医疗期申请 | 客服专员 | 需时 | 完成资料收集 | |
| | 7.7　接收客服专员提交的劳动能力鉴定资料，携带资料到劳动能力鉴定中心办理劳动能力鉴定申请，并领取受理回执 | 社保专员 | 1个工作日内 | 办理申请 | |
| | 7.8　到劳动能力鉴定中心领取劳动能力鉴定结果 | 社保专员 | 60天内 | 凭受理回执到劳动能力鉴定中心领取鉴定结果 | |
| | 7.9　员工需办理工伤医疗费用报销的，客服专员向员工收取相关资料 | 客服专员 | 需时 | 完成资料收集 | |
| | 7.10　接收客服专员提交的资料，携带资料到医保局办理工伤医疗费用报销申请 | 社保专员 | 即日 | 递交资料，并领取受理回执 | |
| | 7.11　医保局审核反馈给社保基金中心，由社保基金中心将医疗费报销的款项划拨到公司账户。收到社保基金中心的划拨款后，将银行回单提供给社保专员，由社保专员核对员工的到账明细，以电子版形式反馈给财务入账 | 社保专员 | 5个工作日内 | 完成核对 | |

续表

| 服务内容 | 服务描述 | 服务人员 | 服务时限 | 服务结果 | 服务依据 |
|---|---|---|---|---|---|
| 7. 工伤待遇申报 | 7.12　向员工收取相应的工伤待遇办理资料 | 客服专员 | 需时 | 完成资料收集 | 《社会保险法》《工伤保险条例》 |
| | 7.13　接收客服专员提交的工伤待遇资料，携带资料到社保局办理工伤待遇申请 | 社保专员 | 即日 | 递交资料，并领取《工伤待遇审核表》 | |
| | 7.14　反馈工伤待遇核定结果 | 社保专员 | 3个工作日内 | 反馈办理结果并返还资料 | |
| | 7.15　社保基金中心将核定款项划拨到公司账户。收到社保基金中心的划拨款后，将银行回单提供给社保专员，由社保专员核对员工的到账明细，以电子版形式反馈给财务入账 | 社保专员 | 5个工作日内 | 完成核对 | |
| 8. 失业救济申报 | 8.1　审核是否符合领取失业救济条件，并收取相应资料 | 客服专员 | 需时 | 完成资料收集 | 《失业保险条例》 |
| | 8.2　接收客服专员提交的资料，携带资料到社保局办理失业救济申请 | 社保专员 | 2个工作日内 | 递交申请资料 | |
| | 8.3　将办理的《通知书》或《告知书》反馈给客服专员 | 社保专员 | 1个工作日内 | 反馈办理结果并返还资料 | |
| 9. 生育待遇申领 | 9.1　掌握、审核怀孕女员工资料，并向符合条件办理生育定点的员工收取相应的资料 | 客服专员 | 需时 | 完成资料收集 | |

续表

| 服务内容 | 服务描述 | 服务人员 | 服务时限 | 服务结果 | 服务依据 |
|---|---|---|---|---|---|
| 9. 生育待遇申领 | 9.2　接收客服专员提交的资料，携带资料到医保局办理生育定点申请 | 社保专员 | 2个工作日内 | 递交申请资料 | 《社会保险法》《广州市实施〈广东省计划生育条例〉办法》《广州市女职工劳动保护实施办法》 |
| | 9.3　反馈生育定点的办理结果，并将资料返还给客服专员 | 社保专员 | 2个工作日内 | 反馈办理结果并返还资料 | |
| | 9.4　若有员工是异地分娩的，客服专员需向员工收集生育报销资料 | 客服专员 | 需时 | 完成资料收集 | |
| | 9.5　接收客服专员提交的生育报销资料，携带资料到医保局办理生育报销申请 | 社保专员 | 1个工作日内 | 递交报销资料 | |
| | 9.6　医保局审核反馈给社保基金中心，由社保基金中心将生育报销费用划拨到公司账户。收到社保基金中心的划拨款后，将银行回单提供给社保专员，由社保专员核对员工的到账明细，以电子版形式反馈给财务入账 | 社保专员 | 5个工作日内 | 完成核对 | |
| | 9.7　核定员工是否符合办理生育待遇条件，符合的收集员工的生育待遇资料 | 客服专员 | 需时 | 完成资料收集 | |
| | 9.8　接收客服专员提交的资料，携带资料到社保局办理生育待遇申请 | 社保专员 | 1个工作日内 | 递交申请资料 | |
| | 9.9　将办理结果反馈给客服专员，并将《生育待遇审核表》一并反馈给客服 | 社保专员 | 2个工作日内 | 反馈办理结果并返还资料 | |

续表

| 服务内容 | 服务描述 | 服务人员 | 服务时限 | 服务结果 | 服务依据 |
|---|---|---|---|---|---|
| 9. 生育待遇申领 | 9.10　社保基金中心将核定款项划拨到公司账户。收到社保基金中心的划拨款后，将银行回单提供给社保专员，由社保专员核对员工的到账明细，以电子版形式反馈给财务入账 | 社保专员 | 5 个工作日内 | 完成核对 | 《社会保险法》《广州市实施〈广东省计划生育条例〉办法》《广州市女职工劳动保护实施办法》 |
| 10. 社保政策收集与发布 | 10.1　掌握各地社保政策变动情况。（各地社保政策变动必须要以书面形式通知线上社保监控员，且需提供相应的红头文件、电子文件或者网址等，以便核对） | 各分（子）公司社保对接人 | 3 个工作日内 | 提交通知 | |
| | 10.2　接收各分（子）公司社保对接人提交的各地社保政策变动通知，整理后按统一文件格式在 OA 发布政策公告栏公布，且及时更新《全国社保明细表》 | 社保监控员 | 1 个工作日内 | 发布政策变动通知 | |
| | 10.3　根据各地社保政策变动调整系统信息 | 数据专员 | 1 个月内 | 调整系统数据 | |
| 11. 社保凭证/参保证明打印 | 11.1　根据员工（客户）要求，收集相关资料，向社保专员提交社保凭证（参保证明）打印申请 | 客服专员 | 需时 | 完成资料收集 | |
| | 11.2　携带相关资料到社保局办理打印社保凭证（参保证明）业务 | 社保专员 | 3 个工作日内 | 打印资料 | |
| | 11.3　将打印完毕的社保凭证（参保证明）提交给客服专员 | 社保专员 | 需时 | 返还资料 | |

续表

| 服务内容 | 服务描述 | 服务人员 | 服务时限 | 服务结果 | 服务依据 |
| --- | --- | --- | --- | --- | --- |
| 12. 社保插补办理 | 12.1　核实插补名单，操作OA录入社保插补的各项数据信息，提交社保插补表格。（必填项目：员工姓名、身份证号码、户口性质、投保地、插补月份、险种、基数） | 客服专员 | 24小时内 | 提交统一标准格式的社保插补表格资料 | |
| | 12.2　接收客服专员提交的社保插补表格资料，操作系统录入社保插补信息。（必填项目：员工姓名、身份证号码、户口性质、投保地、插补月份、险种、基数） | 数据录入员 | 24小时内 | 完成录入 | |
| | 12.3　操作系统导出社保插补报盘，并将报盘打印出纸质版，携带资料到地税局（社保局）前台办理 | 社保专员 | 24小时内 | 受理社保插补信息 | |
| | 12.4　将地税（社保局）反馈的插补办理结果，操作系统确认反馈 | 社保专员 | 3个工作日内 | 操作系统确认 | |
| 13. 社保基数变更 | 13.1　核实社保基数变更名单，操作OA录入社保基数变更的各项数据信息，提交社保基数变更表格资料。（必填项目：员工姓名、身份证号码、户口性质、投保地、各险种基数） | 客服专员 | 24小时内 | 提交统一标准格式的社保基数变更表格资料 | |
| | 13.2　接收客服专员提交的社保基数变更表格，操作系统录入社保基数变更信息。（必填项目：员工姓名、身份证号码、户口性质、各险种基数） | 数据录入员 | 24小时内 | 完成录入 | |

续表

| 服务内容 | 服务描述 | 服务人员 | 服务时限 | 服务结果 | 服务依据 |
| --- | --- | --- | --- | --- | --- |
| 13. 社保基数变更 | 13.3　社保专员操作系统导出社保基数变更报盘资料，并将报盘资料上传至地税网，或者将报盘资料打印出纸质版，携带资料到社保局前台办理 | 社保专员 | 24 小时内 | 受理社保基数变更信息 | |
| | 13.4　操作系统确认反馈办理结果 | 社保专员 | 3 个工作日内 | 操作系统确认 | |

# 第三章　员工福利外包

当前，福利管理正成为越来越多企业关心并亟待解决的问题。福利能拉动员工工作积极性、提升工作效率和增强向心力，在人工成本既定时，企业要吸引和保留人才，能否提供有足够吸引力的福利待遇成为关键要素之一。

## 一、员工福利外包概述

### （一）员工福利外包定义

员工福利外包是人力资源事务外包中的一种单项外包服务，是指企业委托人力资源服务机构为企业员工及其家属提供在薪资收入之外的实物和其他服务，以满足员工的生活需要。

### （二）员工福利外包特征

#### 1. 差异性

每个企业为员工提供的福利内容、福利形式都存在很大差异，人力资源服务机构需要根据企业的不同情况制订员工福利计划，最大化满足企业及其员工的需求。

#### 2. 直接性

人力资源服务机构受企业委托，提供员工福利策划与实施服务，为员工提供直接消费的实物性或货币性福利项目，如免费餐饮、免费班车、生日福利、员工福利卡等。

#### 3. 集体性

人力资源服务机构帮助企业实施员工福利计划之后，企业全体员工均可享受到相应福利，由员工集体消费或共同使用。

### （三）员工福利外包类型

员工福利是企业给员工的间接性报酬，与薪资相比，福利主要由企业通过实物性支付或者延迟性支付的方式给予职工，福利的发放形式各有不同，内容十分丰富。员工福利外包可分以下几种类型。

1. 健康福利

选择专业、优质的服务机构，为企业员工及其家属提供健康咨询、健康体检、补充医疗保险、高端医疗保障等服务。

2. 弹性福利

企业可集合各类服务机构资源，为其员工及其家属提供节日慰问、生日慰问、休息休假、心理咨询、员工关爱、生活补贴、文体活动等方面的福利产品及服务。

3. 综合福利

人力资源服务机构按照企业要求，为其员工提供覆盖养老、子女、生活等多个方面的综合福利解决方案。

### （四）员工福利服务外包核心价值

1. 降低企业管理成本，提高管理绩效

随着员工福利项目向多样化、个性化方向发展，企业人力资源部门的工作量与资金投入不断增加。员工福利外包可减少企业人力资源管理部门工作量，降低管理成本，还可以将人力资源工作人员从事务性工作中解放出来，有更多精力从事战略性人力资源管理活动。

2. 满足企业员工多样化的福利需求

外包服务机构对企业员工福利需求进行深入分析与调查，定期了解每位员工的福利需求变化，综合考虑员工需求和企业实际情况，设计出动态化、弹性强、菜单式的福利项目体系，使其与员工福利需求具有较高的契合度，从而满足员工多样化、个性化的福利需求。

## 二、员工福利外包操作流程

员工福利外包操作流程包括 7 个步骤，如图 4—4 所示。

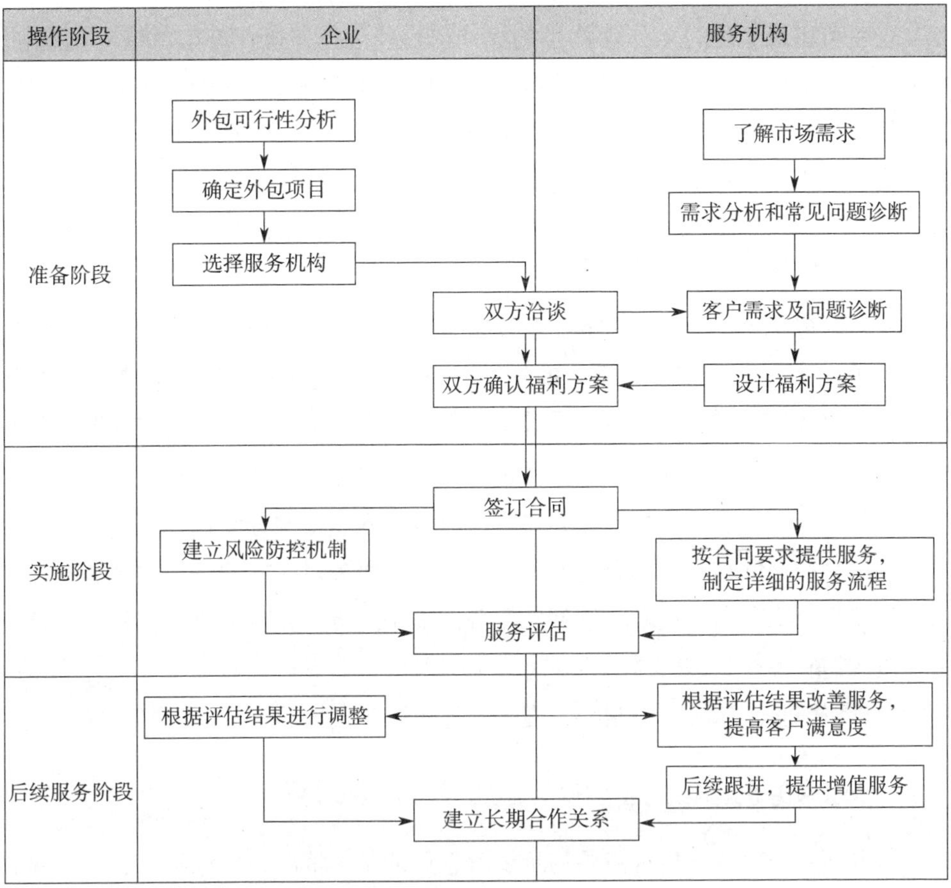


图 4—4　员工福利外包操作流程图

### （一）企业分析员工福利外包要求

企业在做出实施员工福利外包决策前，应进行以下几项分析：人力资源管理部门在福利管理中的优势和不足，是否需要借助外包来改善员工福利管理，外包将对员工福利管理带来多大程度的改变。

### （二）企业确定福利外包项目

企业外包员工福利项目选择应遵循以下三个原则：外包出去的福利项目是本企业福利管理部门不擅长的；福利项目的外包有助于提高人力资源管理效率；福利项目外包在不影响员工福利需求的同时，可以降低企业的福利管理支出。

企业可将员工通过工作而产生的福利项目外包，如免费班车、节假日福利、员工体检等；也可以将与员工日常生活相关的福利项目外包，如工作餐、生日福利、爱心扶持等；还可以将员工活动外包，如团体旅游、公司年会、趣味运动会、员工素质拓展、体育比赛等。

### （三）企业选择外包服务机构

外包服务机构的选择很关键，因为这关系到企业福利管理目标能否高质量、高效率地实现。企业应建立完善的外包服务机构甄选机制，应综合考虑下列因素：外包服务机构应具有从事相关外包服务的资质；公开招标，既能降低外包业务的费用，也能更全面地了解不同外包服务机构的优势和劣势；外包服务机构的信誉和服务质量，通过了解其业界口碑、业务收入以及服务专长，来确定其是否具有较高的诚信度和丰富的企业服务经验；外包服务机构的硬件与软件实力，包括操作流程、福利管理技术和软件、服务网络系统等；企业文化的相容性，外包服务机构的服务理念是否与本企业相类似以及外包服务机构对本企业文化的接纳程度；价格因素，从成本控制的角度考虑外包服务机构的选择；法律法规。

### （四）外包服务机构与企业洽谈，进行企业需求诊断

一方面，外包服务机构需要初步了解企业的基本情况、外包需求、员工福利管理现状，并进行需求分析，找出企业员工福利管理中的突出问题或难题，为企业选择员工福利外包服务项目提供决策依据。另一方面，企业需要了解外包服务机构的服务意向、服务范围、服务质量、服务能力等，并向外包服务机构详细说明企业选择员工福利外包的主要目的或关键问题及难题，便于外包服务机构掌握准确信息，进行需求诊断。

### （五）外包服务机构设计外包方案，并经企业确认

外包服务机构根据企业的实际情况和具体要求，进行福利外包方案设计，设计出多个外包方案供客户参考和选择。双方共同研究、确定福利外包方案的具体内容，完善方案后由客户予以确认。

### （六）签订服务合同

外包服务机构与客户签订福利外包合同。外包服务合同要注意以下几点，即双方责权利边界清晰、合同期限适中、有商业机密保密条款、有评估服务的标准等。

### （七）实施福利项目

外包服务合同签订之后，外包服务机构要根据合同的内容，提供基础服务与增值服务。

从企业角度来说，一是要建立动态监控机制，注重风险监控与防范。定期评估外包服务机构提交的阶段性报告，纠正外包过程中出现的偏差。二是及时调整企业内部相关业务流程，向员工阐释福利外包的优越性，消除员工的抵触心理。同时，要注意处理好员工因相关业务外包所面临的工作变动问题。

## 三、员工福利外包新趋势

实施弹性福利项目正在成为越来越多企业的选择。弹性福利项目是指在企业对每个员工福利投入确定的前提下，由员工在企业提供的众多福利项目中，根据自己的需求自主选择适合自己的福利或福利组合。弹性福利的实施，离不开灵活多样的福利项目设计和先进的弹性福利系统。

从弹性福利的实践来看，企业为员工提供的弹性福利项目大多包含以下几类。

保障计划：保障计划是社会保险的补充，主要有补充医疗保障、意外保障、旅行保障等，员工不但可以为自己选择这类福利，还可以为家属选择这类福利。

健康管理：主要有年度体检、心理健康评估及干预、辅助就医以及私人医生等。

节日祝福：主要包含春节、端午节、中秋节以及妇女节、儿童节等节日以及

生日慰问、结婚生子祝福等。

养老计划：随着相关政策的出台，很多企业开始为员工提供企业年金这种补充养老计划，以解除员工的后顾之忧。

员工关爱与激励计划：企业在实施弹性福利的过程中往往也会将激励计划融入进来，针对各方面表现优异的员工或就一个单独项目对员工进行激励。

先进的弹性福利系统平台对于弹性福利计划的成功起着至关重要的作用。员工可在任意时间、任意地点登录弹性福利平台，选择自己喜欢的福利项目。同时，员工通过弹性福利平台也可全面系统地了解企业的各项福利政策。弹性福利平台需要具有美观友好的界面、简单易懂的操作流程，方便员工使用。

**员工福利外包案例**

## 国内某知名快消品公司员工福利管理问题诊断

### 一、福利管理现状

国内某知名快消品公司有员工一万余人，分布在全国各地，年节福利发放由各地子公司单独实施，缺乏统一管理。从员工满意度调研结果来看，大多数员工对公司发放的福利礼品不满意。人力资源部门抱怨员工福利发放工作复杂琐碎，员工的需求多种多样，众口难调。人力资源部门投入了大量的人力、物力，仍然很难满足所有员工的需求。

此外，公司近两年来员工流失率持续升高，为了保留员工，不断增加员工福利预算，但是效果并不理想。员工对公司在福利方面的投入并不了解，甚至对于自己应该享受的福利也不了解，只关注自己的薪资水平有没有提高。

### 二、问题诊断

每个企业在员工福利管理中面临着不同的问题，但是所有企业都在追求同一个目标，那就是提升员工的满意度，吸引和保留人才。从目前的情况来看，该公司在福利管理中面临的问题主要有以下几个方面。

1. 员工的福利需求各不相同

某人力资源服务机构的调研结果显示，35 岁以前，员工最关心自己的职业发展生涯；从 35 岁开始，员工会更加重视医疗健康福利。伴随年龄增长，员工的投资储蓄意识也会不断增强。由于员工的性别、家庭背景等因素的影响，员工在福利选择方面存在较大的差异。因此，企业在福利管理的过程中很难摆脱众口难调的困境。

2. 员工福利发放工作复杂、琐碎，管理难度大

特别是一些大中型企业，员工工作地点分布在全国各个城市，这种情况进一步增加了福利管理的难度。

3. 各地福利标准不一致，内部公平性缺失

企业各个分支机构员工福利管理政策不同，福利标准和项目不统一，员工往往会觉得不公平，不满情绪增加。

4. 员工对企业的福利投入不了解，难以产生共鸣

员工福利在企业的薪酬体系中占比不小，可是比起工资卡上可见的数字来讲，员工对于企业在福利方面的支出“毫不领情”。如何通过有效的沟通让员工了解企业在福利方面的“良苦用心”，也是摆在人力资源管理人员面前的一个难题。

### 三、解决思路

选用专业的第三方公司开展弹性福利项目，能够在很大程度上解决企业成本控制和员工满意度之间的矛盾。弹性福利的实施过程非常复杂，在方案设计、积分规则制定、福利采购、系统实施和日常管理等方面都需要做大量的工作，因此一般需要由专业的第三方公司来完成。

弹性福利计划的实施可以根据企业的特点循序渐进，不必一步到位。

弹性福利计划有别于传统的福利计划，因此在实施的过程中，做好员工的沟通至关重要。一是让员工了解如何操作，这是项目成功的关键；二是让员工对公司提供的各项福利政策有全面的了解，体会到企业对员工的关怀。

# 第四章　薪酬外包

目前中国大中型企业采用薪酬外包服务的还较少。跨国企业组织机构复杂，人员构成多样，面临薪资本地化管理及全球化体系约束的双重要求。从发展趋势来看，薪酬管理基础性工作外包将成为越来越多企业的选择。

## 一、薪酬外包概述

### （一）薪酬外包定义

薪酬外包是指人力资源服务机构接受企业的委托，安排外部专家负责该企业薪酬部门的日常管理工作，根据企业的薪酬管理情况进行企业薪酬结构设计、员工薪酬待遇核算、社保公积金扣缴、个人所得税扣缴以及薪酬发放等。

### （二）薪酬外包特征

一是个性化。人力资源服务机构根据企业的经营战略及业务特点确定薪酬结构及水平，为企业提供个性化的服务和产品。二是人性化。根据客户企业文化特点及要求，设计人性化的薪酬结构。三是及时性。严格按约定时间支付薪酬，根据与客户企业的约定承担延迟支付的相应责任。四是准确性。严格按薪酬标准及其他规定条件计算与支付薪酬，根据与客户的约定承担相应责任。

### （三）薪酬外包类型

根据薪酬外包的内容，可将薪酬外包分为以下两种类型。

1. 事务型薪酬外包

这类薪酬外包主要为客户企业提供薪酬核算、薪酬发放等日常基础事务服务。外包服务机构根据客户企业员工信息、岗位划分、考核情况等核算工资，并定期发放。

2. 咨询型薪酬外包

这类薪酬外包主要为客户企业提供薪酬设计如薪酬结构设计、薪酬水平设计等方面的策划和建议，也会将市场和政府方面有关薪酬管理的信息及时反馈到企业，便于企业做出决策。

## （四）薪酬外包服务内容

薪酬外包服务内容主要包括：薪酬水平设计（包括工资、年度奖金、长期激励、福利、特殊待遇等）、工资计算与发放（管理新员工和离职员工信息、计算薪酬调整和薪酬总额、计算员工扣款、计算和代扣个人所得税、整理税务档案、薪酬发放等）、财税咨询和会计账务处理（相关的税收政策咨询、相关的税务事务处理及税务筹划等）、市场数据管理（市场调查、评估市场薪酬价位、分析行业薪酬状况）、薪酬规划（结构调整及奖励预算）、职位评估，以及员工信息管理、考勤休假核算、银行交易代理、薪资单列印与送达、标准化报表、员工查询、信息沟通等。

## （五）薪酬外包核心价值

1. 降低企业薪酬管理的风险

薪酬管理的复杂性与风险是企业进行外包决策的决定因素。大多数企业越来越难以应对与薪酬有关的税务以及法规条款的变化，而且薪酬管理工作需要花费大量的时间，因此，薪酬外包已经变得越来越普遍。第三方机构的专业能力通常是降低薪酬管理风险的有效途径。

2. 降低企业薪酬管理成本

随着人力资源管理职能的变化，薪酬方案日益纷繁复杂，囊括职位评估、市场数据管理、薪酬规划等，用于支持这些方案的管理系统日趋强大，流程日益烦琐，其维护成本也日趋高昂。同时，企业开始要求人力资源部门成为企业的战略合作伙伴。与第三方机构合作，由其提供专业的薪酬外包服务，可有效降低企业管理成本。

3. 帮助企业将资源集中于战略性工作

企业选择薪酬外包的原因之一是确保其内部人员着重进行与企业经营息息相关的战略性活动，另一个原因是在不增员的情况下获取额外的技术专长。

## 二、薪酬外包操作流程

薪酬外包操作流程如图 4—5 所示。

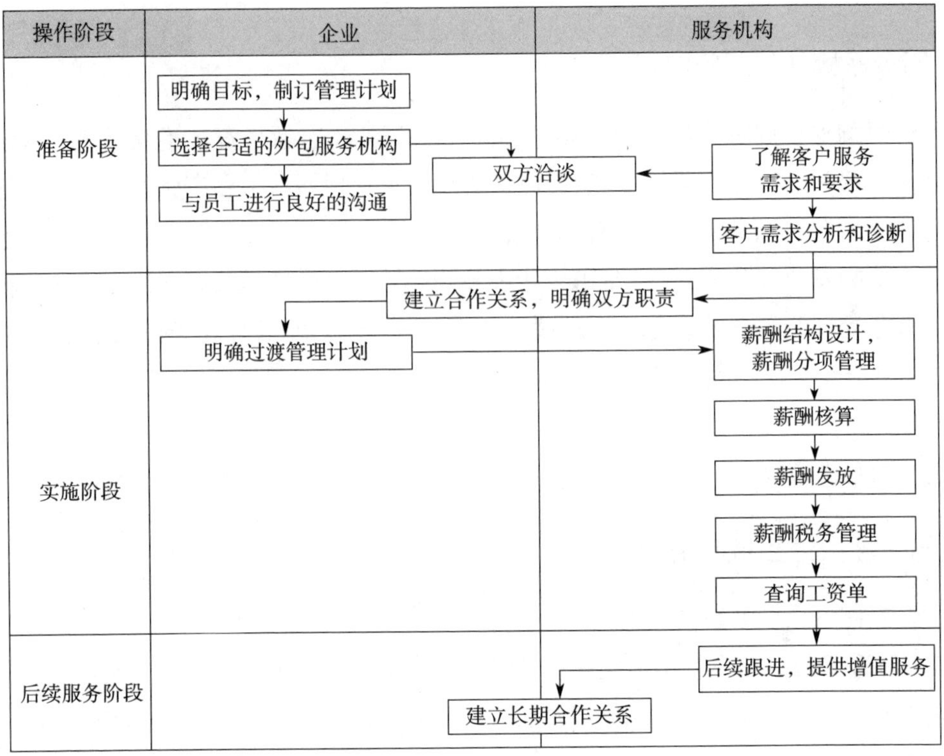


图 4—5　薪酬外包操作流程

### （一）企业明确目标，制订外包计划

首先，并非所有企业都适合采取薪酬外包这一举措。最适合进行薪酬外包的企业具有如下特征：有大量的管理活动，通常与市场数据息息相关；承诺妥善地管理薪酬计划；期望节省管理工作所耗费的时间，以便投入更多的时间来进行与薪酬设计相关的经营活动；尝试过外包其他人力资源工作。

其次，企业探讨外包之前，必须明确人力资源部门及整个企业将如何从外包中受益。由于薪酬外包所需的成本未必低于增员，因而，必须明确外包能为企业创造的价值。较为理想的做法是，针对外包服务设立的绩效标准应表明外包与实现企业经营目标的关系及实现方式。

企业根据经营目标制订薪酬外包计划，并对计划可行性进行分析。

### （二）企业选择合适的薪酬外包服务机构

外包是一项长期的决策与投入，企业在选择外包服务机构的时候应该慎之又慎。成本是一个很重要的问题，但更重要的是薪酬外包服务机构是否有较完备的硬软件配备、是否具有丰富的操作经验、是否有长期承诺、是否会恪守法律规定以及保密原则等。

### （三）企业与员工进行良好的沟通

企业与员工进行沟通的重要性在于取得员工的信任，将薪酬信息和新的策略传递到各个层面，以指导和推动薪酬外包工作顺利进行。通过沟通，也可以让员工形成一种共识，即薪酬外包不仅是为企业利益着想，也是为员工自身利益考虑，薪酬外包是一种多赢的、有效的管理方式。通过沟通形成强大的执行力是薪酬外包成功的关键。因为每一项变革都需要员工的全力支持，而这种推动力不只来源于动员大会，更来源于员工的具体参与。

### （四）建立合作关系，明确双方职责

外包服务机构与企业建立合作关系，明确双方职责。外包服务机构应负责实现外包服务目标。企业应制定绩效标准和评估尺度，以便明确、持续地评估外包服务情况。双方应明确过渡管理计划。一般情况下，需经过 6 ~ 12 个月方可过渡到外包管理。在过渡阶段，薪酬部门逐渐将工作重心由日常管理转向策略规划，人员配置通常也将发生相应的变化，不再侧重于数据分析和处理，而是与薪酬相关的经营问题。

### （五）薪酬结构设计与薪酬分项管理

薪酬结构设计包含行业薪酬调研、员工薪酬计算模式设计等。人力资源服务机构运用薪酬设计专家、岗位评价软件，帮助企业构建科学、规范、合理的薪酬架构。运用薪酬发放软件，对企业原有的薪酬结构进行高速、有效的分拆，形成合理、合法的薪酬结构，从而有效降低法律风险。运用统计分析系统，按企业的

需求，按月、按季、按年提供员工信息和薪酬方面的分析报告，企业可根据分析报告适时调整薪酬政策。

### （六）薪酬核算

企业根据员工工作表现和原始数据先计算员工薪酬，或将员工考勤数据、绩效考核数据和原始数据提供给外包服务机构薪酬核算员，由薪酬核算专员计算并编制薪酬表，并与社保专员进行核对，然后发回客户企业审核，进行信息核对，经过双方确认，再进行薪酬发放。在计算员工当月薪酬时，可通过网络即时查询相关政策、法规，做到合法、准确地为员工计算薪酬。

### （七）薪酬发放

待外包服务机构与企业确认员工薪酬数据后，由银行将薪酬发放到员工工资卡中。一方面由外包服务机构薪酬核算专员至银行报盘发放员工薪酬，另一方面由客服专员向员工发放工资条。

工资发放流程如图 4—6 所示。

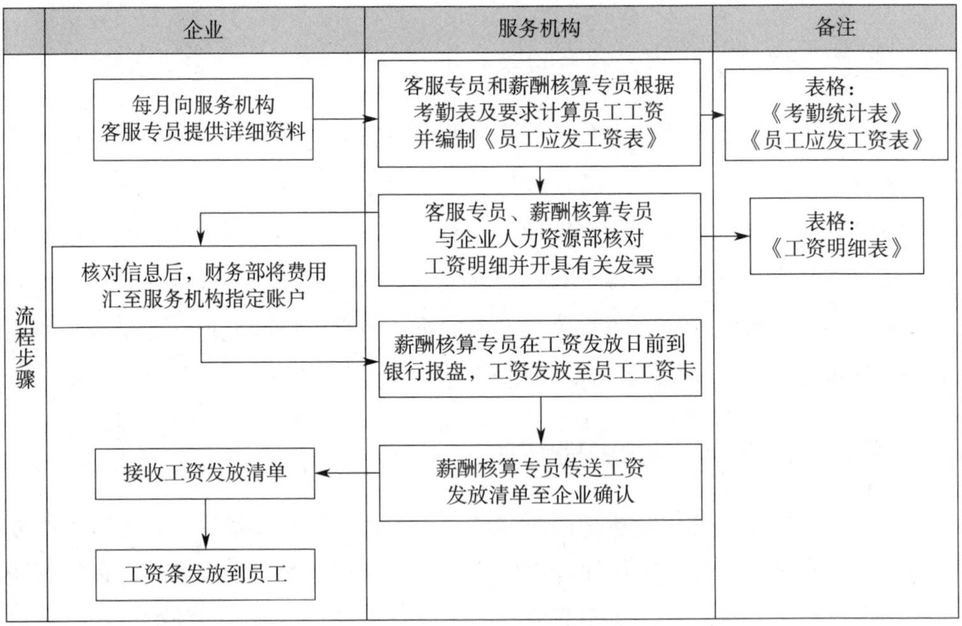


图 4—6　工资发放流程

### （八）薪酬税务管理

外包服务机构提供相关的税务事务处理及税务筹划等服务，如薪资计税、扣税、税务申报等。

### （九）查询工资单

外包服务机构提供“薪资发放、社保缴纳”查询软件，客户企业可查询薪酬发放和社保缴纳情况，并可下载打印相关资料。员工个人也可在发薪后查询当月工资数据，并下载打印，以电子单据取代工资单。

## 三、薪酬外包常用方法与工具

面向不同规模的企业，外包服务机构可提供各类薪酬外包服务。针对大型企业，外包服务可与大型管理系统集成。在管理平台上，企业与外包服务机构都可查询薪酬信息，企业人力资源或财务部门可在管理系统上补充、修改员工薪酬信息。针对中小型企业，薪酬外包服务机构可根据客户的具体需求，提供信息录入、表格生成、工资发放等服务。针对微型企业，外包服务机构可直接提供自主研发的薪酬管理体系。企业通过客户端连接至平台，根据自身的需求，录入相关信息，系统自动生成相应的数据及报表，并进行薪酬发放及报税等工作。

人力资源软件系统的发展，为薪酬外包服务提供了新的技术工具。在该系统里，可灵活设置不同类型员工的薪酬项目及其计算方式，建立企业需要的薪酬结构体系；支持不同地区的不同计税方法，通过薪酬调整实现批量处理或者按个别员工计算；与考勤系统连接，根据员工考勤情况调整员工的薪酬福利；自定义员工薪酬的参数、工资类别、计算公式和工资标准；为员工提供工资奖金、补扣费等自动处理服务，并可归档备查；提供数据导入、导出功能，可与外部系统如银行等进行数据传递；提供工资分析功能，按部门、岗位、级别、档次等分析各类工资项目的总额、比例、均值等；打印工资条发放给员工，工资条可根据企业需求设置不同的形式。

薪酬外包案例

# A化学工程公司薪酬外包项目

## 一、企业概况

A化学工程公司（以下简称A公司）是一家拥有近4 000名员工的大型综合性化工施工企业。A公司薪酬分配的依据是岗位价值、技能和业绩，现有薪酬体系主要包括岗位工资制、年薪制、项目承包工资制、协议工资制、计件工资制6种形式，薪酬管理实行公司人力资源部、二级和三级单位劳资组三级管理，共有70余名劳资专员负责薪酬福利的组织和管理工作。

## 二、问题诊断

### 1. 内部薪酬不公平

首先，内部薪酬标准不科学、不统一。公司薪酬体系包括岗位工资制、年薪制等多种形式，针对不同用工形式的员工，容易导致内部薪酬不公平。其次，岗位工资体现出“官本位”思想。行政级别越高，岗位工资越高，待遇也越好。薪酬晋升渠道单一，严重挫伤了专业技术人员的积极性。

### 2. 外部薪酬不公平

A公司的薪酬水平基本上没有与市场接轨，可替代性强的一般岗位薪酬水平与市场基本持平，而关键技术岗位和中高层管理岗位薪酬则远远落后于市场水平。如熟练掌握英语且具有国外施工经验的项目经理、技术管理人员的薪酬比市场水平低很多，导致很多人才流入上海、北京等地企业。

### 3. 福利计划欠缺

A公司自己设计了一些员工福利计划，如过年过节统一发放实物、员工优惠购买内部商品、给一部分人配备笔记本电脑、发放子女教育费等。但A公司的福利计划缺乏灵活性和针对性，难以满足员工多样化的需求。

### 4. 薪酬管理效率低

A 公司薪酬三级管理机构臃肿，人浮于事，服务效率不高。特别是二、三级单位的劳资员，基本上都是由工人兼任，他们没有经过正规的人力资源管理培训，缺乏薪酬管理的专业知识，导致薪酬管理的成本高、效率低，不能满足公司发展的需要。

## 三、解决思路

提升管理者认识，与外包服务机构合作，依靠其专业优势，解决薪酬管理专业人才缺乏的问题，进行系统、规范、有效的职位评价和薪资调查，设计出适合 A 公司需要的、有针对性的薪酬和福利体系，达到内外平衡，发挥薪酬福利的导向、激励作用，吸引和留住人才。

## 四、成效

专业外包服务机构的薪酬管理工作帮助 A 公司更好地控制了薪酬成本和管理成本，提高了薪酬管理的质量和效益，为公司减员增效提供了支持。

以 A 公司上海分公司为例，该分公司有职工 200 多人，薪酬外包前共有 10 人从事人力资源管理，主要工作是根据 A 公司的薪酬体系，依照员工的工资等级、出勤情况发放工资和奖金，并办理工资晋升、缴纳保险等事宜。在把这部分薪酬管理工作外包出去后，上海分公司从事人力资源管理的员工由 10 人减至 4 人，直接费用就减少约 90 000 元 / 年，而外包费用只需 40 000 ~ 50 000 元 / 年。上海分公司还获得了薪资调查、薪资方案设计服务，建立了适合公司发展的动态薪酬福利体系。

## 五、注意事项

实施薪酬外包不可避免会发生一定风险，要建立一套风险预警机制、监控机制、激励约束机制，对企业的薪酬外包活动风险采取前期控制、现场控制、反馈控制，最大限度地防范外包风险。

# 第五章　劳动保障法务服务

近年来，随着用工制度和劳动保障法律法规的日益完善，以及劳动者的维权意识的增强，劳动争议数量呈现逐年上升趋势。为尽可能地避免劳动纠纷，妥善处理劳动争议，劳动保障法务外包已成为众多企业人力资源管理的一项重要决策。

## 一、劳动保障法务服务概述

### （一）劳动保障法务服务定义

劳动保障法务服务是指企业根据自身的战略选择和发展需要，改变以往一名律师为一个企业做法律顾问的模式，将与劳动保障相关的法律事务外包给人力资源服务机构，由人力资源服务机构的专业法律团队进行处理，企业获得个性化的法律服务方案的一种新型法律服务方式。

### （二）劳动保障法务服务特征

1. 系统性

劳动保障法务服务较为复杂，综合性强，会涉及其他相关领域，且劳动保障法务服务具有关联性，不能处于分散、封闭和互不联通的状态。

2. 全面性

劳动保障法务服务覆盖服务基础、服务技术、服务提供规范等各个方面，服务内容比较全面。

3. 规范性

劳动保障法务服务需要遵守我国现行的法律法规，不能触碰法律“红线”。

4. 保障性

劳动保障法务服务面向的是劳动关系中的双方，以确保双方当事人的权益。

5. 可衡量性

劳动保障法务服务标准对相关结果的评估要清晰，要尽量用定量数据作为指标。

## （三）劳动保障法务服务类型

1. 预约服务方式

企业与服务机构签署年度法律服务协议，律师定期或不定期拜访企业，为企业日常生产经营提供法律咨询服务。如企业需要法律服务时，可预约、委托服务机构专业律师办理。

2. 项目服务方式

服务机构按照项目提供相应的服务。这类服务基于部分客户单项法律事务，提供"一事一办"的法律服务，专项委托、专项办理、专项考核、专项付费。

3. 协作服务方式

服务机构根据客户企业需求，指派专业律师配合客户内部法务人员工作，双方分工合作、各取所长，保质保量完成法律事务处理工作。

4. 驻点服务方式

服务机构根据客户的服务要求，委派律师进驻客户处，与客户内部工作人员整合组建法务部门，在协议约定的范围内为客户处理日常法律事务。

## （四）劳动保障法务服务内容

1. 劳动保障法律咨询服务

提供员工入职、离职，劳动报酬、工资支付，调岗、转岗、降职，加班、休假，社会保险办理、赔偿，员工因工或非因工负伤等方面的法律咨询。

2. 企业劳动规章制度的草拟、修改与合法性审查服务

提供劳动规章制度草拟，劳动规章制度、管理表单合法性审查，休息休假、奖惩管理、工作时间管理等相关劳动用工制度草拟，企业劳动规章制度制定法律程序指导等服务。

3. 劳动用工法律文书的草拟与合法性审查服务

提供劳动合同、保密协议、培训协议、服务期协议、竞业限止协议的草拟和审核服务，劳动用工相关通知、协议（如解除劳动合同通知、解除劳动关系协

议、违纪通知、劳动合同变更协议等）等法律文书的草拟和审核服务，劳动用工相关法律文书拟定、协议签订指导服务。

4. 劳动争议调解、仲裁与诉讼代理服务

协助企业开展劳动争议案件的调解和谈判，代理或指导劳动争议仲裁和诉讼，代写劳动争议案件法律文书（包括申请书、起诉书、上诉书、答辩书等）。

5. 劳动人事管理专项服务

定期举办劳动法律沙龙、劳动法律知识培训（讲座、内训）等活动；协助企业建立工会、职工代表大会；提供企业成立、分立、改制重组、裁员分流、安置，工资集体协商、集体合同协商，企业劳动用工法律风险评估等法律项目服务。

6. 劳动年审代理服务

指导企业填写年审所需相关资料，提供专业意见；代理企业办理年审；年审时，若出现需要补交资料的情况，指导企业补办相关资料。

7. 员工关系管理咨询服务

全面诊断企业员工关系现状，为改进员工关系管理提供综合性方案；为企业提供专业的法律意见，有力保障企业劳动关系得到有效处理；为企业转制过程中的员工关系管理提供指导，并予以协助；为企业裁员、辞退员工提供实施方案及具体实施协助；必要时，代表企业或以协调者的角色与企业员工进行必要的会谈，协助构建和谐劳动关系；帮助企业对员工给予恰当的奖励或惩罚；为企业员工提供有关福利、法律和心理方面的咨询服务；帮助企业处理如员工工伤等各种突发事件；帮助企业开展员工离职面谈及办理离职手续。

## （五）劳动保障法务服务核心价值

1. 节省企业的时间、精力和成本

劳动保障法务工作会耗费企业大量的时间和精力。外包给专业机构，企业管理人员可将更多时间和精力投入企业核心业务的发展中。

2. 降低劳动争议风险

企业在发展壮大过程中会遇到各种劳动关系问题，如劳动合同纠纷、工资工时争议等，劳动保障法务服务可帮助企业防范和化解劳动争议风险，并在劳动关系突发事件发生时，尽量降低事件的影响，保持企业员工队伍稳定。

**3. 帮助企业建立合情、合理、合法的劳动规章制度**

完善的企业劳动规章制度有助于减少劳动争议。劳动法务保障服务能够为企业劳动规章制度的制定提供专业指导和服务。

## 二、劳动保障法务服务操作流程

人力资源服务机构在提供劳动保障法务服务的过程中，逐渐形成了完善、规范的操作流程。

### （一）劳动争议调解服务操作流程

劳动争议调解服务流程主要包括八个环节（见图 4—7）。

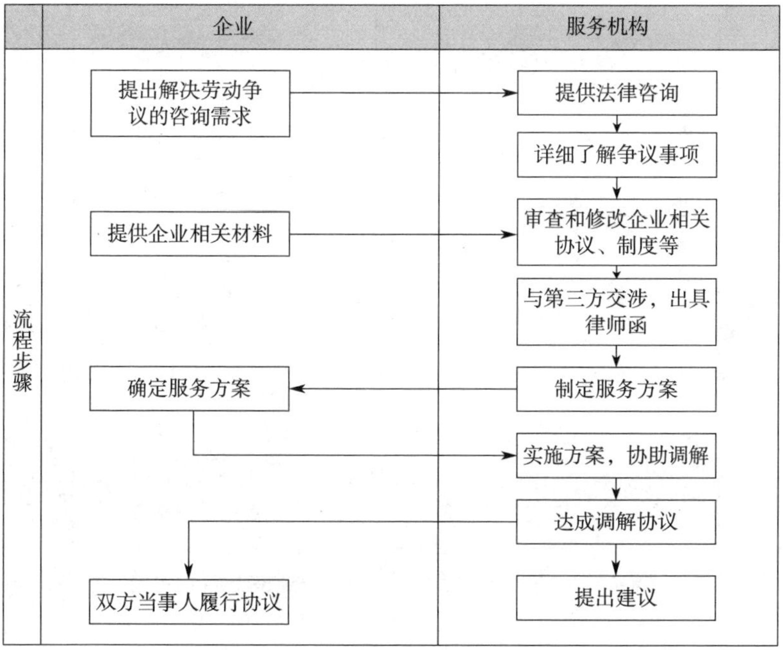


**图 4—7　劳动争议调解服务操作流程图**

对企业面临的劳动争议相关问题提供法律咨询；

对劳动争议事项展开细致调查，了解事实真相；

对企业日常运营中的协议、合同及其他法律文书进行审查和修改，对企业的内部管理制度、劳动合同及与之相关的培训、保密等协议进行审查与修改；

就劳动争议相关事项，与第三方交涉，出具律师函；

为企业提供有效的劳动保障法务服务方案并负责实施，召集双方进行调解，听取双方对争议事实和理由的陈述，在查明事实的基础上，依据有关法律、政策，提出调解意见，促使双方自愿达成协议；

达成调解协议后，协助争议双方当事人履行调解协议；

对完善企业法人治理结构和控制企业法律风险提出建议等。

## （二）劳动争议诉讼、仲裁代理服务流程

劳动争议诉讼、仲裁代理服务主要包括六个环节（见图 4—8）。

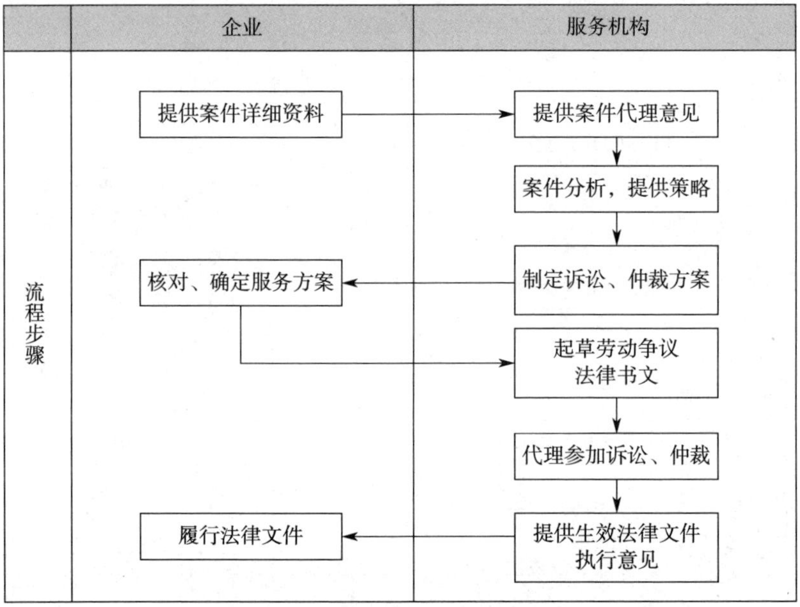


**图 4—8　劳动争议诉讼、仲裁代理服务操作流程图**

为企业准备案件代理意见，提供法律依据；

进行分析，设计策略，出具法律意见；

设计诉讼、仲裁策略，提出解决方案；

代为起草劳动争议法律文书（劳动仲裁申诉书、答辩书、起诉书、上诉状等）；

受企业委托代理参加诉讼或仲裁，包括诉前调查、答辩、提起反诉或上诉等，代为承认、放弃、变更诉讼请求；

生效法律文件（法院判决和仲裁裁决）的执行等。

## 三、劳动保障法务服务系统的构建

劳动保障法务服务可以参考ISO国际质量管理体系理念，设计劳动用工体系的ISO模型，建立起包括劳动保障法规政策、用工风险评估、规章制度与员工手册、劳动合同管理、法律文件表单五个层级的“金字塔”，对劳动保障法务服务进行分类分级管理。

### （一）建立劳动保障法规政策资料库

人力资源服务机构可以使用第三方法律法规专业数据库，也可以自己收集整理，方便日常查询和使用。

在资料库中，资料应包括如下类别：劳动法律、法规通用类，工伤、职业病与非因工负伤类，工时、工资福利类，假期类，女职工劳动保护类，特殊工种提前退休及退休规定类，人事档案类，集体协商、集体合同类，劳务派遣、业务外包类，事业单位人事法规类，知识产权、商业机密类，职业教育培训类，交通法规类等。同时，还可以建立案例库，收集各地劳动争议典型案例。资料库要及时进行更新，可将已失效、已废止的相关法规政策整理成子库，以便随时查议。

### （二）建立用工风险评估机制

人力资源服务机构对企业的整体用工风险情况进行评估，根据企业之前和当前的实际用工情况，为后期的劳动保障法务服务提供科学的依据和参考。用工风险评估的评估要素涉及企业的招聘与录用管理、劳动合同管理、非典型劳动关系管理、工资制度管理、工时制度与休息休假制度、社会保险管理、员工培训管理、员工保密和竞争机制管理、规章制度管理、离职管理等多个方面。基于此，人力资源服务机构首先要建立起有效的用工风险评估机制，在对当地相关统计数据进行分析的基础上，比较分析企业的统计数据，再根据标准评估企业情况，最后根据评估结果做出总体评价。

### （三）指导企业制定合法有效的规章制度，制作员工手册

企业制定涉及劳动者切身利益的相关规章制度都要经过民主程序及公示告知程序，并保留履行相关程序的证据。企业规章制度包括试用期考核管理制度、招聘管理制度、员工培训管理制度、员工考勤和休假管理制度、薪酬管理制度、绩效管理制度、人力资源日常管理制度等。另外，人力资源服务机构还可指导企业制作适合企业发展且行之有效的员工手册。

### （四）管理劳动合同

人力资源服务机构为企业建立劳动合同管理制度，对劳动合同文本拟定，劳动合同的订立、变更、续签、中止、解除、终止，以及实习协议书、退休人员劳务合同等进行分类分级管理，将劳动合同管理全过程所涉及的风险和操作要点作为管理制度的重要内容。

### （五）建立劳动法律文件表单资料库

人力资源服务机构针对所服务的企业，根据人力资源管理模块及劳动合同管理过程，建立起劳动法律文件表单资料库，如招聘管理资料库、入职管理资料库、在职管理资料库、离职管理资料库、退休管理资料库等。将企业相关资料分类整理归入各个资料库，如在职管理资料库中含人员外出审批表、出差报告表、出差申请表、出差资料交接清单、人事调动申请单等。

劳动保障法务服务人员应注重掌握关键技能，提高综合素质。一是及时获取并掌握最新劳动保障法规政策、司法动态及当地的司法实践，重点关注由法院、人力资源社会保障部门发布的规范性文件。二是及时检索案例，定期对经常出现的或典型的劳动争议进行案例检索，归纳要点并提出实务指导建议。在此基础上，与所服务企业进行沟通，综合评估当前企业的规章制度、相关程序的科学性、合理性、适用性，提升企业劳动保障法务工作质量。三是除了掌握劳动法专业知识外，劳动保障法务服务人员还应掌握财务、管理、互联网、金融等方面综合知识和技能。

劳动保障法务服务案例

# 广州某汽车销售公司与员工张某的劳动争议处理

## 一、劳动争议基本情况

2005 年 2 月 26 日，张某入职广州某汽车销售公司（以下简称用人单位），2008 年 6 月 29 日张某被用人单位口头通知解聘。解除劳动关系后，用人单位没有对张某进行任何经济补偿；而且在张某工作的三年中，用人单位也没有给他缴纳过社保。张某觉得自己的权益受到了侵害，提起仲裁，要求用人单位支付经济补偿金，为其缴纳在用人单位工作期间的社保。用人单位认为因张某不愿转移档案，所以单位无法为其缴纳社保。

## 二、劳动争议处理过程与技巧

### 1. 成立协商小组

用人单位聘请人力资源服务机构的劳动法律顾问，组建协商小组，着手进行协商。

### 2. 协商小组进行事实调查与案件分析

一是张某在用人单位工作期间，用人单位一直没有为其缴纳社保。《中华人民共和国劳动法》（以下简称《劳动法》）第七十二条规定，用人单位和劳动者必须依法参加社会保险，缴纳社会保险费。用人单位的行为显然违反了法律规定，因为档案的转移并不会导致不能缴纳社保。

二是用人单位仅口头通知张某解除劳动合同，并未签订解除劳动合同协议或送达解除通知书，也未支付任何经济补偿金，用人单位的行为违反了劳动合同法相关规定。

经分析，此案件用人单位败诉风险相对较高。

### 3. 建议用人单位争取和解，将经济损失降到最小

人力资源服务机构的法律顾问建议用人单位争取和解，进行社会保险

的补缴，员工支付个人承担部分。

**4. 法律顾问与张某面谈**

法律顾问将用人单位的补缴意见明确告知张某，但张某提出将企业负担部分支付给其本人。法律顾问向张某解释了相关的社保政策，告诉他即使去仲裁，最可能的结果仍然是补缴。用人单位当场向张某支付了解除劳动合同经济补偿金，张某进行了签收。同时用人单位当场向张某发放了同意补缴社保的函，要求张某于 7 月 15 日将社保个人负担部分支付给企业，由企业补缴。但张某拒绝签收该函。在与张某沟通后，法律顾问让企业再次以快递的方式向张某发送该函。

**5. 张某撤回仲裁申请，争议解决**

张某未在 7 月 15 日将社保个人负担部分支付给企业，并且撤回了仲裁申请。争议得到了圆满解决，人力资源服务机构建议用人单位以此次争议为契机，规范劳动用工制度与操作规程。

# 第五篇

# 人力资源信息技术服务

当前，互联网领域风起云涌，信息技术在经济、社会各个方面产生了深远的影响。互联网与经济、社会各领域深度融合，并已形成以互联网为创新载体和创新工具的新形态，给各行各业带来深刻变革。信息技术加速了人力资源服务业的发展进程，在改变传统人力资源服务模式的同时，不断打破人力资源服务业的边界，形成了新的商业模式和竞争态势，改变着人力资源服务业的格局。

# 第一章　人力资源服务＋互联网

如今，互联网的重要性似乎超过了其他生产要素，有着化腐朽为神奇的魔力，它在给传统行业带来新技术工具的同时，更对其生产和经营方式进行着深刻改造。受益于互联网的快速发展，市场发生变革，新的商业模式、管理模式开始崛起，人力资源服务业焕发出新的生机。

## 一、“人力资源服务＋互联网”概述

### （一）“人力资源服务＋互联网”定义

“人力资源服务＋互联网”主要是依托互联网搭建线上的人力资源信息交流和服务平台，将人力资源服务交付方式由线下转到线上的一种新兴人力资源服务模式。其更多思考的是如何“＋互联网”，即用互联网的工具、手段、模式改变服务，使服务价值最大化。

### （二）“人力资源服务＋互联网”特征

1. 相互融合性

互联网最初是作为一种通信技术和工具进入社会生活和商业世界中的，它所体现出来的，是一种连接的力量。而“+”本身就是一种相互融合。融合，绝非简单的单向形态演进，而是要素重组的边界消融，强调效率，而非绝对量。互联网融合到人力资源服务业中，将更多的人、服务、机构连接起来，带来新的价值。

2. 资本扩大化

人力资源服务业互联网化的发展，使得资本要素在这个行业中扮演着越来越重要的作用。人力资源服务业一直被认为是一个典型的“轻资产”行业，开展业务所需的资金量较少。然而，随着互联网与这个行业的融合发展，其“重资产”

或者说“重资本”的特征越来越明显。这种变化主要来自以“烧钱”著称的互联网发展模式的推动。

## （三）“人力资源服务＋互联网”服务类型

按传统人力资源服务的类型来分类，“人力资源服务＋互联网”可分为以下三种类型：“人力资源职能外包＋互联网”“灵活用工外包服务＋互联网”“人力资源管理事务外包＋互联网”。

## （四）“人力资源服务＋互联网”服务内容

### 1.“招聘服务＋互联网”

企业将招聘业务委托给第三方网络招聘平台，平台帮助招聘企业发送职位信息、筛选简历，运用大数据分析等新技术优化招聘求职过程。

### 2.“培训外包＋互联网”

既包含培训外包互联网系统的筹建、实施，以及对培训机构与受训企业进行的咨询工作，也包含互联网培训系统运行中的服务外包，如系统托管、课件制作、培训状况的统计分析以及培训中的线上辅导等。

### 3.“人力资源管理咨询＋互联网”

人力资源管理在线咨询是伴随网络管理咨询平台出现的，是一种利用互联网扁平化信息传播与互动的特点，将企业需求与咨询顾问直接对接的模式。

### 4.“劳务派遣＋互联网”

以互联网为平台，集合用工单位、用人单位与派遣员工，实现互联网管理派遣员工的劳动关系，如提供电子化劳动合同、薪酬云服务等。

### 5.“劳务承揽＋互联网”

借用互联网手段，实现劳动力过程管理线上线下无缝衔接，对每一个劳动者进行精益化管理和劳动能力经营，从而高效率完成承揽业务。

### 6.“社保代办＋互联网”

借助互联网在线传送资料，企业或劳动者支付费用后就可以便捷地缴纳社会保险。

### （五）"人力资源服务 + 互联网"核心价值

互联网为人力资源服务提供信息传播、交流和服务交易平台。一方面能海量收集信息，提高人力资源服务统计及分析效率，更精准地分析市场和目标群体，有效降低了成本；另一方面能够在服务方式和服务内容的设计上更加有针对性，可以更轻松地赋能所服务的企业。科学合理地运用互联网，将大大提升人力资源服务行业的服务效率和质量。

## 二、基于互联网思维的人力资源服务

### （一）"招聘服务 + 互联网"

在互联网革命浪潮之下，在线招聘顺势而生。随着互联网的发展和择业规模的扩大，互联网招聘市场及其招聘服务模式也不断发展和演进，从传统职位公告板式在线招聘逐步转向多样化招聘，见表 5—1。

表 5—1 互联网招聘服务演变历程

| 阶段 | 主要模式 | 模式代表 | 特点 |
| --- | --- | --- | --- |
| 互联网招聘 1.0 | 传统综合招聘 | 智联招聘、前程无忧、中华英才网 | 模式发展早，市场份额大，约占在线招聘市场份额的六成 |
| | 分类信息招聘 | 赶集网、58 同城 | 依托本地生活信息服务的巨大优势，拥有众多蓝领用户 |
| 互联网招聘 2.0 | 垂直招聘 | 拉勾网、内推网、BOSS 直聘、猎聘网 | 专注于特定行业、人群，效率更高 |
| 互联网招聘 3.0 | 社交招聘 | 领英、脉脉、赤兔 | 以职场社交切入，依托社会圈子和职业人脉进行招聘，求职者与雇主可以在线交流 |

#### 1. 互联网招聘 1.0：传统综合招聘与分类信息招聘

我国的互联网招聘出现在 20 世纪 90 年代，主要形式是为目标客户提供招聘信息线上展示服务，由于招聘的岗位比较全面，因此吸引了众多的求职者注册，积累了丰富的人力资源。传统的职位公告板式在线招聘网站是互联网招聘 1.0 阶段的典型代表，随后出现聚集性较强的分类信息招聘网站。这些在线招聘网站一般通过招聘企业付费来赢利，其商业模式是以用户和流量换广告，并从大基数用户中争取小比例付费用户，企业客户购买的服务包括招聘职位发布、展示广告以及从数据库下载完整简历。

2. 互联网招聘 2.0：垂直招聘

随着互联网进一步渗透、求职者行为变化及企业招聘管理变革，各类垂直招聘兴起。这一类招聘面向的是某一个行业，对于招聘企业有比较严格的审核标准，而且求职者的求职意向相对比较明确，招聘的成功率较高。垂直招聘的商业模式是按照效果付费。垂直招聘网站在信息精准度和真实度上，都超过了传统招聘网站，这一模式让求职者获得了与老板或者人力资源负责人直接沟通的机会，极大地提高了招聘效率。

3. 互联网招聘 3.0：社交招聘

所谓“社交招聘”，就是利用社交网络开展招聘工作。从本质上来说，美国社交招聘网站领英（LinkedIn）就是披着社交网络“外衣”的招聘网站，依靠人力资源领域的增值服务来实现盈利。这一类招聘网站与网站上的论坛有些相似，主要是进行信息发布以及企业与求职者之间的交流互动。在网站注册的求职者可以与有意向的企业通过评论以及互动更好地了解对方，从而根据实际感受做出选择。

可见，互联网改变的不仅仅是招聘模式，更改变了整个行业的生产和消费关系。传统的人力资源服务主要为企业提供服务，但移动互联网的快速发展促使服务逐渐面向个人、走向雇员。服务模式的转变，使得作为终端的求职者个体和企业人力资源管理者，能够越来越多地参与到产品的创新和流程的改造中，从而促进服务质量的提升。

### （二）“劳务派遣 + 互联网”

在互联网的推动下，传统的劳务派遣线下服务开始向线上延伸，运用互联网与移动技术，实现全流程信息化管理与服务。互联网在劳务派遣领域的应用，一方面可为用工单位提供更加便捷的服务，节约成本；另一方面利用大数据实现人力资源信息交互和统筹分析，并以图表的形式呈现分析结果，通过移动互联网与客户、员工分别进行互动。

在劳务派遣领域，基本上所有系统及产品都是一个闭环，覆盖人事、社保、薪酬、财务等不同部门的业务流程，数据无缝对接。无论是员工，还是用工单位、派遣机构，都可以在系统上迅速、便捷地查询薪酬、社保和公积金等有关信息，而针对用工单位，还提供增员、减员一键报盘功能。另外，派遣机构还可以通过拍照、扫描等多种方式将员工档案储存到云端，并根据不同岗位职能设置权限，灵活搜索、调阅档案，实现员工档案数字化管理。

### （三）"劳务承揽 + 互联网"

劳务承揽是由承揽单位来执行劳动全过程管理，即直接在现场对劳动者的工作活动和行为进行管理。为此，"劳务承揽 + 互联网"主要体现在劳动力过程管理中。

在劳务承揽活动中，借助互联网实现劳动力过程管理线上线下无缝衔接，从员工的招聘录用、劳动合同管理、社保公积金缴纳，到员工上岗培训、考勤管理、绩效考核与福利管理，对每一个劳动者的工作过程进行精益化管理和劳动能力经营，从而高效率地完成承揽业务。譬如，针对加班，管理人员能够根据系统记录的劳动力实时数据，做出性价比最高的决定，减少不必要的加班和加班费支出。

"人力资源服务 + 互联网"案例

## 某人力资源服务企业承揽某城市环卫保洁项目

### 一、项目基本情况

某人力资源服务企业于2012年承揽某城市环卫保洁工作，主要负责某城市中心区域和繁华路段道路保洁、开发区道路保洁、高新区城市生活垃圾清运等工作。根据各个区域的实际情况，某人力资源服务企业分别成立项目小组进行保洁工作。这一项目采取以机械化清扫为主、人工清扫为辅的作业方式，以降低环卫工人的劳动强度。

## 二、项目分析

在承揽过程中，某人力资源服务企业需要管理10余类作业岗位、200余名保洁工人，这并不是一件易事。

项目现场管理存在以下难点：一是保洁人员分散在各个街道，通过传统手段无法规范考勤，不能有效管制脱岗现象；二是保洁区域分布广泛，工作质量考核耗时费力；三是对于恶劣天气、交通事故等情况需及时响应，但是工作时间、地点的不确定性导致响应严重滞后；四是公车私用等车辆异常情况时常出现。

## 三、项目实施

为达到委托单位的要求，某人力资源服务企业通过网络协同管理平台，对劳动者的现场工作活动和行为实施全面的质量管理。

首先，在出勤与时间管理上，采用移动式考勤技术规范考勤，保证正常工作秩序。其次，设置移动终端考核功能，允许现场管理人员使用手机等拍照巡检进行质量考核。再次，在机械扫路车、高压清洗车、洒水车、电动质检车等环卫车辆上安装GPS监控系统，实现即时定位、路径跟踪等全面监控。最后，为管理人员提供远程监控界面，即时获取道路及车辆运行情况。

网络协同管理平台完整地记录业务数据、项目进度，并协助完成跨部门、跨地域的协作管理，统筹劳动力的使用，把业务的每个环节有效地控制起来，从而有效减少劳动力成本、提高运营效率。运用互联网，将各模块业务数据关联起来，并定期形成反馈报告和调整报告，让客户对项目进度一目了然，使得承揽合作更顺畅。

# 第二章　eHR 软件开发服务

随着互联网的发展，人力资源管理工作已进入 eHR（Electronic Human Resource，电子化人力资源管理系统）时代。在 eHR 时代，通过集中式的信息库、自动化信息处理、员工自助服务、外部协助以及服务共享等信息化手段，进行信息传递，改进员工服务模式。eHR 的应用，解放了人力资源管理的“双手”和“大脑”，释放了 HR 的效能，让人力资源管理将更多精力投入公司战略实施。

## 一、eHR 软件开发服务概述

### （一）eHR 定义

eHR 是指企业通过信息技术，对人力资源各个方面进行管理（记录、分析和处理）的软件，其通过提高企业人力资源管理水平，充分发挥人力资源的效益，使人力资源更有效地服务于企业战略目标。

### （二）eHR 软件开发服务内容

eHR 能实现人力资源管理人员、部门主管、普通员工和分公司管理人员在同一个系统平台上工作和沟通，实现数据的统一和管理分布应用。总体来说，eHR 软件开发服务主要服务内容涵盖数据管理层、功能服务层、决策支持层三个层面。

数据管理层服务内容包括：组织结构、人事档案管理、劳动合同管理、薪酬管理、福利管理、考勤排班、规章制度；功能服务层服务内容包括：企业门户网站建设、招聘录用、绩效考核、培训管理、员工自助服务、管理者查询、沟通平台；决策支持层服务内容包括：报表统计分析、人才测评、人力成本分析、职业生涯规划、反馈评估系统、知识管理、企业激励管理。

## （三）eHR 软件开发服务类型

eHR 软件开发服务主要分三种类型。

B2E（Business-to-Employee，企业对雇员的电子商务），是指在企业人力资源管理与开发活动中，视各级员工为“客户”，双方通过网上互动完成相关事务的处理或者说“交易”，员工类似“客户”，从网上获得人力资源部门提供的“产品”和“服务”。

B2B（Business-to-Business，企业对企业的电子商务），指企业从外部服务机构，比如咨询公司、招聘网站、e-learning 服务商等，“采购”在线人力资源管理服务。

B2G（Business-to-Government，企业对政府机构的电子商务），即企业人力资源管理活动中与政府主管部门发生的业务往来，由原来的线下转移到网上处理，比如社保办理、劳动合同审查等。

## （四）eHR 软件开发服务核心价值

一是提高管理效率，降低管理成本。eHR 软件开发服务减少了人力资源管理人员处理日常事务性工作的时间，避免了重复劳动，提高了人力资源管理人员的工作效率，降低了人力资源管理成本。

二是利用数据提升管理水平。通过对人事信息的统一管理，可以及时地更新和管理数据，同时可以快速查询、统计和分析，提高了数据的唯一性和准确性。通过数据挖掘，对人力资源管理的所有信息进行分析，形成各种统计图表，为企业管理层更好、更快地进行决策提供支持。

三是更好地开发人力资源，发挥员工价值。通过 eHR 完备的人才库和招聘系统，为企业提供人才储备。通过员工技能管理、培训管理和人才测评系统，可以更好地设计员工的个人职业生涯，留住优秀员工，挖掘员工的潜能，充分发挥员工的价值。

## （五）eHR 软件开发服务发展历程

eHR 软件开发服务发展历程可分为以下几个阶段。

第一阶段：单机版阶段，时间为 20 世纪 70 年代至 90 年代，基于 DOS 的计算机技术开始被用于人力资源管理。

第二阶段：HRIS（Human Resource Information System，人力资源信息系统）阶段。20 世纪 90 年代，随着网络技术的发展，基于 C/S 和 B/S 架构的人力资源管理系统诞生并得到了充分的应用。这一阶段的软件系统着重于人力资源信息采集、维护等功能，模块大多是人事信息管理模块、考勤模块、薪资计算模块、福利管理模块等。

第三阶段：HRMS（Human Resource Management System，人力资源管理系统）阶段。进入 21 世纪后，人力资源管理逐渐成熟，"人力资本"概念被提出，企业对人力资源管理系统的要求不再局限于信息的采集、更新和维护，开始强调数据的挖掘和分析。eHR 依靠个性化模型和工具，提供优化管理流程、智能分析、战略决策等支持，并且增加了全新模块，比如培训模块、绩效管理模块、门户网站模块、招聘模块等。

## 二、eHR 软件开发服务商业模式

从 eHR 的特性和内容来看，eHR 不同的管理模式有不同的服务模式、盈利模式。

### （一）eHR 软件开发服务模式

eHR 服务模式主要包括：网络化的数据管理模式、自助化的功能服务模式、战略化的决策发展模式。

#### 1. 网络化的数据管理模式

eHR 是基于互联网发展起来的，因此，人力资源部门可以着重发挥 eHR 网络资源共享及数据库开放式共管的特性，使处于离散状态的信息全部由中心服务器动态汇总，并允许用户在任何时间和地点联入网络访问，实现数据的统一管理和分析式应用。以薪酬管理为例，随着企业经营范围的不断扩展以及"在家办公"方式的流行，员工的工作地点越来越分散。一些集团型企业还跨越不同行业，员工地域分布广，且人数众多。传统做法是在每个地区设一个工资管理机构，这种方式成本高、效率低。使用 eHR 系统，并与银行建立网络服务关系后，企业只需安排少量人员就可以完成遍布各地的员工的薪酬计算与发放。

### 2. 自助化的功能服务模式

eHR 从“全面人力资源管理”的角度出发，利用 ESS（Employee-Self-Service，员工自助服务）将人力资源管理生态链上不同的角色联系起来，使各级管理者及普通员工都可以参与到人力资源管理活动中。以信息传递为例，通过 eHR 系统，员工可以随时了解自己的薪酬状况，查询相关人事记录、组织结构、内部任免信息，还可以更新个人信息、学习记录，申请培训、休假等，并通过在线咨询、电子邮件等方式快捷地与各部门进行信息沟通。

### 3. 战略化的决策发展模式

eHR 不仅是管理方式上的转变，更是理念上的革新。因此，当上升到 eHR 服务的第三个层次时，人力资源部门的主要服务应该从简单提供信息转变为提供知识和解决方案，即随时随地向管理层提供决策支持，向知识型员工提供服务和帮助等，以支撑企业整体战略目标实现。eHR 主要提供以下三类服务。

一是人力资源规划辅助决策。例如，开展人力资源需求预测与供给分析，建立人才预警系统；对于组织结构编制方案进行网上推演、模拟比较和评估；对人力成本做出分析及预测，并与岗位离职率等指标相结合，以确保关键岗位的离职率较低。

二是员工职业生涯辅助规划。eHR 系统会对员工职业生涯规划、人力资本保值增值起到重要作用。例如，人力资源部门通过 eHR 对人员筛选条件和不同职位任职资格信息进行整合，提出针对任职人或继任人的一系列锻炼、培训计划，一旦机构改组或职位变动，即可提供职位变动建议。

三是企业经营战略辅助决策。在业务管理系统、财务系统的基础数据较为完善的情况下，可以实现 eHR 与 ERP（Enterprise Resource Planning，企业资源规划）、CRM（Customer Relationship Management，客户关系管理）、SCM（Supply Chain Management，供应链管理）等系统的关联和一体化。这种集成效应将有助于领导者掌握人力资源状态指标对企业经营业绩的影响规律，通过分析内在联系，从人力资源角度找到企业经营业绩提升的突破点。

综上所述，以上三种服务模式都可以为企业带来直接或者间接的经济效益，但实施时一定要结合企业自身情况和需求，才能使效益最大化；否则，即使企业投入再多资金进行 eHR 软件开发，也达不到预期结果。

### （二）eHR 软件开发服务盈利模式

目前，市场上存在两种情况，一种是企业自主研发 eHR 系统，另一种是企业购买或委托软件开发公司开发 eHR 系统。许多软件开发公司跨行业进入人力资源服务领域，他们基于自身过硬的技术，不仅能研发通用版 eHR 软件系统，也能依据客户需求研发定制版 eHR 软件系统。

#### 1. 通用产品盈利模式

软件开发企业出售通用版 eHR 软件，从中获取利润。这种盈利模式往往是一次性盈利，后期一般不会涉及服务费及其他费用。这种模式下研发的 eHR 软件一般包含了普遍性功能，对于功能需求不高的企业来说，购买通用版 eHR 软件即能满足企业日常工作需求。但对于一些大型企业来说，情况更复杂，通用版 eHR 软件往往难以解决日常工作遇到的问题，因此延伸出定制版 eHR 软件需求。

#### 2. 定制产品盈利模式

客户企业和软件开发企业签订合同，委托开发适合客户企业情况的定制版 eHR 软件。定制产品盈利模式，往往不是一次性付费，会涉及系统后期维护费用和产品升级费用，盈利来源相对通用产品更多元化。

eHR 软件开发服务案例

## 某大型跨国制造企业中国总部 eHR 软件开发服务项目

### 一、企业基本情况

某大型跨国制造企业主营业务为电梯、自动扶梯、移动人行道和其他水平运输系统的生产和服务，总部设于美国。多年前该企业进入中国，目前其中国公司（以下简称集团）是中国知名电梯和扶梯生产商、服务商，员工超过 9 000 人。随着业务扩展和员工人数的增长，集团对信息化建设有了进一步要求，需要对薪酬管理系统进行整改。

## 二、项目思路

软件开发企业根据实际情况和需求，形成了如下软件开发思路。

### 1. 采用集中式应用系统，实现信息共享及流程标准化

薪酬管理系统将集中安装在集团总部，各地分公司及办事处联网使用总部的软件。集团各个层级可以根据自己的权限，处理人力资源管理的不同业务，使用有关的人事信息，数据是集中的、可共享的。薪酬管理流程可以通过 eHR 系统逐步统一化和标准化。

### 2. 在一个系统中同时支持不同的薪酬管理模式

大型企业既要保持管理的统一性、规范性，又要允许各地分支机构保留薪酬的灵活与差异性。系统对不同的分支机构，分别采取集中控制和分散管理的方案。集中控制方案采用相同的人力资源管理政策，绩效考核方案、薪酬体系及员工信息库字段等依据统一标准进行管理，允许基于地方政府政策导致的某些差异。分散管理的方案仅仅对需要进行统计分析的字段标准进行统一，人力资源的其他具体业务可按各分支机构的实际情况处理，集团对实行分散管理的分支机构进行监控。集团对所有分支机构（包括分散管理的分支机构）的统计数据实行动态管理。集团人事数据可以定义为汇总合并关系，在各类数据的基础上，完成汇总、查询、统计、分析等功能，支持集团内部员工的调动和灵活配置。

### 3. 灵活适应企业发展

中国市场是目前世界上规模最大、竞争激烈的市场之一。成功的关键就在于不断适应市场环境变化，采取灵活有效的对策，从而始终在竞争中保持主动。为适应变化，人力资源管理也需要及时调整，包括组织机构、职位体系、绩效考核体系、薪酬福利体系等，eHR 系统要具有较强的应变能力和较大的灵活性。

同时，eHR 系统要满足分散管理与集中管理的人力资源政策差异要求，满足集中管理中不同分支机构的人力资源政策差异要求，满足不同区域、不同地区、不同社保处理、不同税务处理的管理要求，甚至对于同一区域中，因隶属分公司政策不同而导致的薪酬福利处理方法、社保和税务

处理方式差异要求也能满足。

**4. 总体规划，突出重点**

大型跨国企业在人力资源应用上，一般都有良好的总体规划，既有长远目标，又有明确的阶段性成果要求。在初期阶段，eHR 系统先实现集团公司组织架构和职位管理的信息化，同时强化集团员工信息管理、业绩管理和薪酬福利管理，以充分调动员工的积极性，并有效控制人工成本。随着工作的深入，逐步推行更多的 eHR 系统管理应用。

**5. 与亚太地区业务系统及全球人力资源系统紧密结合**

集团薪酬管理系统与该大型跨国企业亚太地区的业务系统实现集成，将人事数据自动转入财务等系统中去。同时，集团人事数据可以根据应用要求，按规定内容和规定格式，进入该大型跨国企业全球人力资源数据库之中。

## 三、项目实施效果

在集团高层领导的大力支持和全程参与下，集团薪酬管理系统的一期工程达到了预期结果。集团的集中式薪酬管理系统是稳定而可靠的，经受了实际业务的考验，在日常工作中发挥了重要作用。之后二期工程也顺利结束。二期工程主要是建立培训管理和员工自助服务系统。培训模块大大减少了数据统计分析工作量。以前手工统计时，数据需要层层上报，现在只需几分钟就可以从系统中查询到报表。员工自助服务系统上线后，员工可以在线查询各种信息，并且可以在线申请和审批休假，实现无纸化办公。即使员工不在办公室也可以在线查询、申请、审批，大大提高了工作效率。

由于采用了集中式信息共享的系统，集团的人力资源管理政策可在系统中全面及时地体现，业务流程是标准化的，也允许各地在集团统一规范的基础上进行适当变通。在集团员工信息的管理上，系统可以提供全集团各地各级各类员工的信息，提供了多角度、多层次的员工查询和分析工具。集团管理层整合各地人力资源的设想正在通过信息系统加速变成现实。

# 第三章　人力资源服务平台

平台化已经成为人力资源服务的发展趋势。人力资源服务平台连接着供需双方，利用互联网技术解决信息不对称问题，并且撬动一切可利用资源，在最大程度上实现资源的有效配置和效益最大化。

人力资源服务从“做产品”到“做服务”再发展到“做平台”，呈现出“去中心化、去中介化、去边界化”的趋势。

## 一、人力资源服务平台概述

### （一）人力资源服务平台定义

人力资源服务平台是指人力资源服务机构借助互联网技术，聚合企业用户和个人用户，为企业用户或个人用户提供服务，促成交易。

### （二）人力资源服务平台服务内容

目前，市场中的人力资源服务平台主要提供招聘、在线教育、咨询、培训、社保代缴、员工关爱、在线测评等服务内容。以招聘服务为例，招聘平台将企业用户与个人求职者用户聚合、组织起来，企业发布招聘信息、搜索简历，求职者发布求职信息、搜索招聘信息，平台提供了发布信息的渠道和数据库，甚至提供一些有针对性的推送等增值服务。

### （三）人力资源服务平台特征

人力资源服务平台的主要特征有以下几个。

以互联网为载体：人力资源服务机构借助互联网技术，搭建平台解决信息不对称问题。面向终端用户：人力资源服务平台连接供需两端客户，供需两端客户通过平台实现对接。平台身份为第三方：人力资源服务平台不隶属于供需任何一方，是服务供需双方的第三方。

### （四）人力资源服务平台核心价值

**1. 汇集各方资源，形成生态圈**

人力资源服务平台汇集相关利益者的资源，如服务机构、客户、竞争者、政府等，促使他们相互依赖、共同发展，形成一个完整的生态圈。

**2. 打破信息不对称，实现信息互通**

人力资源服务平台连接了供需双方，解决了供需双方之间的信息不对称问题，实现信息互通。

**3. 激励多群体互动，实现多赢**

在生态圈形成过程中，多方进行互动，相互影响，一方的成长往往会带动另一方的成长，最终实现多方共赢。

## 二、人力资源服务平台商业模式

平台服务的本质是将平台所拥有的流量和用户变现，通过向用户提供服务渠道或者内容获利。平台是一种商业模式，而不是一种技术。

### （一）在线教育平台商业模式

在线教育平台一端将有资质、有能力的行业人士聚合起来，另一端将有提高需求的学习者聚合起来，通过在线讲课、录制讲课视频等形式，将知识传输给学习者，学习者付费获取知识。在线教育服务平台主要有以下几种盈利模式。

**1. “淘宝式”模式**

在线教育平台的一种典型模式就是类似于淘宝网的服务模式，这种服务模式主要是依靠用户或者流量，出售平台上的服务内容或者广告位置，实现盈利。

这种模式避开了内容生产和服务提供，收取“买路钱”很容易实现“互联网 +”，并且能迅速扩张。但是需要注意的是，这种模式越往后发展，流量增长速度越慢。因为流量需要投入大量的资金来维持，而一般平台很难持续性拥有大量廉价的流量。

### 2. 会员模式

这种模式需要平台拥有大量的自有用户资源，让用户按月或者按年付费，从而盈利。一些劳动法律咨询平台便采用了这一模式，他们与劳动法专家合作，制作大量有自有版权的视频课程，提供给平台会员学习使用。

这种模式下的平台资源很难被复制，容易形成竞争壁垒。但这一模式资源获取成本较高，对平台的资金、专业能力、资源整合能力有较高的要求。

### 3. 垂直服务模式

该服务模式面向的群体比较单一，特定性较强，针对特定群体的需求提供内容和服务。其盈利模式为，收取企业用户费用，从个人用户的增值服务获利。

该模式具有较强的壁垒，一旦形成规模，就有稳定的用户群体，后进入市场的竞争对手想获取相同的效果，需要花更多的时间和精力来获取用户。但垂直型平台的用户群体规模与非垂直型平台相比小很多，想要稳定用户，需要有针对性的产品创新与变革。

### 4. O2O 服务模式

O2O（Online to Offline，线上到线下）服务模式就是通过免费内容或者服务，让线上平台获取用户和流量，将用户吸引到线下，进行开班培训、讲座等。该服务模式的盈利来源为用户流量的转化和广告费。

该服务模式只要能把控用户需求，能够吸引用户，赢利可能性较大。并且其与传统的消费模式很相近，大多数用户更容易接受。

该服务模式的难点在于对产品和运营的要求比较高，且对资金的需求量也较大。该模式的可复制性强，如果平台不创新或者没有技术壁垒，市场份额很容易丢失。

## （二）社保服务平台商业模式

社保服务平台连接服务方和参保方。参保方分两种，一种是参保个人，一种是参保单位。其中参保个人又分为户籍参保个人和非户籍参保个人，参保单位又分为一地参保单位和多地参保单位。

社保服务平台的盈利来源于服务费，需要大量的用户才能维持运营。所以，光依靠服务费很难维持平台的运营。因此，有社保平台推出这样的服务模式：个人参保用户一次性在平台上缴纳半年社保费用，可以免去服务费。那么，社保平台可将这部分暂时闲置的资金用于投资获利。

该服务模式在推广初期，需要大量资金投入，如资金运营不当，容易发生资金链断裂，导致平台运营失败。

### （三）员工福利服务平台商业模式

员工福利服务平台主要服务于企业用户，包括员工福利定制、员工节日礼物、员工生日礼物、员工体检等服务内容。许多员工福利平台有自己的商城，签约企业客户可以在该平台商城上选购商品或服务，还可获得积分、享受优惠等。员工福利服务平台的盈利一方面来源于服务费，另一方面来源于商城商品或服务的差价。

这种模式通过企业合作获取的用户是大批量的，不像传统电商平台，最开始只能依赖零散的个人用户积累流量。但传统电商平台发展已很成熟，龙头电商平台很容易衍生出员工福利服务业务，成为强有力的竞争者。

### （四）灵活用工服务平台商业模式

灵活用工服务平台主要是为兼职、零工、自由职业等用工提供服务。平台连接企业用户和求职者用户，实现信息互通、求职对接和匹配。

灵活用工服务平台以兼职平台居多，其盈利点与其他招聘平台相差不大，通过对企业收取服务费用、对求职者收取增值服务费获利。唯一差别是对应的用户需求不一样，灵活用工服务平台对应的企业用户为有短期用工、兼职岗位等灵活性用工的企业，对应的求职者也是具有相应需求的求职者。

灵活用工服务平台壁垒并不高，许多软件企业跨行进入市场，参与竞争。另外，前期投入资金大，市场用户培育周期长，一旦资金链断裂，很难存活下去。从兼职平台发展的现状来看，多数仍未实现盈利，处于“烧钱”状态。

## 三、人力资源服务平台发展趋势

随着平台化趋势的出现，产品、服务体验成为技术发展和产业升级的重要组成部分，人力资源服务正从“做产品”“做服务”向“做平台”转变。人力资源服务平台呈现了以下三个发展趋势。

一是去中心化、去中介化、去边界化。技术引爆服务模式，互联网技术特别是区块链的兴起实现去中心化，让人力资源服务行业能更快实现与服务对象的连接。未来将会有更先进的底层技术实现去中介化和去边界化，供需匹配更加高效，产业边界日益消融。

二是从双边网络平台演变成多边网络平台。平台商业模式的特点，就是利用群众关系来建立无限增值的可能性。学术界称此现象为“网络外部性”或“网络效应”。[①]许多人力资源服务平台连接了两个不同的群体，任一方都同时代表着收入与成本，因此平台要确定好策略，即为哪一方提供补贴，对哪一方进行收费，让整个平台模式有利可图。

现在，也有人力资源服务平台涉足三方甚至更多不同群体，各个群体以循环的方式互相吸引，缺一不可，形成了多边网络平台。这样的平台更加充分地利用了网络效应，创造了更大的增值空间，并且有较高的抗风险能力。

三是大平台、小平台、微平台“百花齐放”。随着产业升级，大公司会裂变为大平台，小公司将会裂变为小平台，很大一部分基于移动互联网技术、依赖某个线上社区的移动社交端口会衍生出微平台。各类平台服务各有所长，产生出巨大的交易量。

① 陈威如，余卓轩. 平台战略——正在席卷全球的商业模式革命［M］. 北京：中信出版社，2013.

# 附录

# 常用人力资源服务外包合同模板

# 招聘流程外包合同

甲　方：________________________________

乙　方：________________________________

甲方因工作需要，与乙方本着平等自愿、协商一致的原则，就甲方委托乙方代为招聘人员等事宜签订本合同，具体内容如下：

一、甲方向乙方提供企业营业执照副本复印件、公司简介、招聘岗位描述及薪资待遇等有效材料，填写附件1《委托招聘单位登记表》。

二、本合同招聘期限_____年_____月_____日至_____年_____月_____日。

三、招聘岗位详见附件2公司简介、招聘岗位要求及待遇福利标准等文件。

四、费用及支付方式

1. 招聘流程外包采取“先收费，后服务”的方式。

2. 本次全年委托招聘岗位共_____个，人数_____人，按照《企业委托招聘收费标准》，费用总计：_____元。为使招聘工作顺利开展，甲方向乙方支付全部费用的50%，即_____元作为预付款，其余费用在_____年_____月_____日前支付。

3. 乙方推荐至甲方的正式录用员工的路费，若员工有报销要求则由甲方承担（只限火车和汽车），反之不报销。

五、乙方收到甲方所支付的招聘预付费后，按照甲方提供的附件2中的《委托招聘岗位说明书》，为甲方寻访所需人才，经乙方初步筛选后推荐给甲方，甲乙双方共同进行面试，甲方在2日内作出面试反馈意见。

六、甲方在2日内将乙方推荐的合格候选人的《入职通知书》反馈至乙方。

七、若委托招聘岗位员工离职，甲方必须提前30日告知乙方，乙方负责在30日内补充人员。

八、保证条款

1. 甲方保证乙方推荐候选人的待遇和福利水平不得低于本地区同行业平均薪

酬，并不断提高其管理水平和建立良好企业文化，以吸引和留住人才。

2. 甲方根据本地区人才市场行情和员工工作表现等情况，给予适当的工资调整。

3. 乙方保证按照国家有关法律法规开展招聘工作，甲方亦保证按照合同条款履约。

4. 本合同签订生效后，若甲方提出终止协议，已收预付费用不予退还；若乙方提出解除协议，扣除前期相关服务费后退还余款。

九、其他

1. 本合同中的附件 1 和附件 2 经双方盖章后与本合同具有同等法律效力。

2. 甲乙双方如遇企业经营情况发生重大变化，需终止合同时，应提前 60 天以书面形式告知对方。

3. 本合同中未尽事宜和发生与本合同有关的争议，甲乙双方友好协商解决。

4. 本合同一式两份，双方各执一份，甲乙双方签字盖章生效。

附件 1 《委托招聘单位登记表》

附件 2　公司简介、招聘岗位要求及待遇福利标准等文件

| | |
|---|---|
| 甲　方：（盖章） | 乙　方：（盖章） |
| 委托代理人：__________ | 委托代理人：__________ |
| 联系电话：____________ | 联系电话：____________ |
| 日期：____年____月____日 | 日期：____年____月____日 |

# 猎头服务合同

甲　　方：________________________________

法定代表人：______________________________

单位地址：________________________________

联系方式：________________________________

乙　　方：________________________________

法定代表人：______________________________

单位地址：________________________________

联系方式：________________________________

甲方因集团发展需要，需长期为集团及其内部企业招聘具有一定专业技术水平或职业能力的中高层员工，乙方对此具有广泛的资源和操作能力，甲乙双方经友好协商，就乙方为甲方提供猎头服务及相关事宜达成一致，特签订本合同，共同遵守。

**第一条　服务内容**

乙方为甲方提供以下服务：

1. 接受甲方委托，按照甲方提供的职位描述及候选人要求寻访合适的候选人，并以书面形式向甲方推荐；

2. 对于甲方有意向面试的候选人，乙方负责联系安排到甲方进行面试和复试，复试也可由甲方直接联系安排；

3. 对甲方拟录用候选人，乙方根据甲方要求进行背景调查和评估（测评），并向甲方提供相应的背景调查报告、素质评估（测评）报告等；

4. 按照本合同约定进行跟踪服务和候选人补充服务；

5. 本合同约定或甲方委托的其他服务内容。

**第二条　服务流程**

甲乙双方按照以下流程完成服务工作：

1. 甲方向乙方明确候选人需求：甲方向乙方明确拟招聘岗位的任职条件（录用条件）、薪酬待遇、工作条件等内容；甲方向乙方提出候选人需求之日起，该单项猎头服务启动。

2. 乙方候选人寻选：乙方就甲方委托猎头岗位任职条件（录用条件）进行市场调查和资源寻访、甄选，并根据调查与寻选结果与甲方进行意向性沟通。

3. 乙方向甲方提供候选人报告：对甲方有初步意向的人选，乙方在接到甲方初步意向反馈信息后三日内向甲方出具书面候选人报告。

4. 安排面试：乙方对甲方有进一步意向的候选人，在接到甲方面试通知后的二日内协调完成面试安排工作，包括与候选人确定面试时间、地点、需提供的证书材料等事项。

5. 复试：乙方在接到甲方复试通知后二日内与候选人确定复试时间、地点、需提供的证书材料等事项；复试工作甲方有权直接与候选人商定。

6. 背景调查和测评：乙方在接到甲方要求进行候选人背景调查或测评通知的十日内完成该候选人的背景调查、测评，并向甲方出具正式完整的背景调查和测评报告。

7. 录用：对于甲方确定录用的候选人，乙方协助甲方及候选人完成录用各项手续和工作的办理；并确认候选人已与原单位解除劳动关系。

8. 跟踪服务：对录用过程中及后续有关候选人与甲方或甲乙双方之间的事项，乙方予以跟踪、协调。

9. 候选人补充服务：在保证期内需乙方提供候选人补充服务的，乙方按本合同第四条二款约定提供候选人补充服务。

10. 服务结束：在保证期满，或者录用的候选人在甲方试用期结束转为正式录用后满_____年时止，该单项服务结束。

**第三条　合同期限**

本合同约定的期限为_____年，自_____年_____月_____日至_____年_____月_____日；合同期满，甲乙双方可以另行协商签订猎头服务合同。

**第四条　候选人服务期保证**

1. 对于本合同项下候选人岗位的在岗满足性保证期限为：自首次候选人录用

时起满_____年，以劳动合同（聘用合同）签订之日为起算时间，未及时签订劳动合同（聘用合同）的，以劳动关系成立之日起算。在岗满足性是指甲方该岗位有乙方推荐录用人员在岗工作的状态。

2. 保证义务内容：首次候选人录用在甲方服务未满_____年的，或者乙方推荐的该岗位各候选人在甲方累计服务期限未满_____年的，乙方须免费再次为甲方推荐该岗位候选人直到被甲方成功录用；此项工作流程仍按照本合同第二条约定执行。前述服务简称为：候选人补充服务。

3. 保证义务终止：乙方首次推荐候选人被甲方成功录用并在甲方服务满_____年时乙方保证义务终止；或者首次推荐录用候选人自录用时起未满_____年离职，乙方补充推荐候选人被甲方成功录用，上述各候选人累计在甲方服务期限满_____年时乙方保证义务终止。前述离职包括但不限于候选人主动离职、不符合录用条件被辞退、出现违法违纪任一情形，但因甲方经营停止、解散原因而离职的除外。

**第五条　甲方权利义务**

1. 虽然本合同由甲方与乙方签订，但甲乙双方一致同意本合同乙方所服务的对象包括：甲方集团、集团内各成员单位（如子公司、关联企业等）及其分支机构。即上述任一单位或机构可以适用本合同约定与乙方进行合作，在此合作中，上述任一单位或机构享有与本合同甲方同样的权利、承担与甲方同样的义务。

2. 甲方应向乙方说明其拟招聘的用人单位基本情况、与该招聘相关的职位情况和候选人需求信息。

3. 甲方应保证其向乙方披露的信息真实。

4. 甲方对乙方提供的各候选人资料应予以保密，不论该候选人最终是否被甲方录用。

5. 甲方应按合同约定向乙方支付费用。

**第六条　乙方权利义务**

1. 乙方向甲方推荐候选人时应提供该候选人下列材料：身份证明、学历、教育经历、工作经历、职业资格（如有）、执业资格（如有）、职称（如有）、背景调查、测评材料（如需）及甲方要求的其他材料。

2. 自本合同生效之日起，乙方不得主动向甲方或其关联公司（包括集团总部及其子公司、分支机构）的在职职员发出招聘意向或对外推荐，不论该意向是为甲方服务或是为第三方服务，否则视为违约。

3. 乙方应保证其向甲方提交的各项资料真实、合法。

4. 乙方不得将已经推荐到甲方工作的人员再推荐到其他公司（除非所推荐人员已经自甲方离职______个月以上），否则，视为乙方违约，乙方应全额退还甲方此前为该人员猎头服务所支付的全部费用，并按该全部费用的20%向甲方支付违约金。

5. 如乙方推荐的人选不符合甲方要求未被录用，甲方未提出终止寻访的，乙方则应继续推荐，直至甲方满意为止。

**第七条　服务费用**

1. 费用标准：______________________________________________________

2. 本合同项下费用包括乙方为完成本合同项下各项工作和义务所需的一切费用。

3. 甲乙双方商定，虽有乙方向甲方推荐候选人或提供其他相关服务，但甲方向乙方支付费用的前提条件为乙方推荐候选人被甲方成功录用（以签订劳动合同、聘用合同，或建立劳动关系为准）；未最终录用的，甲方无须向乙方支付任何费用。

**第八条　付款**

1. 甲方按下列方式支付乙方费用：____________________________________

2. 甲方每次付款前，乙方应向甲方出具发票。

**第九条　违约责任**

1. 任一方违约的，应赔偿由此给对方造成的经济损失，并承担其他违约责任。

2. 乙方违约的，除赔偿损失、退还相应的服务费用外，另按合同费用总价的20%向甲方承担补偿责任。

3. 甲方未按合同约定付款的，每逾期一天，按银行同期贷款利率标准承担违约金和损失赔偿责任。

**第十条　合同解除**

1. 发生下列情况时，甲方有权单方面解除合同并视为乙方违约：

（1）乙方无力或怠于履行合同义务的；

（2）乙方利用本合同或执行本合同的便利从事违法活动的（如诈骗、倒卖信息等）；

（3）乙方将甲方在职职员对外推荐的；

（4）因乙方或其雇员原因造成甲方被索赔或承担责任的；

（5）乙方与候选人串通损害甲方利益的；

（6）法律法规规定的其他情况。

2. 发生下列情况时，乙方有权单方面解除合同并视为甲方违约：

（1）甲方逾期支付乙方费用，在乙方正式催告后 15 日内仍未支付的；

（2）甲方利用本合同或执行本合同的便利从事违法活动的（如诈骗、倒卖信息等）；

（3）法律法规规定的其他情况。

**第十一条　保密义务**

1. 甲乙双方任一方应对在执行本合同过程中获取的对方信息予以保密，除非该信息已向公众披露。

2. 乙方应确保其所雇用人员对在执行本合同过程中获取的候选人资料和信息进行保密。

3. 任一方违反保密约定的，视为违约。

**第十二条　其他事项**

1. 虽有本合同约定，但乙方与所寻访、推荐人员之间的任何约定、契约、单方承诺或其他行为对甲方均无约束力，甲方对此不承担任何责任（甲方书面同意接受约束的除外）。如因乙方或其雇员原因（不论是否为执行本合同）造成甲方被索赔、遭受损失或承担责任的，由此引起的甲方损失和责任均由乙方承担。

2. 如候选人与甲方不在同一地域，甲方需要候选人到甲方参加面试、考察等活动，候选人因此发生的食宿、交通或其他费用，均由乙方与候选人协商解决，甲方不承担任何责任。

3. 如甲方发现乙方所推荐的人选有虚假的从业经历、学习经历、文凭、职称，或者有违反职业道德、违法违纪的情况，无论乙方是否知情，均视为乙方推荐的人选不合格。甲方要求乙方重新推荐人选的，乙方不得拒绝，并免费为甲方推荐相应的人选。甲方不要求乙方重新推荐的，乙方应当退回甲方支付的全部费用，并承担因此给甲方造成的损失。乙方此前知情的，视为违约。

4. 甲方追偿乙方所支付的诉讼费、律师费及其他费用均由乙方承担。

**第十三条　合同争议解决**

甲乙双方因履行本合同而引起的争议由甲乙双方友好协商解决；协商不成的，依法向甲方所在地法院起诉。

**第十四条　合同组成及效力**

1. 本合同一式两份，甲乙双方各执一份，具有同等法律效力。

2. 本合同签订地点：________________________________。

3. 本合同自甲乙双方签字盖章时生效。

| | |
|---|---|
| 甲方（盖章）： | 乙方（盖章）： |
| 代表（签字）： | 代表（签字）： |
| 日期：____年____月____日 | 日期：____年____月____日 |

# 人事事务代理协议

甲方：____________________

地址：____________________

电话：____________________

传真：____________________

乙方：____________________

地址：____________________

电话：____________________

传真：____________________

开户银行：________________

账号：____________________

甲乙双方按照《中华人民共和国合同法》《中华人民共和国劳动法》和有关法律、法规的规定，根据平等互利原则，经协商一致，就甲方委托乙方为甲方员工提供社会保险（以下简称社保）、住房公积金（以下简称公积金）等人事事务委托服务的有关事项签订以下协议，并共同遵守。甲方委托的具体服务人员（即甲方委托乙方提供服务的员工，以下简称员工）以附件形式列示。附件作为本协议的附加条款，与本协议具有同等法律效力。

## 一、协议期限

本协议有效期自_____年_____月_____日起至_____年_____月_____日止，任何一方若终止协议，应提前_____个月以书面形式通知对方并协商处理有关善后事宜。本合同期满前_____天，双方均未书面通知对方终止本协议的，本协议自动续延_____年。

## 二、委托服务项目

乙方为甲方提供的具体服务项目及各项目收费标准如表 1 所列。

表 1

<table>
<tr><th colspan="2">服务内容</th><th>服务费标准</th><th>备注</th></tr>
<tr><td rowspan="4">社会保险服务</td><td>社保增、减员等常规操作及协助处理社保关系转移</td><td rowspan="5">服务费标准采用下列第_____种方式计算：<br>1. 含税：_____元 / 人 / 月<br>2. 不含税：_____元 / 人 / 月</td><td rowspan="9">办理过程中产生的政府部门规定的费用（如工本费、手续费、补缴利息及残疾人就业保障金等费用），由甲方另行支付给乙方<br><br>社保、公积金补缴和正常缴纳收取相同标准服务费</td></tr>
<tr><td>协助办理医疗保险报销及异地就医手续</td></tr>
<tr><td>协助办理工商、生育保险及退休金的申报 / 申领手续</td></tr>
<tr><td>协助办领养老、医保手册及社会保障卡</td></tr>
<tr><td>住房公积金服务</td><td>协助办理住房公积金开户、缴纳、封存及转移、支取手续</td></tr>
<tr><td rowspan="4">咨询增值服务</td><td>当地社保和公积金政策的及时反馈与详细解读</td><td rowspan="4">免费服务</td></tr>
<tr><td>员工社保问题的咨询与解答</td></tr>
<tr><td>当地劳动用工政策的咨询与解答</td></tr>
<tr><td>为员工开具所需的相关证明材料</td></tr>
</table>

## 三、甲方权利与义务

（一）甲方与乙方是委托与被委托的关系。员工的劳动关系在甲方，基于劳动关系产生的包括但不限于员工各类补偿金、赔偿金、伤残津贴、一次性伤残就业补助金等根据国家法律法规规定应由用人单位承担的相关费用由甲方独立承担，乙方不承担任何连带责任。

（二）根据国家法律法规规定和该协议服务内容，甲方应向乙方提供员工办理社保或缴纳公积金等所需相关资料，包括但不限于员工身份证、社保卡（如有）、居住证等有效证件及其复印件，并对所提供资料的真实性、有效性、合法性承担全部责任。

（三）甲方有责任要求员工配合乙方完成该协议所约定的委托服务所需手续，由于甲方或员工个人原因致使乙方不能按照约定提供和完成相关服务的，由甲方承担所有责任。如员工处于工伤、医疗或生育报销期，甲方需待相关社会保险待遇申报工作全部完毕之后方可减员，否则，由此造成员工未能享受相关社会保险待遇的相关责任由甲方自行承担。

（四）甲方员工社保和公积金缴纳基数及参缴险种需按照当地政府所规定的政策执行。如因员工社保和公积金缴纳基数与员工实际工资不符，导致员工工伤理赔差额、失业金申领差额等相关风险由甲方承担，乙方不承担任何连带责任。或甲方违反相关政策，少缴、漏缴员工社保和公积金，导致行政机构对乙方进行处罚的，乙方有权向甲方追究责任，且甲方应赔偿乙方相关损失。

（五）甲方需要增减缴纳社保和公积金的员工数量或对员工的参缴信息进行其他变更的，应及时向乙方提交电子版及加盖公章的《委托服务通知书》扫描件或传真件（附件 2）。各地社保操作截止时间及双方费用结算时间按照表 2 约定执行（遇节假日提前 2 个工作日）。

表 2

| 城市 | 操作月份 | 增员截止日 | 减员截止日 | 结算日期 | 付款日期 | 备注 |
|---|---|---|---|---|---|---|
| | 当月 | 当月_____日<br>当 / 次月生效 | 当月_____日<br>当 / 次月生效 | 当月_____日 | 当月_____日 | 当月结算当 / 次月费用 |
| 此表“生效”仅指增减能正常操作，若涉及工伤、住院等费用报销，生效日期依据当地政策执行 | | | | | | |

（六）当地政府对社保公积金政策作出调整时，上述社保、公积金及残疾人就业保障金等费用相应调整，具体按乙方根据政策发出的通知为准。

如当地政府规定相关政策公布后重新核定缴费数额，甲方仍需为员工（包括离职员工）补缴社保、公积金差额的，甲方在接到乙方通知后，应在规定的日期内将相应的费用及时足额支付至乙方，乙方按照政府规定办理结算。本条约定不因本协议的解除或终止而免除甲方的义务或责任。

（七）甲方承担员工各项社保、公积金（包括应由单位缴纳部分和员工个人缴纳部分）及当地政府规定的残疾人就业保障金（如有）等费用，并应连同服务费（及税费）于表 2 约定付款日期之前向乙方支付委托服务的应付款项总额。如甲方未按约定延迟付款的，每延迟一日按应付款金额的 2% 向乙方支付违约金，且甲方自行承担未能按时办理社保和公积金的全部责任。

（八）甲方要求乙方为甲方关联企业提供与本协议内容相同服务的，应当向乙方提供需要服务的关联企业名单，甲方在本协议中的一切权利义务适用于名单中的关联企业。甲方了解并同意关联企业违反本协议所产生的责任后果由甲方承担。甲方未提供上述关联企业名单和相关员工信息的，均视为员工与甲方自身建立劳动关系。

## 四、乙方权利与义务

（一）乙方应严格执行国家有关法律、法规和政策，根据协议，指定专人向甲方提供规范化的服务。乙方有责任接受甲方的合理监督及其提出的与协议约定服务内容相关的书面意见，并应在 5 个工作日内，以书面形式回复甲方。

（二）乙方应在收到甲方按相关政策规定准备齐全的材料及应付的款项后，为甲方员工申办社保和缴纳公积金，并对操作情况进行反馈。因乙方原因，未能按时为甲方员工办理社保和缴纳公积金，应及时采取补救措施，由此而产生的滞纳金等相应责任，由乙方承担。因当地社保和公积金政策规定，造成甲方员工当月参缴成功但待遇当月无法享受或需缴满一定期限才能享受相关待遇的，乙方不承担由此带来的社保待遇无法报销、公积金无法提取或申请贷款的相关责任。

（三）乙方协助办理甲方员工各类社会保险待遇（包括工伤、医疗、住院、生育）申报或申领手续，但政府部门规定需员工自行办理（如工伤鉴定等）及涉及需验证员工身份证、户口本等证件原件的（如住房公积金提取、社保关系跨区域转入或转出等）相关手续，乙方仅提供必要的协助。遇特殊情况，由甲乙双方协商确定。

（四）甲方了解并同意如服务范围涉及乙方不能直接提供服务的地区，乙方有权委托其分支机构或其授权机构提供该地区的服务项目。

（五）服务地区如有重要劳动政策法规出台时，乙方有义务及时通知甲方。

（六）乙方收到甲方支付的委托服务应付款项后，应出具发票。

## 五、协议变更与解除

（一）本协议生效后，除非另有规定，任何一方不得单方面对其进行变更。对本协议的任何变更均应以书面形式作出，经双方授权代表签字并加盖双方公章后方生效。

（二）出现以下情况之一，允许变更或解除本协议：

1. 甲乙双方协商同意；
2. 由于不可抗力致使本协议的全部或主要义务不能履行；
3. 任何一方提前_____日以书面形式通知对方；
4. 如甲方拖欠相关费用，乙方可书面通知甲方终止本协议；
5. 依法律、法规规定的情形终止。

## 六、其他

（一）未经对方书面许可，任何一方不得向第三方（有关法律法规、政府部门、证券交易所或其他监管机构要求，甲乙双方的法律、会计、商业及其他顾问，授权雇员除外）泄露本协议的任何内容以及签订和履行情况，以及通过签订和履行本协议而获知的对方及对方关联公司的任何信息。

（二）由于一方在本协议履行过程中没有履行协议内容，致使协议目的不能实现，由责任方按实际发生的损失承担的责任。

（三）因本协议引起的或与本协议有关的任何争议，应由双方通过友好方式协商解决，如双方经协商不能达成一致，则向原告所在地人民法院起诉。

（四）本协议未尽事宜，甲乙双方友好协商解决或签订补充协议另行约定，补充协议具有同样法律效力。

（五）附件是本协议的组成部分，将根据每年实际操作情况做相应的调整，与本协议具有同等效力。

（六）本协议一式两份，甲乙双方各执一份，经双方代表签字及盖章后即具法律效力。

附件 1：甲方员工名单
附件 2:《委托服务通知书》

| | |
|---|---|
| 甲方（盖章）: | 乙方（盖章）: |
| 代表（签字）: | 代表（签字）: |
| 日期：____年____月____日 | 日期：____年____月____日 |

# 人事档案寄存合同

甲方：____________________

乙方：____________________

甲方和乙方就乙方委托甲方寄存个人人事档案事宜，自愿订立如下合同。

乙方因________，从_____年_____月_____日至_____年_____月_____日止，委托甲方保存其人事档案。

一、甲方的责任

1. 甲方负责办理乙方个人人事档案的接收手续。

2. 甲方负责乙方人事档案的保存、管理，负责保留乙方工龄、档案工资级别。

3. 甲方按国家现行的工资政策和保险政策，为在存档期间缴纳了当地规定缴纳的社会保险金的乙方按政策晋升档案工资级别和计算连续工龄（乙方必须提供存档期间如期缴纳了各项社会保险费的证明材料）。

4. 存档期间或期满后，乙方如被企事业单位录用，甲方负责办理人事介绍手续，并将乙方人事档案关系转到新的工作单位。

二、乙方的责任

1. 存档期间，乙方的病、伤、残、死亡和意外事故等各项保险福利事务，由乙方和存档期间所在用工单位按有关规定处理。

2. 合同期满后乙方再次就业，相关事宜由乙方负责。

3. 自乙方人事档案存入甲方起，乙方每月向甲方支付管理费_____元。管理费按年或合同期一次交清。

三、合同期满即终止，乙方未联系调出或前来办理续保手续的，甲方将乙方的人事档案转交乙方户口所在地劳动就业服务管理部门，按待业人员有关规定管理。

四、本合同一式两份，甲乙双方各执一份。

五、本合同自_____年_____月_____日至_____年_____月_____日有效。

甲方（盖章）：　　　　　　　　　　乙方（签字）：

负责人（签字）：

日期：____年____月____日　　　　　日期：____年____月____日

# 社保代办协议

甲方：____________________

乙方：____________________

本社保代办业务合作协议由甲乙双方于_____年_____月_____日在_____市订立。

甲乙双方本着互利互惠、共同发展的原则，经友好协商，就甲方为乙方员工代办社会保障卡（以下简称社保卡）业务达成以下协议：

第一条　本协议的代办社保卡业务是指在符合法规政策的前提下，乙方委托甲方为乙方员工代办社保卡申办、换领手续。

第二条　社保卡申请人必须是参加_____市社会保险的在职人员、领取基本养老金的退（离）休人员、领取最低生活保障金的人员。乙方根据《_____市社会保障卡管理暂行办法》要求，在征得员工同意后，给员工申办社会保障卡。申办时，乙方收集本单位员工身份证，审核无误后，填写一式二份《_____市_____银行代理社保卡业务申请清单》，加盖单位公章后，连同员工身份证复印件送交甲方。

第三条　甲方向乙方作如下保证：

1. 甲方是一家依法设立并有效存续的服务机构；

2. 甲方有权进行本协议约定的业务，并已采取所有必要的公司和法律行为（包括获得所有必要的政府批准）授权签订和履行本协议。

第四条　乙方向甲方作如下保证：

1. 乙方是一家依法设立并有效存续的公司；

2. 乙方保证所供资料的真实性、合法性、完整性。

第五条　甲方依据乙方提供的资料，集中为乙方员工申办社保卡，以及为申办成功的社保卡配发银行的个人医保账户存折、个人金融账户存折和_____借记卡。

第六条　乙方在约定时间内派人凭《_____市社会保障卡业务受理登记回执》到甲方领取社保卡、存折、借记卡，并及时发放给员工。乙方应要求员工更改前文所涉卡及存折的初始密码。如因乙方保管不善造成的责任和损失由乙方承担，如因乙方未要求员工更改初始密码而造成乙方员工经济损失由乙方负责。

第七条　甲方收取每人_____元存折工本费、_____元借记卡工本费，代收每人_____元社保卡工本费。

第八条　乙方员工使用社保卡、存折及借记卡，应遵守《_____市社会保障卡管理暂行办法》、《_____市_____银行_____卡章程》和《人民币银行结算账户管理办法》的规定。

第九条　乙方员工遗失社保卡、存折或借记卡，应及时持本人身份证到甲方办理挂失止付手续，如在办理挂失前存款已被冒用，甲方概不负责。

第十条　任何一方如果违反本协议而使另一方遭受损失，则另一方有权要求其予以赔偿。

第十一条　甲方对因本次代理社保业务而获知的乙方的商业机密负有保密义务，不得向第三方泄露，但中国现行法律、法规另有规定的或经乙方书面同意的除外。

第十二条　本协议可根据双方意见进行书面修改或补充，由此形成的补充协议与本协议具有相同法律效力。

第十三条　本协议双方对本协议有关条款的解释或履行发生争议时，应通过友好协商的方式予以解决。协商不成的，可依法向有管辖权的人民法院提起诉讼。

第十四条　除法律本身有明确规定外，后继立法（本协议生效后的立法）或法律变更对本协议不应构成影响。双方应根据后继立法或法律变更，协商一致对本协议进行修改或补充，且应采取书面形式。

第十五条　本协议有效期为_____年。协议到期后双方未提出终止协议的，可视作自动延期_____年。在本协议有效期内，如其中一方要求变更、终止协议的，必须提前_____个月通知另一方，否则应承担由此引起的责任和损失。

第十六条　本协议一式两份，双方各执一份，自双方的法定代表人或其授权代理人在本协议上签字并加盖公章之日起生效。

甲方（盖章）：______________　　乙方（盖章）：__________________

法定代表人（签字）：____________　　法定代表人（签字）：____________

日期：____年____月____日　　日期：____年____月____日

# 员工餐厅外包服务合同

甲方：____________________

地址：____________________

乙方：____________________

地址：____________________

乙方承包甲方员工餐厅，为明确双方责任，根据有关规定，本着自愿、平等、协商的原则，双方一致同意签订以下协议。

一、责任范围

乙方承包甲方员工餐厅，工作范围包含食品采购、加工、伙食供应、环境卫生管理、用餐秩序维护。

二、人员管理

1. 乙方人员（含厨师）定期体检，持健康证上岗。

2. 乙方人员统一着装，具备良好的个人卫生习惯。

3. 乙方人员在服务时态度要热情、和气，严禁动作粗暴和恶语伤人，对员工提出的问题做到百问不烦。

4. 乙方应保证足够的人力，以确保餐厅的正常运行。

5. 乙方人员在甲方上班，应严格遵守甲方有关规章，对蓄意破坏或闹事者，甲方有权要求乙方对其进行解雇处理。

三、进货渠道

1. 定点采购，严格把好进货关，杜绝腐烂、变质的食品，不采购假冒伪劣产品。

2. 采购的蔬菜新鲜、无毒，时限不超过 24 小时，肉类、家禽、豆制品须具有检疫证。

四、食品加工

1. 建立严格的清洗、消毒制度，配备消毒柜，餐具要一洗、二蒸、三消毒，杜绝霉变、有菌食品。

2. 蔬菜须浸泡 2 小时以上再清洗加工。

3. 熟食加工时须与生食分开，以免交叉感染。

4. 厨师炒完菜以后，须把下餐的菜妥善保存，预防变质。

5. 合理配备数量，做到不少不剩，剩菜隔夜不得供应。

6. 经常了解甲方员工口味，征求甲方员工用餐意见，做出营养与美味俱佳的菜肴。

五、伙食安排

1. 早餐：稀饭、豆浆、包子、油条、茶叶蛋等，标准为______元 / 餐（视情况作调整）。

2. 中、晚餐：一荤、二素、一汤、米饭，标准为______元 / 餐（含调料、燃料、人工费、米饭）

3. 夜宵：标准为______元 / 餐（含调料、燃料、人工费、米饭）。

4. 伙食费用视情况经甲、乙双方协商，可作适当调整。

5. 大荤用量：每人每份 100 克左右。蔬菜用量：每人每份 300 克左右（生菜）。米饭不限量，员工可根据自己的食量要求用量。

6. 每周五列出下周菜谱交甲方审核，并根据季节及行情的变化调整一周菜谱的内容。

六、环境卫生管理

1. 餐厅内部必须保持墙面、地面、灶具整洁卫生，做到每餐后一小扫、每天一清洗、每周一大扫，经常灭鼠、灭蝇、灭蚊。

2. 餐厅人员一律穿工作服、工作鞋，不留指甲、不戴首饰、不留长发和胡子，出售熟食时必须戴口罩。

3. 食品加工用具使用过后及时清洗、归位。

4. 冰箱定期清洗、消毒，除异味。

5. 工作区域经常通风，除异味，保证餐厅空气清新。

6. 甲方员工用餐结束后及时清理残渣，保持用餐区整齐干净。

七、其他规定

1. 乙方供应之伙食须每餐保管样菜，以供甲方或卫生部门检查。

2. 乙方每日供应量根据甲方的用餐人数作安排，甲方于每周五提供下周用餐人数，甲方变更用餐人数，提前 1 天通知乙方。

3. 乙方若采购腐烂、变质、过期、假冒食品、副食品，造成甲方员工食物中毒或不适，引起的损失由乙方负责。

4. 乙方炉灶所需燃油或燃气由乙方自行采购，设备电力、厨房照明电力由甲方负责。

5. 甲方提供厨房设备供乙方使用，若乙方无故遗失或非正常损坏，由乙方负责赔偿（甲方提供设备、物品见附表）。

6. 乙方提供员工使用的餐券，于每月 5 日前交甲方核对、记账，甲方于次月转账给乙方。

7. 乙方须根据甲方的时间供餐，甲方若调整作息时间，乙方应立即配合甲方调整供餐时间。

8. 乙方应为甲方节约能源，餐后关好水、电，对乙方人员浪费能源的行为，甲方可做出罚款处理。

9. 承包期内，甲方监督餐厅运作，乙方如不按本协议约定提供服务，甲方评估后有权终止本协议。

10. 本协议解释权在甲方，未尽事宜，双方协商解决。

八、本协议有效期______年，双方签字盖章后生效。本协议一式两份，甲乙双方各执一份。

甲方（盖章）：　　　　　　　　　　乙方（盖章）：

负责人（签字）：　　　　　　　　　负责人（签字）：

日期：____年____月____日　　　　　日期：____年____月____日

# 工资代发协议

甲方：____________________

地址：____________________

乙方：____________________

地址：____________________

为更好地服务于人力资源供需双方，构建和谐用工平台，保护用人单位和劳动者的合法权益，按照互惠互利、平等协商的原则，甲乙双方经友好协商，达成如下协议。

一、甲方与乙方建立劳务代理关系，由乙方根据双方约定向甲方提供代发工资服务，甲方据此向乙方支付相应的费用。

二、双方合作期限为_____年，协议到期后如双方有意可续签。

三、乙方服务内容

乙方为甲方员工统一管理工资档案；甲方员工的工资由乙方代甲方发放，工资标准以甲方相关规定为准。

四、费用承担及支付方式

1. 甲方每月向乙方支付劳务费，具体标准为每人每月_____元或工资总额的_____ %。以上费用包含税费和甲方向乙方支付的管理费。甲方除以上费用外，不再承担任何其他费用。

2. 按照本协议确定的劳务费，甲方应于每月_____日前将上月劳务费支付给乙方，乙方于每月_____日前向甲方送达劳务费发票。

3. 甲方每月_____日前向乙方送达上月甲方员工的工资清单，乙方于每月_____日前送达工资缴税凭证。

4. 甲乙双方承诺不任意克扣甲方员工的工资，如实按期发放工资；因甲方员工出现工作失误、违规等，按公司规定予以处罚的除外。

五、其他事项

1. 甲方员工在本协议期间发生工伤的由甲方负责处理，员工工伤期间的工资按照国家有关规定足额发放。

2. 乙方收取的劳务费包含因劳务代理而产生的各项税费和收益。根据有关规定，上述费用如有调整，经过双方协商可以调整。

3. 双方应提供具有相应资质的证明文件复印件作为本协议的附件，并保证相应资质在协议期间一直有效。

六、违约责任

1. 任何一方违约，守约方须及时通知并要求违约方纠正，违约方未纠正的，守约方可根据实际损失要求违约方赔偿。

2. 因履行本协议而产生的争议，甲乙双方应友好协商。如不能达成一致，任何一方有权向有管辖权的人民法院提起诉讼。

七、经甲乙双方协商一致，可以解除协议，但应提前 30 日以书面形式通知对方。

八、本协议未尽事宜，甲乙双方可以协商解决。凡与有关规定不一致的，按有关规定执行。

九、本协议一式两份，双方各持一份。双方可签订补充协议，补充协议与本协议具有同等法律效力，本协议自双方签字盖章之日起生效。

甲方（盖章）：　　　　　　　　乙方（盖章）：

代表人（签字）：　　　　　　　代表人（签字）：

日期：_____年_____月_____日　　日期：_____年_____月_____日

# 后　记

从决定将红海人力集团20年人力资源服务外包经验总结、提炼成书开始，365个日日夜夜，参与编写的同事们辛勤付出，近30万字的书稿终于定稿，即将付梓。

我们最初的计划是半年完成，但动笔后才发现，困难程度超乎预料。初稿完成后，几经调整、修改，从内容到结构都有较大调整，以确保将红海多年从业经验中最有价值的部分呈现出来。

本书是红海全体员工勤奋敬业，在实践实战基础上凝练出的成果。参与本书编写的李嫔、杨艳、周萍、孙佛明、胡小玲、黄芮、罗瑞瑞、黄天勇、朱玉容等九位集团领导和同事的努力和付出值得肯定。

在此特别感谢中国劳动社会保障出版社的编辑们，他们在编校的过程中劳心费力，为本书付出了辛勤的汗水。

本书终于交付印刷，虽然我们已尽全力，但由于行业发展和实践所限，书中仍然存在不足与缺陷。期望读者不吝指教，以便再版时修正完善。

最后，向一路支持红海成长的朋友们，向为红海发展奉献心血的同事们，致以深深的谢意！

编　者

2018年12月

于广州越秀